岩波文庫

33-319-6

道元禅師清規

大久保道舟訳註

緒言

程明道嘗て定林寺を過ぎ、偶ま齋堂の威儀整齊たるを見て、喟然として、三代の禮樂盡く是に在りと嘆じたとは、古來有名な話であるが、清規《しんぎ》は實に禪門の生命にして、一般佛敎の戒律にも比すべきものである。禪門にして若し清規の制定がなかつたならば、それは單に幽玄な哲理を弄する神祕主義の宗敎として終始し、毫も時機に卽應せる實際的宗敎とはなり得なかつたであらう。この意味において清規は、支那の禪定思想をして宗派的に大成せしめた根本的動力であつたといふことが出來る。

抑も禪門清規の出來たのは、今より一千百有餘年前、唐の中葉百丈山の懷海禪師（憲宗元和九年寂・西紀八一四）が初めて制定したものであつて、古來百丈清規或は古清規と名けられてゐる。その之を創定するに至つた理由は、會下の僧衆の增加にもとづくものであつて、支那の禪は達磨大師の西來以後、頓に宗派的傾向を帶び、四祖道信・五祖弘忍の頃には一定の寺院に住して數百の會下を擁し、馬祖道一にいたつては更に亘多の門下を有するにいたつた。かくの如くであるから、それ等の道場においては多數の僧衆を規律する幾多の儀則が設けられ、僧衆の間にも何等かの威儀作法が成立したものと見られる。百丈懷海は實に馬祖の門下としてこれ等凡百の儀則作法を整理し統合し組織化したのであつて、百丈淸規の原形は大體百丈以前から行はれてゐたと見るが妥當であらう。然し禪史の傳ふるところによれば、從來禪者は律寺に寓してゐたが、百丈にいたつて初めて禪寺が創立せられ、是れに定住するやうになつたといふことであるから、恐らく淸規の制定も單に今までのものを整理したといふだけでなく、百丈の創意にかかるものも相當多數に存してゐたに相違ない。故に禪寺の建立にあたつては、その制定した淸規を實修するに最もふさはしき樣式を考案したものと想像される。いづれにしても百丈の功績は、支那禪宗史上見のがし得ざるものであつて、祖師禪の實踐的意義は正に百丈において擴充されたといふも過言ではない。

ところで百丈の制定した所謂古淸規は、既に早く散佚して傳らず、今日僅に宋高僧傳第十所收の唐新吳百丈山懷海傳の記事や、景德傳燈錄第六所載の楊億の禪門規式（勅脩百丈淸規下卷所載のものは景德元年楊億のものした序文の形式になつてゐる）等にその幾分の俤をとどむるに過ぎない。今はそれ等によつて片影を窺知し得るのであるが、百丈は大小乘の戒律を博約折中して作つたと語つてゐるから、禪門の淸規はその精神においては一般の戒律と同一線上に在ると見ることが出來、ただそれが禪林の機構や僧衆の生活に妥當するやうに仕組まれてゐるところに清規の特色があると思ふ。

二

さてこの古清規が出來てから後、如何なる清規が成立したか、その主なるものを一瞥するに、第一は「禪苑清規」十卷である。宋徽宗の崇寧二年（西紀一一〇三）眞定府十方洪濟禪院の長蘆宗賾が著したもので、一に崇寧清規と呼ばれ、百丈清規を刪定したものであるといはれてゐる。道元禪師の語によれば、宗賾はつとめて百丈の古意を發揮せんとしたやうであるが、なほ自己の所見を加へるところが多く、且つ當時叢林に蔓行滋彰せる幾多の行持法令を整理添加した形迹があるので、それがため結局古清規とは懸隔のあるものとなつたらしい。第二は「入衆日用清規」一卷である。南宋寧宗の嘉定二年（西紀一二〇九）無量宗壽が製したもので、一に無量壽禪師日用小清規といひ、乍入叢林者の心得を明かにしたものである。第三は「叢林校定清規總要」二卷である。南宋度宗の咸淳十年（西紀一二七四）后湖の惟勉が著したもので、叢林日用清規の齟齬あるを見て等閑視するを得ず、諸本についてその異を參へ同を存して結集したといふことである。世に咸淳清規或は婺州清規と名けてゐる。第四は「禪林備用清規」十卷である。元武宗の至大四年（西紀一三一一）廬山東林寺澤山弌咸が出したもので、當時、大川・笑翁・石林諸老の法門の盛大にして日用の規繩の嚴たるに感激し、雲明西堂所藏の抄本について編纂したといふことである。弌咸はその制規の、事實と齟齬せんことを懼れ、永嘉の天寧、番陽の永福、廬山の東林等に歷住せし際、特にこれを履修し、內容の完闕を試驗したといはれてゐる。用意の周到なるを見るべきである。世に至大清規或は澤山備用清規と稱してゐる。第五は「勅脩百丈清規」八卷である。元順宗の至元元年（西紀一三三五）壽聖寺の東陽德煇と、集慶寺笑隱大訢とが勅命によつて編纂校正したもので、德煇の跋によれば、國命をうけてより銳意古清規の初本を搜求したが終に見當らなかつたので、止むなく崇寧・咸淳・至大の三本を會粹參同して、繁を芟り、訛を正し、缺を補ひ、互に得失あるものは兩つながら之を存し、一として己見をもつて添削しなかつたといふことである。故に本書は前來の諸清規を悉く集大成したものであるといへよう。一に至元清規或は至正清規又は單に勅規とも名け、後世、清規解釋の基本的依據として重要視さるるにいたつた。

以上は古清規以來の主なるものを摘記したのであるが、尙この外に中峯明本の幻住庵清規一卷（元仁宗延祐四年・西紀一三一七）・澹寮繼洪の村寺清規二卷（元順宗至元辛巳・西紀一三四一）・費隱通容の叢林兩序須知一卷（明毅宗崇禎十二年・西紀一六三九）等各種各樣のものが存し、我國においても瑩山禪師の瑩山清規二卷（元亨四年・西紀一三二四）・淸拙正澄の大鑑清規一卷（嘉曆二年・西紀一三二七）・隱元隆琦の黃檗清規一卷（寛文十年・西紀一六七〇）その他「禪林象器箋」援書目錄清規の部に揭げてゐるが如き一寺・一寮の紀綱に關するものまでが傳はつてゐる。いづれも範を勅脩百丈清規或はそれ以前の諸本に準據してゐる點において、その綱格は大同小異であるといはねばならぬ。

三

然らばこの「道元禪師清規」は、敍上の諸本に對して如何なる位置を有つてゐるかといふに、本書の成立は嘉禎三年より寶治三年（西紀一二三七―一二四九）にいたる前後十三年間のものであるから、入衆日用清規と咸淳清規との中間に位してゐるといはねばならぬ。卽ち日用清規に後るること約三十年、咸淳清規に先きだつこと約二十五年である。而して日用清規は嘉定二年（西紀一二〇九）の開版であるから、禪師は入宋（西紀一二二三）して或はこれを閲覽せられたかと思はれる。併し禪師はこれに關しては何事も語つてをられない、むしろ却つて禪苑清規については普勸坐禪儀撰述由來書（國寶・福井縣永平寺所藏）に多大の關心を寄せられてゐる。それは勿論坐禪儀に對してのことではあるが、同時に宗賾の清規删定の態度全般にわたつ

て批判せられたものと見ることが出來る。卽ちその由來書に、

禪苑淸規曾有二坐禪儀一、雖レ順二百丈之古意一、少添二蹟師之新條一、所以略有二多端之錯一、廣有二昧沒之失一、不レ知二言外之領覽一、

と見え、宗賾は百丈の古意に順じたつもりであらうが、然し自らの新條を添へたために、却つて多端の錯、昧沒の失を生じてしまつた、それは言外の領覽を知らないからであると言はれてゐる。これをもつて思ふに、禪師が本淸規を著されるにあたつても、恐らく禪苑淸規を絕對的の底本とはせられず、定めて百丈の古淸規を參照してをられるものと見なければならぬ。それは衆寮箴規の冒頭に「一二如百丈淸規一、淸規曰、事無二大小一竝合二箴規一」と述べてをられることからいつても、親しく古淸規の素本を熟見せられたと見るが當然である。殊に宗賾の態度を非難してをられる點から推察して、古淸規を看見せられたのでなければ左樣な批判は出來ないはずである。故に古淸規は散佚したといつても、禪師の當時いづれにか存在したことが想像せられる。

　案ずるに本書は禪門淸規史上、崇寧・日用の諸淸規について重要なものであつて、而も百丈の古淸規を發揚するをもつて淸規恢興の根本精神としてをられたことは、本書が單に叢林の規繩を多く纒め持つてゐるといふだけでなく、そこに一つの理想を有してゐることが知られる。

されば本書の內容にたとひ崇寧清規所載の儀則や言句が多數採用せられてゐたとしても、それは決して崇寧清規を踏襲したのではなく、依然として古清規の精神に生きてゐるものといはねばならぬ。この意味において本書はたとひ後世の所産であるとはいへ、その所立の精神においては崇寧清規に先行するものであるといふも過ぎた批判ではないであらう。

四

思ふに鎌倉新佛教の勃興が正法主義への反省と戒律復興への翹望との二大思潮を樞軸として展開してゐることは一般學者の認めるところであるが、禪師の宗教は實にこの二大要求に應ずる好箇の存在であつた。その根本的な理由は、本書の如き清規に關する幾多の著作があるのと、而してその著作に對する哲學的論據が確立してゐたことによるのである。學者が禪師の宗教をもつて總じて行《ぎやう》の宗教であると觀てゐるのは實にこの點に存してゐる。禪師には本書の外、正法眼藏中、重雲堂式・洗淨・洗面・示庫院文の如き直接に清規を示衆せられたものもあれば、また行持の如き行《ぎやう》の精神とその事實とを說いて間接に清規の理想を明かにせられたものもある。正法眼藏は一見實に高遠な哲理を說いてをられるやうに見られるのであるが、その目指すところは修證一如の行《ぎやう》の境界を辨證せられたものであつて、一切は清規の實踐に對する哲學的根據を明示せられたに過ぎない。禪師は各種淸規の結尾において、それを古佛の埀範であるといひ、また諸佛諸祖の身心であるといひ、更に古佛の巴鼻先聖の眼睛であると道破してをられるが、かくの如きは、淸規が毫も煩瑣なる儀則の畫一的實修を强ひてゐるのでなく、行《ぎやう》の上に直ちに佛祖の全身心を獲得すべきことを敎へてをられるのである。ゆゑに淸規はその依據する經典がたとひ小乘であらうとまた大乘であらうと、禪師においては何等の差別もなかつたのである。寧ろ大小乘の威儀に依隨することが肝要なのであつて、歸するところは實踐者の道心如何に懸かつてゐたのである。卽ち禪師はこの道心を基調としての行《ぎやう》の確立を欣ばれ、而してその行《ぎやう》の上に佛祖の生命を把持することによつて、正法の顯現と戒律の復興とが達成されるものと見てをられた。本書は實にこの行《ぎやう》の宗敎的實踐的內容に闢し、それを端的に開示してをられる點に、禪師の著作中最も重要な立場を有するものと見ることが出來る。

例　言

一　本書は一般に「永平《えいへい》大清規《だいしんぎ》」と呼ばれてゐるが、實際の書名は諸本によつて異り、寛文七年版は「日域曹洞初祖道元禪師清規」といひ、寛政六年版は「永平道元禪師清規」といひ、その他略して「永平元禪師清規」或は「永平清規」と稱してゐる。今は校訂に用ひた底本の書名に依り、ただ「道元禪師清規」と單稱し、一見誰人の著作なるかを示すこととした。

一　本書の校訂には、寛文七年永平寺三十世光紹智堂禪師の開版にかかる「日域曹洞初祖道元禪師清規」（寛文本）を底本とし、これを寛政六年永平寺五十世玄透即中禪師の重刊せられた「校訂冠註永平元禪師清規」（寛政本）及び明治十七年長野縣盛泉寺住持古田梵仙師の編した「増冠傍註永平元禪師清規」（古田本）等によつて校勘し、理長爲宗を旨として本文の不備を補訂し、その事由の一一を原文の脚下に註記した。尙、典座敎訓と知事清規とは、これを特に、文龜二年永平寺十五世光周禪師の書寫せられた所謂文龜本（福井縣永平寺藏）によつて校合し、字句の相異は出來るだけ忠實にこれを掲記した。

一　譯文に際しては、單に一本のみの讀方によらず、努めて前掲諸本の句讀を參看し、その妥當なるものを採用した。殊に本文中、後人の添加と思はれるもの及び傍註の本文に混入したと覺しきものは總て譯文に加へず、その理由は同じく本文の脚下に註記した。

一　原本所用の文字中、正字・俗字・古字・略字等は、すべて原本の成立と體裁とを重ずる意味より之を修正統一せず、そのままとした。但し特に誤寫と思はるるものは、他の一本に據つて校訂し、その典據を脚註に記載した。

一　寛文七年本は流布極めて稀にして、世間容易に入手し難きものであるが、今次、靜岡縣旭傳院西堂岸澤惟安老師の所藏本を拜借し、校訂を完うすることを得た。老師の御道愛を感佩するものである。
尙、大本山永平寺よりは特に文龜本の借覽を聽許せられ、校訂上多大の便宜をうけた。茲に特記して謝意を表す。

一　本書を譯註するにいたつたのは、文學博士宇井伯壽先生の御推薦によるものである。先生には校讎その他の事項に關して種種なる注意を與へられ、且つ本書の禪門淸規史上に於ける位置について之を明かにすべきを命じられた。卷頭の緒言は實にその御提撕によるものである。末筆ながら先生の御眷顧と御鞭撻とを深く謝する次第である。

一　解說の中、本書と加賀大乘寺との關係記事は、金澤市館残翁氏がその蒐集にかかる大乘寺叢書第十六帖古規事件文書を貸與せられたことに負ふところが多い、記して御高誼を謝す。

目次

緒言 …… 三
例言 …… 一
典座教訓 …… 一六
辨道法 …… 四二
赴粥飯法 …… 六四
吉祥山永平寺衆寮箴規 …… 九四
對大己五夏闍梨法 …… 一〇六
日本國越前永平寺知事清規 …… 一一八
註記 …… 二〇一
解説 …… 二七一

道元禪師行實……二八七

日域曹洞初祖道元禪師清規

典座教訓　宇治縣興聖寺

辨道法　越州大佛寺

赴粥飯法　永平寺

衆寮○箴規　同

○對大已五夏闍梨法　永平寺

知事清規　同

○箴、寛文本清ニ作ル、今寛政本ノ内題ニヨツテ改ム

○對大已以下十一字寛文本ニナシ、今體裁ヲ整ヘンガタメ寛政本ノ内題ニヨツテ補フ

典座教訓

觀音導利興聖寶林禪寺比丘道元撰

佛家從レ本有二六知事一。共爲二佛子一。同作二佛事一。就レ中典座一職、是掌二衆僧之辨食一。禪苑淸規云、供二養衆僧一故有二典座一。從レ古道心之師僧、發心之高士充來之職也。蓋猶二一色之辨道一歟。若無二道心一者、徒勞二辛苦一畢竟無レ益也。禪苑淸規云、須下運二道心一隨レ時改變令中大衆受用安樂上。昔日潙山洞山等勤レ之、其餘諸大祖師曾經來也。所以不レ同二世俗食厨子及饌夫等一者歟。山僧在宋之時、暇日咨二問于前資勤舊等一、彼等聊擧二見聞一以爲二山僧一說。此說似者、古來有道之佛祖所レ遺之骨髓也。大抵須レ熟二見禪苑淸規一。然後須レ聞二勤舊子細之說一。所レ謂當職經二一日夜一、先齋時罷、就二都寺監寺等邊一、打二翌日齋粥之物料一、所レ謂米菜等也。打得了護二惜之一如二眼睛一。保寧勇禪師曰、護二惜眼睛常住物一。敬二重之一如二御饌草料一。生物熟物、俱存二此意一。次諸知事、在二庫堂一商量、

○禪、文龜本ニナシ
○比丘以下五字、文龜本ニナシ
○歟、文龜本ニナシ
○生物、文龜本ニナシ

典座《てんぞ》敎訓

觀音導利興聖寶林禪寺比丘道元撰す

佛家《ぶつけ》に本《もと》より六知事《ちじ》有り。共に佛子たり。同じく佛事《ぶつじ》を作す。中に就いて典座《てんぞ》の一職《しき》は、是れ衆《しゆ》僧《そう》の辨食《べんじき》を掌どる。禪苑淸規《ぜんえんしんぎ》に云く、衆僧を供養《くやう》す故に典座有りと。古より道心の師僧、發心《ほつしん》の高士《かうし》充《み》て來るの職なり。蓋し一色《しき》の辨道に猶《よ》る歟。若し道心無き者は、徒《いたづら》に辛苦を勞して畢竟益《えき》無し。禪苑淸規に云く、須らく道心を運《めぐ》らして時に隨つて改變し大衆をして受用安樂ならしむべしと。昔日《そのかみ》潙《ゐ》山《さん》洞山《とうざん》等之を勸め、其の餘の諸大祖師も曾て經來《へきた》れり。所以に世俗の食厨子《じきづし》及び饌夫《せんぷ》等に同じからざる者《もの》歟。山僧《さんざう》在宋の時、暇日前資勤舊《かじつぜんしごんきう》等に咨問するに、彼等聊か見聞を擧《こ》して以て山僧の爲に說く。此の說似《せつじ》は、古來有道の佛祖遺《のこ》す所の骨髓なり。大抵《たいてい》須らく禪苑淸規を熟見すべし。然して後に須らく勤舊子《ごんきうし》細《さい》の說を聞くべし。所謂當職《いはゆるたうしき》一日夜《にちや》を經《へ》、先づ齋時罷《さいじは》、都寺《つうす》監寺《かんす》等の邊に就いて、翌日齋粥《さいしゆく》の物料《もつれう》を打《た》す、所謂《いはゆる》米菜等なり。打得《たとく》し了つて之を護惜《ごしやく》すること眼睛《がんせい》の如くせよ。保寧の勇禪師《ゆうぜんじ》曰く、眼睛なる常住物《じやうぢうもつ》を護惜せよと。之を敬重《きやうぢう》すること御饌《ぎよせん》草料《さうれう》の如くせよ。生物熟物《しようもつじゆくもつ》、倶に此の意を存せよ。次に諸の知事、庫堂に在つて商量すらく、

明日喫二甚味一、喫二甚菜一、設二甚粥等一。禪苑淸規云、如レ打二物料幷齋粥味數一、並預先與二庫司知事一商量。所レ謂知事者、有二都寺、監寺、副司、維那、典座、直歲一也。味數議定了、書二呈方丈衆寮等嚴淨牌一。然後設二辨明朝粥一。淘レ米調二菜等一、自手親見、精勤誠心而作。不レ可三一念疎怠緩慢、一事管看、一事不二管看一。功德海中一滴也莫レ讓、善根山上、一塵亦可レ積歟。禪苑淸規云、六味不レ精、三德不レ給、非三典座所二以奉一レ衆也。先看レ米便看レ砂、先看レ砂便看レ米、審細看來看去不レ可二放心一、自然三德圓滿、六味俱備。雪峯在二洞山一作二典座一。一日淘レ米次、洞山問、淘レ砂去米、淘レ米去砂。峯云、砂米一時去。洞山云、大衆喫二箇什麼一。峯覆二却盆一。山云、子他後別見レ人去在。上古有道之高士、自手精至、修レ之如レ此。後來晚進可レ怠二慢之一歟。先來云、典座以レ絆爲二道心一矣。如レ有二米砂誤淘去一、自手檢點。淸規云、造食之時、須二親自照顧一、自然精潔。取二其淘米白水一亦不二虛棄一。古來置二漉白水囊一、辨二粥米水一。納レ鍋了留レ心護持、莫レ使二老鼠等觸誤、○

○誤、古田本古本作忤ト傍註ス

明日甚《なん》の味《み》を喫し、甚《なん》の菜《さい》を喫し、甚《なん》の粥等を設くと。禪苑淸規に云く、物料《もつれう》并に齋粥の味數を打するが如きは、竝に預先《まづ》庫司《くす》知事《ちじ》と商量《しやうりやう》せよと。所謂《いはゆる》知事とは、都寺《つうす》、監寺《かんす》、副司《ふうす》、維那《ゐの》、典座《てんぞ》、直歳《しつする》なり。味數議定《ぎぢやう》し了らば、方丈衆寮等の嚴淨牌《ごんじようはい》に書呈せよ。然して後に明朝の粥を設辨す。米《べい》を淘《え》り菜《さい》を調ふる等、自《みづか》ら手づから親しく見、精勤誠心《しやうごんじやうしん》にして作せ。一念も疎怠緩慢にして、一事をば管看し、一事をば管看せざるべからず。功德海中《くどくかいちう》一滴も也《ま》た譲ること莫れ、善《ぜん》根山上《ごんさんしやう》一塵も亦積むべき歟。禪苑淸規に云く、六味精《くわ》しからず、三德給《そなは》らざるは、典座の衆に奉《ぶ》する所以に非ずと。先づ米《べい》を看んとして便ち砂《しや》を看、先づ砂を看んとして便ち米を看る、審細に看來り看去つて放心すべからずんば、自然《じねん》に三德圓滿し、六味倶に備はらん。雪峯洞山《せつほうとうざん》に在つて典座と作る。一日米を淘る次《つい》で、洞山問ふ、砂を淘り去つて米か、米を淘り去つて砂か。峯云く、砂米一時に去る。洞山云く、大衆箇《こ》の什麼《なに》をか喫す。峯盆《ぼん》を覆却《ふくきやく》す。山云く、子《し》他後別に人に見《まみ》え去ること在らんと。上古有道の高士、自ら手づから精《くは》しく至り、之を修すること此《かく》の如し。後《こう》來《らい》の晩進之を怠慢すべけんや。先來《せんらい》云ふ、典座は絆《はん》を以て道心と爲すと。米砂誤つて淘り去ることと有るが如きは、自ら手づから檢點せよ。淸規に云く、造食《ざうじき》の時、須らく親しく自ら照顧《せうこ》して、自然《じねん》に精潔なるべしと。其の淘米《とうべい》の白水を取つて亦虚《むなし》く棄てざれ、古來は漉白水嚢《ろくはくすゐなう》を置いて、粥米水を辨ず。鍋《くわ》に納れ了つて心を留《とど》め護持して、老鼠等をして觸誤し、

竝諸色閑人見觸一。調二粥時菜一、次打二併今日齋時所レ用飯羹等一、盤桶幷什物調度、精誠淨潔洗灌、彼此可レ安二高處一安二于高處一、可レ安二低處一安二于低處一。高處高平、低處低平。挾杓等類、一切物色、一等打併、眞心鑑レ物、輕手取放、然後理二會明日齋料一、先擇二米裏有一レ蟲。綠豆、糠塵、砂石等、精誠擇了。擇レ米擇レ菜等時、行者諷經回二向竈公一。次擇二菜羹一、物料調辨。隨二庫司一所二打得一物料、不レ論二多少一、不レ管二麤細一、唯是精誠辨備而已。切忌作レ色口說二料物多少一。竟日通夜、物來在レ心、心歸在レ物、一等與レ他精勤辨道。三更以前管二明曉事一、三更以來管二做粥事一。當日粥了、洗レ鍋蒸レ飯、調レ羹。如レ浸二齋米一典座莫レ離二水架邊一、明眼親見不レ費二一粒一。如法洮汰、納レ鍋燒レ火蒸レ飯。古云、蒸レ飯鍋頭爲二自頭一、淘レ米知二水是身命一。蒸了飯便收二飯籮裏一、乃收二飯桶一安二擡槃上一。調二辨菜羹等一、應レ當二蒸レ飯時節一。典座親見二飯羹一調辨處在、或使二行者一、或使二奴子一、或使二火客一、教レ調二什物一。近來大寺院有二飯頭羹頭一、然而是典座所使也。古時無二飯羹頭等一、典座一管。凡調二辨物色一、莫下以二凡眼一觀上、

〇使、文龜本ニナシ

並に諸色《しよしき》の閑人《かんじん》に見觸せしむること莫れ。粥時の菜を調へ、次に今日齋時に用ゆる所の飯羹《はんこう》等を打併《たへい》して、盤桶《はんつう》幷に什物調度、精誠淨潔《せいせいじやうけつ》に洗濯し、彼此《ひし》高處《かうじよ》に安ずべきは高處に安じ、低處《ていじよ》に安ずべきは低處に安ぜよ。高處は高平《かうへい》、低處は低平《ていへい》に。挾杓《きやうしやく》等の類、一切の物色《もつしき》、一等に打併して、眞心《しんしん》に物を鑑し、輕手《けいしゆ》に取放し、然して後に明日の齋料を理會し、先づ米裏に蟲《むし》有らんを擇べ。綠豆《りよくづ》、糠塵《かうちん》、砂石等、精誠《せいせい》に擇び了れ。米を擇び菜を擇ぶ等の時、行者《あんじや》諷經《ふぎん》して竈公《さうこう》に回向す。次に菜羹《さいこう》を擇び、物料《もつれう》調辨せよ。庫司《くす》に隨つて打得《たとく》する所の物料は、多少を論ぜず、麤細《そさい》を管せず、唯《ただ》是れ精誠に辨備するのみ。切に忌む色を作し口《くち》に料物《れうもつ》の多少を說くことを。竟日通夜《ひめもすよもすがら》、物《もの》來つて心《こころ》に在り、心歸して物に在らしめ、一等に他と精勤辨道《しやうごんべんだう》す。三更以前に明曉《みやうきやう》の事を管し、三更以來に做粥《さしゆく》の事を管す。當日の粥了りて、鍋《くわ》を洗ひ飯を蒸《む》し、羹《こう》を調ふ。齋米《さいべい》を浸すが如きは典座水架《すゐか》の邊を離るること莫れ、明眼《めいげん》に親しく見て一粒を費さざれ。如法に洮汰し、鍋に納れて火を燒き飯を蒸す。古に云く、飯を蒸す鍋頭を自頭と爲し、米を淘りて水は是れ身命なりと知ると。蒸し了る飯は便ち飯籮裏《はんらり》に收め、乃ち飯桶に收めて擡槃《だいはん》の上に安ぜよ。菜羹等を調辨すること、應に飯を蒸す時節に當るべし。典座親しく飯羹を見て調辨處在し、或は行者を使ひ、或は奴《ぬ》子《す》を使ひ、或は火客《くわかく》を使ひて、什物を調へしめよ。近來大寺院に飯頭羹頭《はんぢゆうこうぢゆう》有り、然れども是れ典座の所使なり。古時は飯羹頭等無し、典座一管す。凡そ物色《もつしき》を調辨するに、凡眼《ぼんがん》を以て觀ること莫れ、

莫下以二凡情一念上。拈二一莖草一建二寶王刹一、入二一微塵一轉二大法輪一。所レ謂縱作二莆菜羹一之時、不レ可レ生二嫌厭輕忽之心一。縱作二頭乳羹一之時、不レ可レ生二喜躍歡悅之心一。既無二耽着一、何有二惡意一。然則雖レ向レ麤全無二怠慢一、雖レ逢レ細彌有二精進一。切莫三逐レ物而變一レ心也。逐レ物而變レ心、順レ人而改レ詞、是非二道人一也。勵レ志至心、庶幾淨潔勝二于古人一、審細超二于先老一。其運心道用爲體者、古先縱得二三錢一而作二莆菜羹一、今吾同得二三錢一而作二頭乳羹一。此事難爲也。所以者何、今古殊異天地懸隔、豈得レ齊レ肩者哉。然而審細辨肯之時、下二視古先一之理、定有レ之也。此理必然猶未二明了一、卒由下思議紛飛兮如二其野馬一、情念奔馳兮同中於林猿上也。若使二彼猿馬一旦退步返照一、自然打成一片。是乃被二物之所轉一、能轉二其物一之手段也。如レ此調和淨潔、勿レ失二一眼兩眼一。拈二一莖菜一作二丈六身一、請二丈六身一作二一莖菜一。神通及變化、佛事及利生者也。已調、調了已辨、辨得看二那邊一安二這邊一、鳴レ鼓鳴レ鐘、隨レ衆隨レ參朝暮請參、一無二虧闕一。却二來這裏一、直須下閉レ目諦中觀堂裏幾員單位。

○也逐物以下六字、文龜本ニナシ

○異、古田本一本作劣ト傍註ス

○定有以下四字、文龜本定有之有之也ニ作ル

○由、文龜本ニナシ

○馬、文龜本鳥ニ作ル

○猿馬以下四字、文龜本猿鳥而一旦ニ作ル

凡情を以て念ふこと莫れ。一莖草《きやうさう》を拈じて寶王刹《はうわうせつ》を建て、一微塵に入つて大法輪を轉ぜよ。所《いは》謂《ゆる》縱《たと》ひ莆《ふ》菜羹《さいこう》を作るの時も、嫌厭輕忽の心を生ずべからず。縱ひ頭《づ》乳羹《にうこう》を作るの時も、喜躍歡悅の心を生ずべからず。既に耽着《たんぢやく》無し、何ぞ惡《を》意《い》有らん。然れば則ち麤に向ふと雖も全く怠慢無く、細《さい》に逢ふと雖も彌《いよいよ》精進《しやうじん》有るべし。切に物を逐うて心《こころ》を變ずること莫れ。物を逐うて心《こころ》を變じ、人に順つて詞を改むるは、是れ道人に非ざるなり。志《こころざし》を勵まして至心《しいしん》ならば、庶幾《こひねがは》くは淨潔なること古人に勝れ、審細なること先老に超えん。其の運心道用の爲體《ていたらく》は、古先は縱ひ三錢を得て莆菜羹を作るも、今吾れ同じく三錢を得るときは頭乳羹を作らむと。此事難爲《なんゐ》なり。所以は何《いか》ん、今古殊異《しゆい》にして天地懸隔す、豈《あに》肩を齊《ひとし》うするを得る者ならんや。然れども審細辨肯《べんかう》の時は、古先を下《あ》視《し》するの理《り》、定《さだ》んで之有るなり。此の理必然なるすら猶未だ明了《めいれう》ならざるは、卒に思議紛飛して其の野《や》馬《は》の如く、情念奔馳して林猿《りんゑん》に同じきに由つてなり。若し彼の猿馬《ゑんは》をして一旦《たん》退歩返照せしめば、自然に打成《たじやう》一片《ぺん》ならん。是れ乃ち物の所轉《しよてん》を被るとも、能く其の物を轉ずるの手段なり。此《かく》の如く調和淨潔にして、一眼兩眼《げんりやうげん》を失すること勿れ。一莖菜《きやうさい》を拈じて丈《ぢやう》六身《しん》と作し、丈六身を請して一莖菜と作す。神通《じんづう》及び變化《へんけ》、佛事及び利生する者なり。已《すで》に調へ、調へ了つて已に辨じ、辨じ得て那《な》邊《へん》を看し這邊《しやへん》に安《お》き、鼓《く》を鳴らし鐘《しよう》を鳴らし、衆に隨ひ參に隨つて朝暮請參《しんさん》し、一も虧《き》闕《けつ》すること無かれ。這裏《しやり》に却來《きやらい》して、直《ぢき》に須らく目を閉ぢて堂裏幾員《いくゐん》の單位《たんゐ》、

前資勤舊獨寮等幾僧、延壽、安老、寮暇等僧、有㆓幾箇人㆒、且過幾板雲水、菴裏多少皮袋㆖。如㆑此參來參去、如有㆓纖毫疑猜㆒、問㆓他堂司及諸寮頭首、寮主、寮首座等㆒。銷㆓來疑㆒便商量、喫㆓一粒米㆒添㆓一粒米㆒、分㆓得一粒米㆒却得㆓兩箇半粒米㆒。三分、四分、一半、兩半。添㆓他兩箇半粒米㆒、便成㆓一箇一粒米㆒。又添㆓九分㆒、剩見㆓幾分㆒、今收㆓九分㆒、見㆓他幾分㆒。喫㆓得一粒廬陵米㆒便見㆓潙山僧㆒、添㆓得一粒廬陵米㆒又見㆓水牯牛㆒。水牯牛喫㆓潙山僧㆒、潙山僧牧㆓水牯牛㆒。吾量得也未、儞筭得也未。檢來點來分明分曉、臨㆑機便說、對㆑人卽道。且恁功夫、一如二如、二日三日、未㆑可㆓暫忘㆒也。施主入㆑院捨㆑財設㆑齋、亦當㆓諸知事一等商量㆒、是叢林舊例也。回物俵散同共商量。不㆑得㆓侵㆑權亂㆒㆑職也。齋粥如法辨了安㆓置案上㆒、典座搭㆓袈裟㆒展㆓坐具㆒、先望㆓僧堂㆒焚香九拜、拜了乃發㆑食也。經㆓一日夜㆒、調㆓辨齋粥㆒、無㆔虚度㆓光陰㆒。有㆓實排備㆒、擧動施爲、自成㆓聖胎長養之業㆒。退步飜身、便是大衆安樂之道也。而今我日本國、佛法名字聞來已久。然而僧食如法作之言、先人不㆑記、先德不㆑敎。况乎僧食九拜之禮、

○寮暇、寛政本當作參暇、寮參乃誤ト頭註ス
○且、寛文本且ニ作ル、今寛政本ニヨツテ改ム
○幾板、寛政本當作幾枚、板枚乃誤ト頭註ス
○度、文龜本ニナシ

前資《ぜんし》勤舊《ごんきう》獨寮《どくれう》等幾ばく僧、延壽《えんじゆ》、安老《あんろう》、寮暇《れうか》等の僧、幾箇の人か有る、且過《たんぐつ》に幾板《いくはん》の雲水、菴裏に多少の皮袋《ひたい》ぞと諦觀すべし。此《かく》の如く參來し參去して、如《も》し纖毫の疑猜《ぎさい》有らば、他の堂司《だうす》及び諸寮の頭首《ちやうしゆ》、寮主《れうす》、寮首座《れうしゆそ》等に問へ。疑ひを銷《しやう》し來つて便ち商量すらく、一粒米を喫するに一粒米を添え、一粒米を分ち得れば却つて兩箇の半粒米を得。三分《ぶん》、四分《ぶん》、一半《はん》、兩半《りやうはん》なり。他の兩箇の半粒米を添ふれば、便ち一箇の一粒米と成る。又九分《ぶん》を添ふるに、剩《あま》り幾分と見、今九分を收めて、他《かれ》幾分と見る。一粒の廬陵米《ろりやうべい》を喫得して便ち潙《ゐ》山僧《さんぞう》を見、一粒の廬陵米を添得して又水《すゐ》牯牛《こぎう》を見る。水牯牛潙山僧を喫し、潙山僧水牯牛を牧す。吾れ量得すや也《ま》た未だしや、儞《なんぢ》筭得すや也《ま》た未だしや。檢し來り點し來つて分明《ふんみやう》に分曉し、機に臨みて便ち說き、人に對して卽ち道《い》へ。且つ恁《かく》のごときの功夫《くふう》、一如二如、二日《じつ》三日《じつ》、未だ暫くも忘るべからざるなり。施主院に入りて財を捨し齋を設けば、亦《また》當に諸《もろもろ》の知事一等《とう》に商量すべし、是れ叢林の舊例なり。回物俵散《えもつへうさん》は同じく共に商量せよ。權を侵し職を亂すことを得ざれ。齋粥如法に辨じ了らば案上に安置し、典座袈《け》裟《さ》を搭《か》け坐具《ざぐ》を展《の》べ、先づ僧堂《そうだう》を望んで焚香《ふんかう》九拜し、拜し了つて乃ち食《じき》を發すべし。一日夜《にちや》を經《へ》、齋粥を調辨し、虛しく光陰を度ること無れ。實の排備有らば、擧動施爲《こどうせゐ》、自《おのづか》ら聖胎長養《しやうたいちやうやう》の業と成らん。退步踧身せば、便ち是れ大衆安樂の道なり。而あるに今我が日本國、佛法の名字聞き來ること已に久し。然あれども僧食如法作《そうじきにょは・ふさ》の言《げん》、先人記せず、先德敎へず。況んや僧食九拜《そうじききうはい》の禮、

未二夢見一在。國人謂、僧食之事、僧家作食法之事、宛如二禽獸一。食法實可レ生レ憐、實可レ生レ悲。如何哉。山僧在二天童一時、本府用典座充レ職。予因齋罷過二東廊一赴二超然齋一之路次、典座在二佛殿前一晒レ苔。手携二竹杖一頭無二片笠一。天日熱地甎熱。汗流徘徊勵レ力晒レ苔。稍見二苦辛一。背骨如レ弓、龍眉似レ鶴。山僧近前、便問二典座法壽一。座云、六十八歲。山僧云、如何不レ使二行者人工一。座云、他不二是吾一。山僧云、老人家如法、天日且恁熱、如何恁地。座云、更待二何時一。山僧便休。歩レ廊脚下、潛覺二此職之爲二機要一矣。又嘉定十六年癸未五月中、在二慶元舶裏一。倭使頭說話次、有二一老僧一來。年六十許歲。一直便到二舶裏一、問二和客一討二買倭椹一。山僧請レ他喫レ茶。問二他所在一、便是阿育王山典座也。他云、吾是西蜀人也、離レ鄉得二四十年一、今年是六十一歲、向來粗歷二諸方叢林一。先年權住二孤雲裏一、討二得育王一掛搭、胡亂過。然去年解夏了充二本寺典座一。明日五日、一供渾無二好喫一。要レ做二麵汁一、未レ有二椹在一。仍特特來、討レ椹買供二養十方雲衲一。山僧問レ他、幾時離レ彼。座云、齋了。

○哉、文龜本若ニ作ル
○如法、文龜本ニナシ
○恁熱、文龜本恁如法熱ニ作ル
○歲、文龜本載ニ作ル
○問ノ下、文龜本他ノ字アリ
○權以下五字、文龜本權孤雲住裏ニ作ル

未だ夢にだも見ざること在り。國人謂《おもへ》らく、僧食の事、僧家《そうけ》作《さ》食法《じきはふ》の事は、宛も禽獸の如しと。食法實に憐みを生ずべく、實に悲しみを生ずべし。如何《いかん》ぞや。山僧《さんぞう》天童に在りし時、本府の用典《ようてん》座《ぞ》職に充《み》てりき。予因みに齋罷んで東廊を過ぎ超然齋《てうねんさい》に赴くの路次、典座佛殿《ぶつでん》前《ぜん》に在つて苔を晒す。手に竹杖を携へて頭《かうべ》に片笠無し。天日《てんじつ》熱し地《ち》甎《せん》熱す。汗流徘徊すれども力を勵まして苔を晒す。稍《やや》苦辛を見る。背骨《はいこつ》弓の如く、龍眉《りうび》鶴に似たり。山僧近前して、便ち典座の法壽を問ふ。座《ぞ》云く、六十八歳。山僧云く、如何《いかん》ぞ行者《あんじや》人工《じんこう》を使はざる。座云く、他は是れ吾れにあらず。山僧云く、老人家《ろうにんけ》如法なり、天日且つ恁《かく》のごとく熱す、如何《いかん》ぞ恁地《いんち》なる。座云く、更に何《なん》の時をか待たんと。山僧便ち休す。廊を歩する脚下、潛に此の職《しき》の機要《きえう》たることを覺ゆ。又嘉定十六年癸未五月の中《ころ》、慶元の舶裏に在り。倭使頭《わしづ》說話《せつた》の次《つい》で、一老僧有り來る。年《とし》六十許歳《きよさい》。一直《ぢき》に便ち舶裏に到つて、和客《わかく》に問うて倭椹《わじん》を討《たづ》ね買ふ。山僧他を請して茶《さ》を喫せしむ。他の所在を問へば、便ち是れ阿育王山《あいくわうざん》の典座なり。他云く、吾は是れ西蜀《せいしよく》の人なり、鄕を離るること四十年を得たり、今年是れ六十一歳、向來粗《かうらいほ》ぼ諸方の叢林を歷《へ》たり。先年權孤《ごんこ》雲裏《うんり》に住す、育王《いくわう》を討《たづ》ね得て掛搭《かた》し、胡亂《うろん》に過ぐ。然るに去年解夏了《かいげれう》に本寺の典座に充《み》てらる。明日五日《か》にして、一供《く》渾《すべ》て好喫する無し。麪汁《めんじふ》を做《な》さんと要するに、未だ椹《じん》の在る有らず。仍つて特特として來るは、椹を討ね買うて十方の雲衲に供養せんとすと。山僧他に問ふ、幾時《いくとき》か彼《かしこ》を離る。座云く、齋了。

山僧云、育王去二這裏一有二多少路一。座云、三十四五里。山僧云、幾時迴二寺裏一去也。座云、如今買レ椹了便行。山僧云、今日不レ期相會、且在二舶裏一說話、豈非二好結緣一乎、道元供二養典座禪師一。座云、不可也、明日供養吾若不レ管便不是了也。山僧云、寺裏何無三同事者理二會齋粥一乎、典座一位不在有二什麼欠闕一。座云、吾老年掌二此職一、乃耄及之辨道也、何以可レ讓レ佗乎、又來時未レ請二一夜宿暇一。山僧又問二典座一、座尊年、何不三坐禪辨道、看二古人話頭一、煩充二典座一只管作務、有二甚好事一。座大笑云、外國好人未レ了二得辨道一、未レ知二得文字一在。山僧聞二他恁地話一、忽然發慚驚心、便問レ他、如何是文字、如何是辨道。座云、若不レ蹉二過問處一、豈非二其人一也。山僧當時不會。座云、若未二了得一、他時後日到二育王山一、一番商二量文字道理一去在。恁地話了便起レ座云、日晏了忙去。便歸去了也。同年七月、山僧掛二錫天童一。時彼典座來得相見云、解夏了退二典座一歸レ鄕去、適聞四兄弟說三老子在二箇裏一、如何不二來相見一。山僧喜踊感激、接レ他說話之次、說下出前日在二舶裏一文字辨道之因緣上。

○云、文龜本ニナシ
○去、文龜本取ニ作ル
○道ノ下、文龜本在ノ字アリ
○番、文龜本審ニ作ル
○歸、文龜本起ニ作ル
○月ノ下、文龜本間ノ字アリ
○得、古田本助語ト傍註ス、
○出、文龜本來ニ作ル

山僧云く、育王這裏《しやり》を去つて多少の路《みち》か有る。座云く、三十四五里。山僧云く、幾時か寺裏《じり》に廻り去るや。座云く、如今《によこん》樵を買ひ了らば便ち行かん。山僧云く、今日期せずして相會し、且つ舶裏に在つて説話《せつた》す、豈好結縁《かうけちえん》に非ざらんや、道元典座禪師を供養せん。座云く、不可なり、明日の供養吾れ若し管せずんば便ち不是《ふぜ》にし了らん。山僧云く、寺裏何ぞ同事の者の齋粥を理會《りゑ》する無らんや、典座一位《ゐ》不在なりとも什麼《なん》の欠闕《かんけつ》か有らん。座云く、吾れ老年にして此の職を掌る、乃ち耄及《まうぎふ》の辨道なり、何を以てか佗に譲るべけんや、又來る時《とき》未だ一夜宿の暇を請はず。山僧又典座に問ふ、座《ぞ》尊年《そんねん》、何ぞ坐禪辨道し、古人の話頭《わとう》を看せずして、煩はしく典座に充《み》てて只管《しくわん》に作務《さむ》す、甚《なん》の好事か有る。座《ぞ》大笑して云く、外國の好人《かうじん》未だ辨道を了得せず、未だ文字《もんじ》を知得せざること在り。山僧他の恁地《いんち》の話《わ》を聞き、忽然《こつねん》として發慚驚心《ほつざんきやうしん》して、便ち他に問ふ、如何《いか》にあらんか是れ文字、如何にあらんか是れ辨道と。座云く、若し問處《もんじよ》を蹉過《さくわ》せずんば、豈其の人に非ざらんや。山僧當時不會《ふゑ》。座云く、若し未だ了得せずんば、他時後日育王山に到れ、一番文字の道理を商量し去ること在らんと。恁地《いんち》に話《かた》り了つて便ち座を起つて云く、日晏《ひく》れ了《な》ん忙《いそ》ぎ去《い》なんと。便ち歸り去れり。同年七月、山僧天童《てんどう》に掛錫《かしやく》す。時に彼の典座來得《きたつ》て相見《しやうけん》して云く、解夏了《かいげれう》に典座を退き郷に歸り去らんとす、適《たまたま》兄弟《ひんでい》の老子《ろうし》箇裏《こり》に在りと説くを聞く、如何ぞ來つて相見せざらんやと。山僧喜踊感激、他を接《せつ》して説話《せつた》するの次で、前日舶裏に在りし文字辨道の因縁を説出す。

典座云、學二文字一者爲レ知二文字之故一也、務二辨道一者要レ肯二辨道之故一也。山僧問レ他、如何是文字。座云、一二三四五。又問、如何是辨道。座云、徧界不二曾藏一。其餘說話雖レ有二多般一、今所レ不レ錄也。山僧聊知二文字一了二辨道一、乃彼典座之大恩也。向來一段事、說二似先師全公一、公甚隨喜而已。山僧後、看丁雪竇有レ頌、示レ僧、云丙一字七字三五字、萬像窮來不レ爲レ據、夜深月白下二滄溟一、搜二得驪珠一有乙多許甲。前年彼典座所レ云、與二今日雪竇所乙示、自相符合。彌知彼典座是眞道人也。然則從來所レ看之文字、是一二三四五也、今日所レ看之文字、亦六七八九十也。後來兄弟、從二這頭一看二了那頭一、從二那頭一看二了這頭一、作二恁功夫一、便了二得文字上一味禪一去也。若不レ如レ是、被二諸方五味禪之毒一、排二辨僧食一、未レ能レ得二好手一也。誠夫當職先聞現證、在レ眼在レ耳。有二文字一、有二道理一。可レ謂二正的一歟。縱忝二粥飯頭之名一、心術亦可レ同レ之也。禪苑淸規云、二時粥飯、理合二精豐一。四事供須レ無レ令二闕少一。世尊二十○年遺恩蓋二覆兒孫一。白毫光一分功德、受用不盡。然則但知レ奉レ衆不レ可レ憂レ貧○。若無二有限之心一、自 有二無窮之福一。

○十、寛文本千ニ作ル、今文龜本ニヨツテ十ニ改ム、寛政本千當レ作レ十ト頭註ス
○貧、文龜本ニナシ

典座云く、文字を學ぶ者は文字の故を知らんと爲す、辨道を務むる者は辨道の故を肯《うけが》はんと要す。山僧他に問ふ、如何にあらんか是れ文字。座云く、一二三四五。又問ふ、如何にあらんか是れ辨道。座云く、徧界《へんかい》曾て藏《かく》さず。其の餘の說話《せつた》多般《たはん》有りと雖も、今錄《いましる》さざる所なり。山僧聊か文字を知り辨道を了ずることは、乃ち彼の典座の大恩なり。向來一段の事、先師全公《ぜんこう》に說似《せつじ》するに、公甚だ隨喜するのみ。山僧後に、雪竇頌《せつちやうじゆ》有り、僧に示して、一字七字三五字、萬像窮《はんざうきは》め來るに據《こ》を爲さず、夜深《ふよ》け月白《つきしろ》うして滄溟に下《くだ》る、驪珠《りじゆ》を搜得して多許《たきよ》有りと云ふを看る。前年彼の典座の云ふ所と、今日雪竇《せつちやう》の示す所と、自《おのづか》ら相符合す。彌《いよいよ》知る彼の典座は是れ眞の道人なることを。然らば則ち從來看る所の文字は、是れ一二三四五なり、今日看る所の文字も、亦六七八九十なり。後來の兄弟《ひんでい》、這頭《しやとう》より那頭を看了し、那頭より這頭を看了し、恁《かく》のごとき功夫を作さば、便ち文字上一味禪を了得し去らん。若し是の如くならずんば、諸方五味禪の毒を被《かうむ》つて、僧食《そうじき》を排辨するに、未だ好手を得ること能はざるなり。誠に夫れ當職《しき》先聞現證、眼《まなこ》に在り耳に在り。文字有り、道理有り。正的《しやうてき》と謂つべし。縱ひ粥飯頭《しゆくはんぢゆう》の名を忝《かたじけな》うせば、心術も亦之に同ずべし。禪苑淸規に云く、二時の粥飯、理《り》すること合《まさ》に精豐《せいほう》なるべし。四事の供須らく闕少せしむること無かるべし。世尊二十年の遺恩兒孫を蓋覆す。白毫光《びやくがうくわう》一分の功德、受用不盡と。然あれば則ち但《ただ》衆に奉《ほ》することを知つて貧を憂ふべからず。若し有限の心無くんば、自《おのづか》ら無窮の福有らんと。

蓋是供レ衆住持之心術也。調二辨供養物色一之術、不レ論二物細一、不レ論二物麤一、發生二眞實心、敬重心一爲二詮要一。不レ見麼、漿水一鉢也供二十號一兮自得二老婆生前之妙功德一、菴羅半果也捨二一寺一兮能萠二育王㝡後之大善根一、授二記莂一、感二大果一。雖二佛之緣一、多虛不レ如二少實一。是人之行也。所レ謂調二醍醐味一未二必爲一レ上、調二莆菜羹一未二必爲一レ下。捧二莆菜一擇二莆菜一之時、眞心、誠心、淨潔心可レ准二醍醐味一。所以者何、朝二宗于佛法淸淨大海衆一之時、不レ見二醍醐味一、不レ存二莆菜味一、唯一大海味而已。況復長二道芽一養二聖胎一之事、醍醐與二莆菜一、一如無二二如一也。有二比丘口如レ竈之先言一、不レ可レ不レ知。可レ想、莆菜能養二聖胎一、能長二道芽一。不レ可レ爲レ賤、不レ可レ爲レ輕。人天之導師可レ爲二莆菜之化益一者也。又不レ可レ見二衆僧之得失一、不レ可レ顧二衆僧之老少一。自猶不レ知二自之落處一、他爭得レ識二他之落處一。以二自之非一爲二他之非一、豈不レ誤乎。耆年晚進、其形雖レ異、有智愚朦僧宗是同。亦昨非今是、聖凡誰知。禪苑淸規云、僧無二凡聖一、通二會十方一。若有二一切是非一莫レ管レ之。志氣那非下直趣無上菩提之道業上耶。如錯二向來一步一、便乃對面蹉過。古人之骨髓、

○准、寛政本準ニ作ル

○同ノ下、文龜本臨ノ字アリ

盞し是れ衆に供《くう》ずるは住持の心術なり。供養の物色《もつしき》を調辨するの術は、物の細を論ぜず、物の麤を論ぜず、深く眞實の心、敬重《きやうぢゆう》の心を生ずるを詮要と爲す。見ずや、漿水の一鉢も也た十號《がう》に供《くう》じて自《おのづか》ら老婆生前の妙功德を得、菴羅《あんら》の半果も也た一寺に捨して能く育王《いくわう》寂後の大善根《だいぜんごん》を萠《きざ》し、記別《きべつ》を授かり、大果を感ぜり。佛《ほとけ》の緣と雖も、多虛《たこ》は少實に如かず。是れ人の行《ぎやう》なり。所謂醍醐《いはゆるだいご》味《み》を調ふるも未だ必ずしも上《じやう》と爲さず、莆菜羹《ふさいこう》を調ふるも未だ必ずしも下《げ》と爲さず。莆菜《ふさい》を捧げ莆菜を擇ぶの時、眞心《しんしん》、誠心《じやうしん》、淨潔心《じやうけつしん》にして醍醐味に准ずべし。所以《ゆゑ》は何《いか》んとなれば、佛法淸《しやう》淨《じやう》の大海衆に朝宗《てうそう》するの時は、醍醐味を見ず、莆菜味《ふさいみ》を存せず、唯《ただ》一大海味のみ。況んや復た道《だう》芽《げ》を長じ聖胎《しやうたい》を養ふの事は、醍醐《だいご》と莆菜《ふさい》と、一如にして二如無きをや。比丘の口竈《かまど》の如しの先言有り、知らずんばあるべからず。想ふべし、莆菜能く聖胎を養ひ、能く道芽を長ずることを。賤と爲すべからず、輕と爲すべからず。人天《にんでん》の導師莆菜の化益《けやく》を爲すべきものなり。又衆僧の得失を見るべからず、衆僧の老少を顧みるべからず。自《じ》猶自の落處を知らず、他爭《いかで》か他の落處を識るを得んや。自の非を以て他の非と爲す、豈誤らざらんや。耆《ぎ》年晩進《ねんばんしん》、其の形異なりと雖も、有智《うち》も愚朦も僧宗是れ同じし。亦昨は非なるも今は是、聖凡《しやうぼん》誰れか知らん。禪苑淸規に云く、僧は凡聖と無く、十方に通會《つうゑ》すと。若し一切の是非有るも之を管すること莫れ。志氣那ぞ直趣無上菩《ちきしゆむじやうぼ》提《だい》の道業《だうげふ》に非ざらんや。如《も》し向來の一歩を錯らば、便乃《すなは》ち對面して蹉過せん。古人の骨髓、

全在下作二恁功夫一之處上也。後代掌二當職一之兄弟、亦作二恁功夫一始得。百丈高祖之規繩、豈虛然乎。山僧歸國以降、駐二錫於建仁一一兩三年、彼寺慗置二此職一、唯有二名字一、全無二人實一。未レ識二是佛事一、豈敢辨二肯道一。眞可二憐憫一。不レ遇二其人一虛度二光陰一、浪破二道業一。曾看二彼寺此職僧一、二時齋粥、都不レ管レ事、帶二一無頭腦無人情奴子一、一切大小事、總說二向他一、作二得正一、作二得不正一、未二曾去看一。如三鄰家有二婦女一相似、若去得レ見、他乃恥乃瑕。結二搆一扃一、或偃臥、或談笑、或看經、或念誦、日久月深、不レ到二鍋邊一。況乎買二索什物一、諦二觀味數一。豈存二其事一乎。何況兩節九拜、未二夢見一在。時至教二童行一也未二曾知一、可レ憐可レ悲。無道心之人未三曾遇二見有道德之輩一、雖レ入二寶山一兮空手而歸、雖レ到二寶海一兮空身而還。應レ知、雖三他未二曾發心一兮、若見二一本分人一、則行二得其道一。雖レ未レ見二一本分人一兮、若是深發心者、則行二膺其道一。既以二兩闕一、何以一益。如レ見二大宋國諸山諸寺、知事頭首居レ職之族一、雖レ爲二一年之精勤一、

○高祖、文龜本聾聖ニ作ル
○慗、典座教訓聞解慗ハ慭ノ寫誤ト註ス
○扃、寬政本局ニ作ル

全く恁《かく》のごときの功夫を作す處に在り。後代當職《しき》を掌るの兄弟《ひんでい》も、亦恁《かく》のごときの功夫を作して始めて得ん。百丈高祖の規繩、豈虛然ならんや。山僧歸國より以降《このかた》、錫を建仁に駐むること一兩三年、彼の寺愚《おろか》に此の職を置けども、唯名字のみ有つて、全く人の實無し。未だ是れ佛事なることを識らず、豈敢て道を辨肯《べんこう》せんや。眞《まこと》に憐憫すべし。其の人に遇はずして虛《むなし》く光陰を度り、浪《みだ》りに道業《だうげふ》を破ることを。曾て彼の寺此の職の僧を看るに、二時の齋粥に、都《すべ》て事を管せず、一《ひと》りの無頭腦《むづなう》無人情の奴子《ぬす》を帶して、一切大小の事《じ》、總て他に說向す、正《しやう》を作し得るも、不正《ふしやう》を作し得るも、未だ曾て去つて看せず。鄰家に婦女有るが如くに相似て、若し去つて見ることを得ば、他乃ち恥とし乃ち瑕とす。一扃《けい》を結構して、或は偃臥し、或は談笑し、或は看經し、或は念誦して、日久しく月深けれども、鍋邊に到らず。況んや什物を買索し、味數を諦觀せんや。豈其の事を存せんや。何《いか》に況んや兩節の九拜、未だ夢にだも見ざる在り。時至つて童行《づんなん》を教ふるに也た未だ曾て知らず、憐むべく悲むべし。無道心の人未だ曾て有道德の輩に遇見せず、寶山に入ると雖も空手にして歸り、寶海に到ると雖も空身にして還ることを。應《まさ》に知るべし、他未だ曾て發心《ほつしん》せずと雖も、若し一《ひと》りの本分人《ほんぶんにん》を見ば、則ち其の道を行得せん。未だ一《ひと》りの本分人を見ずと雖も、若し是れ深く發心せば、則ち其の道を行膺《ぎやうやう》せん。既に兩闕を以てせば、何を以てか一益《やく》あらん。大宋國の諸山諸寺に、知事頭首《ちやうしゆ》の職に居るの族《やから》を見るが如きは、一年の精勤《しやうごん》を爲すと雖も、各存二三般之住持一、與レ時營レ之、競レ緣勵レ之。已如レ利レ他、兼豐二自利一。一二興叢席一、一二新高格一。齊レ肩競レ頭、繼レ踵重レ蹤。於レ是應レ詳。有二見レ自如レ他之癡人一、有二顧レ他如レ自之君子一。古人云、三分光陰二早過、靈臺一點不二揩磨一、貪レ生逐レ日區區去、喚不レ回レ頭爭奈何。須レ知、未レ見二知識一、被二人情奪一。可レ憐、愚子運二出長者所傳之家財一、徒作二他人面前之塵糞一。今乃不レ可レ然耶。嘗觀二當職前來有道一、其掌其德自符。大爲悟道典座之時也。洞山麻三斤亦典座之時也。若可レ貴レ事者、可レ貴二悟道之事一。若可レ貴レ時者、可レ貴二悟道之時一者歟。慕レ事耽レ道之跡、握レ沙而爲レ寶猶有二其驗一。摸レ形而作レ禮屢見二其感一。何況、其職是同、其稱是一。其情其業若可レ傳者、其美其道豈不レ來乎。凡諸知事頭首及當職作事作務之時節、可レ保二持喜心、老心、大心一者也。所レ謂喜心者、喜悅心也。可レ想、我若生二天上一、着レ樂無レ間。不レ可二發心一、修行未レ便、何況可レ作二三寶供養之食一耶。萬法之中、冣尊貲者三寶也、冣上勝者三寶也。天帝非レ喩、

○見、文龜本ニナシ

○冣、寛政本最ニ作ル

○貲、寛政本貴ニ作ル、下同ジ

各《おのおの》三般《はん》の住持《ちゆうぢ》を存し、時と與に之を營み、緣を競うて之を勵ます。已に他を利するが如く、兼ねて自利を豐《ゆたか》にし。叢席を一興し、高格《かうかく》を一新し。肩を齊うし頭《かうべ》を競ひ、踵《くびす》を繼ぎ蹤を重んず。是に於て應に詳にすべし。自を見ること他の如くなるの癡人有り、他を顧みること自の如くなるの君子有ることを。古人云く、三分《ぶん》の光陰二早く過ぐ、靈臺一點も揩磨せず、生《しやう》を貪り日を逐うて區區として去る、喚べども頭《かうべ》を回らさず爭奈何《いかん》せんと。須らく知るべし、未だ知識を見ざれば、人情に奪はるることを。憐むべし、愚子長者所傳の家財を運出して、徒《いたづら》に他人面前の塵糞と作すことを。今乃ち然あるべからざらんや。甞て當職《しき》前來の有道を觀るに、其の掌《しやう》其の德自ら符《かな》ふ。大潙《だいゐ》の悟道も典座の時なり。洞山の麻《ま》三斤《さんぎん》も亦典座の時なり。若し事を貴ぶべき者《もの》ならば、悟道の事を貴ぶべし。若し時を貴ぶべき者ならば、悟道の時を貴ぶべき者歟。事を慕ひ道に耽るの跡、沙を握りて寶と爲すも猶其の驗《しるし》有り。形を摸して禮を作すも屢《しばしば》其の感を見る。何《いか》に況んや、其の職是れ同じく、其の稱是れ一なるをや。其の情其の業《げふ》若し傳ふべき者ならば、其の美其の道豈來らざらんや。凡そ諸《もろもろ》の知《ち》事頭首《じちやうしゆ》及び當職作事作務《しきさじさむ》の時節、喜心、老心、大心を保持すべき者なり。所謂《いはゆる》喜心《きしん》とは、喜悅の心なり。想ふべし、我れ若し天上に生ぜば、樂に着して間《ひま》なし。發心すべからず、修行未だ便ならず、何《いか》に況んや三寶供養の食《じき》を作すべけんや。萬法《まんぽふ》の中《うち》、冣尊貴《さいそんき》なる者は三寶なり、冣上勝《さいじやうしよう》なる者は三寶なり。天帝も喩ふるに非ず、

輪王弗レ比。淸規云、世間尊貴、物外優閑、淸淨無爲、衆僧爲レ最。今吾幸生二人間一而作二此三寶受用之食一、豈非二大因緣一耶。尤以可二悅喜一者也。又可レ想、我若生二地獄、餓鬼、畜生、修羅等之趣一、又生二自餘之八難處一、雖レ有レ求二僧力之覆身一、手自不レ可レ作二供養三寶之淨食一。依二其苦器一而受レ苦、縛二身心一也。今生既作レ之、可レ悅之生也、可レ悅之身也、曠大劫之良緣也、不レ可レ朽之功德也。願以二萬生千生一而攝二一日一時一、可レ辨レ之可レ作レ之。爲四能使三千萬生之身結二於良緣一也。如レ此觀達之心乃喜心也。誠夫縱作二轉輪聖王之身一、非レ作二供養三寶之食一者、終其無レ益、唯是水沫泡餤之質也。所レ謂老心者、父母心也。譬若三父母念二於一子一、存二念三寶一如レ念二一子一也。貧者窮者、强愛二育一子一。其志如何、外人不レ識、作レ父作レ母方識レ之也。不レ顧二自身之貧富一、偏念二吾子之長大一也。不レ顧二自寒一、不レ顧二自熱一、蔭レ子覆レ子、以爲二親念切切之至一。發二其心一之人能識レ之、慣二其心一之人方覺レ之者也。然乃看レ水看レ穀、皆可レ存二養子之慈懇一者歟。大師釋尊、猶分二二十年之佛壽一而蔭二末世之吾等一。其意如何。唯垂二父母心一而已。如來全不レ可レ求レ果、

○閑、寛政本閒ニ作ル

○窮、古田本古本富ニ作ルト傍註ス

○十、寛文本千ニ作ル、今文龜本ニヨツテ改ム、尚古田本十ノ寫誤カト傍註ス

輪王も比せず。淸規に云く、世間の尊貴、物外の優閑、淸淨無爲《しやうじやうむゐ》なるは、衆僧を最と爲すと。今吾れ幸に人間に生れて而も此の三寶《さんばう》受用の食《じき》を作る、豈大因縁に非ざらんや。尤も以て悦喜すべき者なり。又想ふべし、我若し地獄、餓鬼、畜生、修羅等の趣《しゆ》に生れ、又自餘の八難處《なんじよ》に生れば、僧力《そうりき》の覆《ぶ》身《しん》を求むること有りと雖も、手づから自ら供養三寶《くやうさんばう》の淨食《じやうじき》を作すべからず。其の苦器に依つて苦を受け、身心を縛すればなり。今生既に之を作す、悦ぶべきの生《しやう》なり、悦ぶべきの身なり、曠大劫《くわうだいこふ》の良縁なり、朽つべからざるの功德《くどく》なり。願くは萬生千生《ばんしやうせんしやう》を以て一日一時に攝《せつ》し、之を辨ずべく之を作すべし。能く千萬生《せんばんしやう》の身をして良縁を結ばしめんが爲めなり。此の如き觀達の心乃ち喜心なり。誠に夫れ縱ひ轉輪聖王《てんりんじやうわう》の身と作るも、供養三寶の食《じき》を作るに非らざれば、終に其の益無し、唯是れ水沫泡燄の質なり。所謂《いはゆる》老心とは、父母の心《こころ》なり。譬へば父母の一子を念ふが若く、三寶《ばう》を存念すること一子を念ふが如くせよ。貧者窮者《ぐうしや》、强《あながち》に一子を愛育す。其の志《こころざし》如何、外人識らず、父と作り母と作つて方に之を識る。自身の貧富を顧みず、偏《ひとへ》に吾が子の長大ならんことを念ふ。自の寒きを顧みず、自の熱きを顧みず、子を蔭ひ子を覆ふ、以て親念切切の至りと爲す。其の心を發《おこ》すの人能く之を識り、其の心に慣ふの人方《まさ》に之を覺る者なり。然れば乃ち水を看穀を看るに、皆養子の慈愍を存すべき者歟。大師釋尊、猶二十年の佛壽を分《わか》つて末世の吾等を蔭ひたまふ。其の意如何。唯父母の心を垂るるのみ。如來全く果を求むべからず、亦不レ可レ求レ富。所レ謂大心者大ニ山于其心一、大ニ海于其心一、無レ偏無レ黨心也。提レ兩而不レ爲レ輕、扛レ鈞而不レ可レ重。被レ引ニ春聲一兮不レ游ニ春澤一、雖レ見ニ秋色一兮更無ニ秋心一、競ニ四運於一景一、視ニ銖兩於一目一。於ニ是一節一、可レ書ニ大之字一也、可レ知ニ大之字一也、可レ學ニ大之字一也。夾山之典座若不レ學ニ大字一者、不覺之一笑莫レ度ニ大原一。大潙禪師不レ書ニ大字一、取ニ一莖柴一不レ可ニ三吹一。洞山和尚不レ知ニ大字一、拈ニ三斤麻一莫レ示ニ一僧一。應レ知、向來大善知識倶是百草頭上學ニ大字一來、今乃自在作ニ大聲一、說ニ大義一、了ニ大事一、接ニ大人一。成ニ就者箇一段大事因緣一者也。住持、知事、頭首、雲衲、阿誰忘ニ却此三種心一者哉。于レ㫖嘉禎三丁酉春、記示ニ後來學道之君子一云。

觀音導利興聖寶林禪寺住持傳法沙門道元記

〇兩、文龜本錙ニ作ル、下同ジ

〇澤、文龜本ニナシ

〇于㫖以下三十七字、文龜本于、㫖嘉禎三年王春記、示後、來學道之君子云爾、觀音導利院住持傳法沙門道元記ニ作リ、次ニ文龜二年三月廿六日書之ノ識語アリ

亦富を求むべからず。所謂《いはゆる》大心とは其の心を大山にし、其の心を大海にし、偏無く黨無きの心なり。兩《りやう》を提《ひつさ》げて輕しと爲さず、鈞《きん》を扛《あ》げて重しとすべからず。春聲に引かれて春澤《しゆんたく》に游ばず、秋色を見ると雖も更に秋心無く、四運を一景に競ひ、銖兩《しゆりやう》を一目に視る。是の一節に於て、大の字を書すべし、大の字を知るべし、大の字を學すべし。夾山《かつさん》の典座若し大の字を學ばずんば、不覺の一笑もて大原《たいげん》を度すること莫らん。大潙《だいゐ》禪師《ぜんじ》大の字を書せずんば、一莖柴を取つて三たび吹くべからざらん。洞山和尚大の字を知らずんば、三斤《さんぎん》の麻《ま》を拈じて一僧に示すこと莫からん。應に知るべし、向來の大善知識は倶に是れ百草頭上に大の字を學し來つて、今乃ち自在に大聲を作し、大義を說き、大事を了じ、大人を接す。者箇一段の大事因緣を成就する者なり。住持、知事、頭首、雲衲、阿誰《たれ》か此の三種の心を忘却する者ならんや。

旹《とき》に嘉禎三丁酉《ひのととり》の春、記して後來《こうらい》學道の君子に示すと云ふ。

觀音導利興聖寶林禪寺住持傳法沙門道元記《しる》す

辨道法

大佛寺

佛佛祖祖、在レ道而辨、非レ道而不レ辨。有レ法而生、無レ法而不レ生。所以大衆若坐隨レ衆而坐、大衆若臥隨レ衆而臥。動靜一二如大衆一、死生不レ離二叢林一。拔レ群無レ益、違レ衆未レ儀。此是佛祖之皮肉骨髓也、亦乃自己之脱落身心也。然則空劫已前之修證也、無レ拘二現成一。朕兆已前之公案也、未レ待二大悟一。

黄昏坐禪、聞二昏鐘一搭二袈裟一、入二雲堂一就二被位一坐禪。住持人、就二椅子一向二聖僧一而坐禪、首座向二牀緣一而坐禪、大衆面壁而坐禪。住持人坐禪時、椅子後屛風外設二一榻一、而或志侍者一人、或志行者一人、伺二候于住持人一矣。坐禪時、住持人入堂、從二前門之北頰一而入。到二聖僧前一、向二聖僧一問訊燒香訖、問二訊聖僧一罷、叉手而巡堂一匝、到二聖僧前一、向二聖僧一問訊、到二椅前一、向レ椅問訊、順轉レ身向二聖僧一問訊訖、

辨道法

大佛寺

佛佛祖祖、道に在りて辨ず、道に非ずしては辨ぜず。法有れば生ず、法無ければ生ぜず。所以に大衆若し坐すれば衆に隨つて坐し、大衆若し臥せば衆に隨つて臥す。動靜《どうじやう》大衆に一如し、死生《しせい》叢林を離れず。群を抜けて益無し、衆に違するは未だ儀ならず。此れは是れ佛祖の皮肉骨髓なり、亦乃ち自己の脱落身心なり。然あれば則ち空劫已《くうごふい》前《ぜん》の修證なり、現成《げんじやう》に拘はる無し。朕兆已《ちんてうい》前《ぜん》の公案なり、未だ大悟を待たず。

黄昏《くわうこん》の坐禪、昏鐘《こんしよう》を聞いて袈裟を搭《か》け、雲堂《うんだう》に入り被位《ひゐ》に就いて坐禪す。住持人は、椅子《いす》に就いて聖僧《しやうそう》に向つて坐禪し、首座《しゆそ》は牀緣に向つて坐禪し、大衆は面壁《めんぺき》して坐禪す。住持人坐禪の時は、椅子の後《しりへ》の屛風《びやうぶ》の外《そと》に一榻《いつとう》を設け、而して或は志《こころざし》の侍者一人、或は志《こころざし》の行者《あんじや》一人、住持人に伺候す。坐禪の時、住持人の入堂は、前門の北頬《ほくけふ》より入る。聖僧の前に到り、聖僧に向つて問訊燒香し訖つて、聖僧に問訊し罷《や》んで、叉手《しやしゆ》して巡堂すること一匝《いつそう》し、聖僧の前に到り、聖僧に向つて問訊し、椅の前に到り、椅に向つて問訊し、順に身を轉じ聖僧に向つて問訊し訖つて、

褰二衣袖一而就二椅子一、脱レ鞋收レ足、跏趺而坐。侍者行者留二立前門內南頰一、不下從二住持人一而巡堂上也。住持人、就二椅子一坐訖、侍者行者等、在二本位處一、向二聖僧一問訊訖、潛著二椅後之榻一。住持人香合、侍者行者等帶レ之。若住持人在二雲堂一而眠、設二單位于首座之上肩一而眠也。起時還著二椅子一而坐禪也。○後夜坐禪、大衆不レ搭二袈裟一、住持人袈裟掛二于椅子一而坐禪、是法也。黃昏坐禪、欲レ罷鳴レ板。或二更三更之中、或一點二點三點。隨二住持人之指揮一。既板鳴罷、大衆合掌襞二袈裟一、褁二被巾一安二函櫃上一。住持人不レ脫二袈裟一、起レ椅而到二聖僧前一問訊罷、從二前門北頰一而出。侍者行者等、先出在二僧堂前一、祗二候住持人之出一。其中一人揭レ簾請レ出。住持人入堂時亦然。住持人若在レ堂眠者、行者一兩人留二在椅後榻一、侍者一兩人在二聖僧侍者之上肩一眠。或者在二新戒之上板頭一而眠也。大衆暫留坐禪。徐徐開レ被安レ枕○、隨レ衆而臥。不レ得三留坐違レ衆顧二視大衆一。不レ得下猥離二被位一、或入中非處上。但隨レ衆而臥、乃正儀也。三千威儀經曰、五種臥法、一當二頭向レ佛、二不三臥視レ佛、三不三雙伸二兩足一、四不三向レ壁及伏臥一、五不レ豎レ膝　臥必右脇而睡、不レ得二左脇而睡一。

○後夜以下二十五字、寛政本細字ヲ以テ割書ニセリ

○枕、寛文本杖ニ作ル、今寛政本ニヨツテ改ム、下同ジ

衣袖を褰《かか》げて椅子に就き、鞋《あい》を脱し足を收めて、跏趺して坐す。侍者行者《じしやあんじや》は前門内の南頰に留立して、住持人に從つて巡堂せず。住持人、椅子に就き坐し訖つて、侍者行者等は、本位の處に在つて、聖僧に向つて問訊し訖つて、潛に椅《い》の後《しりへ》の榻《とう》に著く。住持人の香合《かうがふ》は、侍者行者等之を帶す。若し住持人雲堂に在つて眠らば、單位《たんゐ》を首座の上肩《じやうけん》に設けて眠る。起《お》くる時は還た椅子に著いて坐禪す。後夜《こや》の坐禪には、大衆袈裟を搭《か》けず、住持人の袈裟は椅子に掛けて坐禪す、是れ法なり。黄昏《くわうこん》の坐禪、罷《や》めんと欲せば板《はん》を鳴らすべし。或は二更三更の中《うち》、或は一點二點三點なり。住持人の指揮に隨ふ。既に板鳴り罷んで、大衆合掌して袈裟を疊《たた》み、被巾《ひきん》に裹《つつ》んで函櫃《かんき》の上に安ぜよ。住持人は袈裟を脫せず、椅を起つて聖僧の前に到つて問訊し罷んで、前門の北頰より出づ。侍者行者等は、先づ出でて僧堂の前に在つて、住持人の出づるを祗候す。其の中《うち》一人は簾を掲げて出づるを請ふ。住持人入堂の時も亦然り。住持人若し堂に在つて眠らば、行者一兩人椅の後《しりへ》の榻《とう》に留在し、侍者一兩人聖僧侍者《しやうそうじしや》の上肩《じやうけん》に在つて眠る。或は新戒の上板頭《じやうはんとう》に在つて眠る。大衆は暫く留《とどま》つて坐禪す。徐徐として被《ひ》を開き枕を安じ、衆に隨つて臥す。留《とどま》り坐し衆に違して大衆を顧視することを得ざれ。猥りに被位《ひゐ》を離れて、或は非處に入ることを得ざれ。但《ただ》衆に隨つて臥す、乃ち正儀《しやうぎ》なり。三千威儀經に曰く、五種の臥法あり、一には當に頭《かうべ》を佛に向ふべし、二には臥して佛を視ざれ、三には雙べて兩足を伸べざれ、四には壁に向ひ及び伏して臥せざれ、五には膝を竪てざれ。臥するには必ず右脇にして睡れ、左脇にして睡ることを得ざれ。

臥時當二以レ頭向レ佛。今以レ頭向二床縁一、頭向二聖僧一也。不レ得二覆臥而睡一。不レ得下竪二兩膝一而仰臥上。不レ得二仰レ身交レ脚而睡一。不レ得下雙二伸兩脚一而睡上。不レ得下卸二衫裙一而睡上。不レ得三赤體無慚、如二外道法一。不レ得二解レ帶而睡一。夜臥當レ念二明相一。後夜聞二首座寮前板鳴一、此板或三更四點、五點、或四更一點、二點、三點、各隨二住持人指揮一而鳴也。大衆輕身而起、不レ可二卒暴一。不レ得三尙留睡臥無二禮大衆一。潛把二枕子一安二函櫃前一、莫レ得二響摺一。恐動二念于隣單一。且在二被位一將レ被著レ身、礙二蒲團一而坐禪。切忌閉レ眼。閉レ眼昏生、頻頻開レ眼、微風入レ眼困容易醒。應レ念二無常迅速道業未一レ明。不レ得下動身、頻呻、怒氣、扇二風上下一、令中衆動念上。大凡於レ衆常生二恭敬一、不レ得レ輕二慢大衆一矣。不レ得二將レ被幪一レ頭。如レ覺二困來一、脫二落帽被一、輕身坐禪。伺二其時節一、須下赴二後架一而洗面上。伺二時節一者、大衆洗面稍得二其隙一也。携二手巾一掛二左臂一、兩端在レ內或在レ外、抽身下レ床、輕身輕步、經二便路一而赴二後門一、輕兩手揭レ簾而出。

○床、寛政本牀ニ作ル、通途多ク牀ヲ用フレドモ、床・牀同字ナルヲ以テ今改メズ、下皆同ジ

○此板以下二十八字、寛政本細字ヲ以テ割書ニセリ

○伺時節以下十三字、寛政本細字ヲ以テ割書ニセリ

臥する時には當に頭《かうべ》を以て佛に向ふべし。今頭を以て床縁《じやうえん》に向ふは、頭聖僧に向ふなり。覆臥して睡ることを得ざれ。兩膝《りやうひざ》を竪てて仰臥することを得ざれ。身を仰ぎ脚を交へて睡ることを得ざれ。兩脚を雙べ伸べて睡ることを得ざれ。衫裙《さんくん》を卸《おろ》して睡ることを得ざれ。赤體《しやくたい》無慙にして、外道の法の如くなることを得ざれ。帶を解きて睡ることを得ざれ。夜臥には當に明相《めいさう》を念ずべし。

後夜《こや》に首座《しゆそ》寮《れう》前の板鳴るを聞かば、此の板或は三更の四點、五點、或は四更の一點、二點、三點、各《おのおの》住持人の指揮に隨つて鳴らす。大衆輕身にして起きよ、卒暴なるべからず。倘留《とどま》つて睡臥して大衆に無禮なることを得ざれ。潛に枕子《ちんす》を把つて函櫃《かんき》の前に安じ、響かし摺《たた》むことを得ること莫れ。恐らくは隣單《りんたん》を動念せん。且《しばら》く被位に在つて被を將《と》つて身に著け、蒲團を礙えて坐禪す。切に忌む眼《まなこ》を閉づることを。眼《まなこ》を閉づれば昏《こん》生ず、頻頻《ひんぴん》に眼を開けば、微風眼に入りて困《こん》容易に醒む。應に無常迅速にして道業未だ明らめざることを念ずべし。動身し、頻呻し、怒氣し、上下に扇風して、衆をして動念せしむることを得ざれ。大凡衆に於いて常に恭《く》敬《ぎやう》を生ぜよ、大衆を輕慢することを得ざれ。被《ひ》を將つて頭《かうべ》を幪ふことを得ざれ。困來《きた》るを覺《さと》るが如きは、帽被《はうひ》を脱落して、輕身にして坐禪せよ。其の時節を伺うて、須らく後架に赴いて洗面すべし。時節を伺ふとは、大衆洗面稍其の隙を得るなり。手巾《しゆきん》を携へて左臂に掛け、兩端内に在り或は外に在り、抽身して床を下り、輕身輕歩し、便路を經て後門に赴き、輕く兩手に簾《れん》を揭げて出でよ。

若在二上間一從二北頰一出、先出二右足一。若在二下間一從二南頰一出、先出二左足一。不レ得二拖レ鞋踏レ地作上レ響。經二過于照堂檣亭一而赴二後架一、在レ路逢レ人不レ可二相話一。如不レ逢レ人何敢吟咏。不レ得三垂レ手成二袖、揖二手於袖一而行。既到二水架一、且待レ有レ處、不レ得レ搪二揬衆家一。既得レ有レ處、卽處洗面。

洗面之法、用二手巾一掛レ頸、兩端垂レ前、次兩手各把二一端一、從二于左右腋下一至二於背後一、互相而交二兩端一、又從二兩腋下一至○二面前一、當レ胸結定。一如レ繫レ絆、致下全襟兩袖押中褰於兩臂以上、兩肩以下上。

次手執二楊枝一合掌曰、

手執楊枝、當願衆生、心得正法、自然淸淨。

卽嚼二楊枝一誦曰、

晨嚼楊枝、當願衆生、得調伏牙、噬諸煩惱。

佛言、嚼二楊枝頭一不レ得レ過二三分一。

○至ノ下、寛政本於ノ字アリ

若し上間《じやうかん》に在らば北頰より出でよ、先づ右の足を出せ。若し下間《げかん》に在らば南頰より出でよ、先づ左の足を出せ。鞋を拖き地を蹈んで響きを作すことを得ざれ。照堂橋亭を經過して後架《こか》に赴くに、路に在つて人に逢ふとも相話《あひわ》すべからず。如《も》し人に逢はざるも何ぞ敢へて吟咏せん。手を垂れて袖に成すことを得ざれ、手を袖に揖《いつ》して行け。既に水架《すゐか》に到らば、且《しばら》く處有るを待て、衆家《しゆけ》に揷《たう》揬《とつ》することを得ざれ。既に處有るを得ば、卽處に洗面せよ。

洗面の法は、手巾《しゆきん》を用ひて頸に掛け、兩端を前に垂れ、次に兩手をもつて各《おのおの》一端を把つて、左右の腋下より背後に至らしめ、互相《たがひ》にして兩端を交へ、又兩の腋下より面前に至らしめ、胸に當てて結定せよ。一に絆《はん》を繫くるが如くし、全襟と兩袖とをして兩臂以上、兩肩以下に押裹《おしかか》げしむ。

次に手に楊枝《やうじ》を執り合掌して曰く、

手執楊枝《しゆじふやうじ》、當願衆生《たうぐわんしゆじやう》、心得正法《しんとくしやうぼふ》、自然《じねん》淸淨《しやうじやう》。（手に楊枝を執る、當に願くは衆生とともに、心に正法《しやうぼふ》を得て、自然《じねん》に淸淨《しやうじやう》ならんことを。）

卽ち楊枝を嚼《か》み誦して曰く、

晨嚼楊枝《しんしやくやうじ》、當願《たうぐわん》衆生《しゆじやう》、得調伏牙《とくてうふくげ》、噬諸煩惱《ぜいしよぼんなう》。（晨《あした》に楊枝を嚼む、當に願くは衆生とともに、牙《きば》を調伏することを得て、諸の煩惱を噬まんことを。）

佛の言《のたま》はく、楊枝の頭《はし》を嚼むこと三分《さんぶ》に過ぐることを得ざれと。

凡踈レ齒刮レ舌當二須如法一。刮レ舌不レ得レ過二三度一、舌上血出當レ止。古云、淨口者嚼二楊枝一漱レ口刮レ舌。若人相向、以レ手掩二自口一、莫レ教三人見而生二嫌心一。洟唾須レ知二屛處一。大宋諸寺後架無二嚼楊枝處一。今大佛寺後架構レ之。兩手把二面桶一、臨二竈頭一安レ桶、把レ杓汲レ湯承レ桶、還二來架上一、輕二手於桶一洗面低細。如法洗二眼裏鼻孔耳邊口頭一而見レ淨。不レ得二湯水多費、無レ度而使一。漱レ口吐二水於面桶之外一。曲躬低頭而洗面、不レ得三直レ腰濺二水於隣桶一。兩手掬レ湯而洗面、勿レ留二垢膩一。次以二右手一解二手巾之結一拭レ面。如有二公界拭面一乃用レ之。不レ得三桶杓喧譁、咳漱作レ聲、驚二動淸衆一。古曰、五更洗面本爲二修行一、豈噓唾把レ盆、喧レ堂喧レ衆乎。歸堂威儀準二出堂法一。歸二來被位一、將レ被蓋レ體如法坐禪。或不レ蓋レ被在二人之意一。此時未レ搭二袈裟一。若換二直裰一莫レ離二被位一、在レ位而換。先將二日裏者一先蓋二身上一、潛解二打眠直裰之兩帶一、脫二肩袖一而落三于背後之與二膝邊一、譬如レ遶二蒲團一。次結二日裏者之兩帶一著定了、

凡そ齒を踈《そろ》へ舌を刮《か》くこと當に須らく如法なるべし。舌を刮くこと三度に過ぐることを得ざれ、舌上より血出でて當に止むべし。古《いにしへ》に云く、淨口《じやうく》とは楊枝を嚼み口を漱ぎ舌を刮くと。若し人相向はば、手を以て自の口を掩うて、人をして見せしめて嫌心を生ぜしむること莫れ。洟唾《でいだ》須らく屛處《へいしよ》に知《う》すべし。大宋諸寺の後架《こか》には嚼楊枝の處無し。今《いま》大佛寺の後架には之を構ふ。兩手に面桶を把り、竈頭に臨んで桶を安じ、杓《しやく》を把り湯を汲んで桶に承け、架上《かじやう》に還り來り、手を桶に輕くして洗面低細にせよ。如法に眼裏《がんり》鼻《ひ》孔耳《くうに》邊口《へんく》頭《とう》を洗うて淨からしめよ。湯水多く費し、度無うして使ふことを得ざれ。口を漱がば水を面桶の外に吐け。曲躬低頭《きよくきゆうていづ》して洗面し、腰を直くして水を隣桶に濺ぐことを得ざれ。兩手に湯を掬して洗面し、垢膩を留むること勿れ。次に右手を以て手巾《しゆきん》の結《むすび》を解いて面を拭へ。如《も》し公界《くがい》の拭面有らば乃ち之を用ゐよ。桶杓喧《つうしやくかまびす》しく轟かし、咳漱聲を作して、淸衆《せいしゆ》を驚動することを得ざれ。古《いにしへ》に曰く、五更の洗面は本《も》と修行の爲なり、豈噓唾して盆を把り、堂に喧しくし衆に喧しくせんやと。歸堂の威儀は出堂の法に準ず。被位《ひゐ》に歸り來らば、被《ひ》を將つて體を蓋うて如法に坐禪せよ。或は被《ひ》を蓋はざるも人の意に在り。此の時未だ袈裟を搭けず。若し直裰《ちきとつ》を換へば被位を離るること莫れ、位に在りて換へよ。先づ日裏の者を將つて先づ身上に蓋ひ、潛に打《だ》眠直裰《みんぢきとつ》の兩帶を解き、肩袖を脫して背後と膝邊とに落す、譬へば蒲團を遶らすが如くせよ。次に日裏の者の兩帶を結んで著定《ちやくちやう》し了り、

收二打眠直裰一簪二在于被位之後一。脫二日裏者一著二打眠衣一、須二準レ之而知一。不レ得二床上露白換一レ衣。不レ得三床上立地拽二疊被服一。不レ得二床上抓一レ頭。不レ得下床上弄二數珠一作レ聲輕上レ衆。不レ得下床上與二隣單一語話上。不レ得二在レ床坐臥參差一。上レ床下レ床、不レ得レ匍二匐於床上一。不レ得下大拂二拭牀席一使上レ有レ聲。五更鳴二首座寮前板一三下。住持人首座坐堂以後、大衆不レ得下從二前門一出入上。未二開靜一前不レ得二收レ單摺一レ被。方候二開大靜一、所レ謂厨前雲版及諸堂前板一時俱擊。於レ時摺レ單、摺レ被、收レ枕、上レ帳、搭二袈裟一相向而坐。卽上二窓簾及前門後門簾一。聖僧前裝香點燭。摺レ被之法、因聞二開大靜一以二兩手一執二被兩角一而把合、縱折而作二兩重一、次又縱折而作二四重一。次向レ內橫折而作二四重一、都計十六重也。以安二眠單之奧頭一。次疊二斂眠單於被下一、挿二枕子於被裏一。安レ被之時、有レ重之頭向レ身以安レ之。次合掌以二兩手一執下裏二袈裟一之被巾上、以俱安二被上一。次合掌開二被巾一、以蓋二被巾於被上一。所レ謂以二被巾之兩端一、向レ下裏二摺被之左右一也。不レ裏二摺被之前後一。次向二袈裟一而合掌、

打眠直裰《だみんぢきとつ》を收めて被位の後に窖在《こうざゐ》せよ。日裏の者を脱ぎ打眠衣《だみんえ》を著くるも、須らく之に準じて知るべし。床上に露白《ろびやく》にして衣を換ふることを得ざれ。床上に立地して被服を拽き疊むことを得ざれ。床上にて頭《かうべ》を抓くことを得ざれ。床上にして數珠《じゆず》を弄し聲を作して衆を輕んずることを得ざれ。床上にして隣單と語話することを得ざれ。床に在つて坐臥參差《しんさ》することを得ざれ。床に上り床を下るに、床上に匍匐することを得ざれ。大に牀席を拂拭して聲有らしむることを得ざれ。五更に首座《しゆそ》寮《れう》前の板を鳴らすこと三下《さんげ》す。住持人と首座の坐堂以後は、大衆は前門より出入することを得ざれ。未だ開靜《かいじやう》せざる前に單を收め被を摺むことを得ざれ。方《まさ》に開大靜《かいだいじやう》を候《まつ》て、所謂《いはゆる》廚前の雲版と及び諸堂前の板と一時に倶に擊つ。時に單を摺み、被を摺み、枕を收め、帳を上げ、袈裟を搭けて相向つて坐す。卽ち窓簾及び前門後門《ぜんもんごもん》の簾を上ぐ。聖僧前に裝香點燭す。被を摺むの法は、因みに開大靜《かいだいじやう》を聞いて兩手を以て被の兩角を執つて把り合せ、縱に折つて兩重と作し、次に又縱に折つて四重と作す。次に內に向けて橫に折つて四重と作す、都て計るに十六重なり。以て眠單の奧頭に安ず。次に眠單を被の下に疊み斂めて、枕子《ちんす》を被の裏《うち》に挿む。被を安ずるの時は、重《かさね》有るの頭《はし》を身に向けて以て之を安ず。次に合掌し兩手を以て袈裟を裹《つつ》めるの被巾を執りて、以て倶に被の上に安ぜよ。次に合掌し被巾を開き、以て被巾を被《ひ》の上に蓋《おほ》ふ。所謂《いはゆる》被巾の兩端を以て、下に向けて摺被《しふひ》の左右を裹むなり。摺被《しふひ》の前後を裹まざれ。次に袈裟に向つて合掌し、

以二兩手一擎二袈裟一、以安二頂顙上一、合掌發願。偈曰、

大哉解脫服、無相福田衣、披奉如來教、廣度諸衆生。

然後著二袈裟一、右轉レ身向二正面一而坐。摺レ被時、不レ得レ教三被橫而到二隣位單上一。不レ得三卒暴作二聲。護身護儀、隨レ衆恭レ衆而已。開靜以去、不レ得三展レ單蓋レ被而眠一。粥了歸二衆寮一、喫茶喫湯、或復二被位一打坐。

早晨坐禪之法、粥罷小頃〇、維那掛二坐禪牌於僧堂前一、然後鳴レ板。首座、大衆、搭二袈裟一入堂、就二被位一面壁坐禪。首座不二面壁一。自餘頭首、一二如大衆一面壁而坐。住持人就二椅子一坐禪。坐禪衆家、不得三回レ頭看二入出之人面一。如欲下出二堂外一及赴中後架上、未レ離二被位一之時、先脫二袈裟一而安二被上一、合掌而下レ床。欲レ下レ床時順轉レ身、而向二床端一也、方下レ脚著レ鞋而去。出入之次莫レ見二坐禪人之腦後一。直須二低頭而行一。不レ得二先レ足後レ身而步一。應二當身足同運一。直二觀面前一尋許地一而行、步量齊レ趺。緩緩而步、閑靜爲レ妙。

〇頃、寛文本項ニ作ル、今寛政本ニヨツテ改ム

兩手を以て袈裟を擎《ささ》げて、以て頂額上《ちやうねいじやう》に安じ、合掌して發願す。偈に曰く、

大哉解脱服《だいさいげだつぷく》、無相福田衣《むさうふくでんえ》、披奉如來敎《ひぶにょらいけう》、廣度諸衆生《くわうどしよしゆじやう》。（大いなる哉解脱服、無相の福田衣、如來の敎《をしへ》を披奉《ひぶ》して、廣く諸の衆生を度せん。）

然して後に袈裟を著け、右に身を轉じ正面に向つて坐す。被を摺むの時、被をして横《よこた》へて隣位の單上に到らしむることを得ざれ。卒暴にして聲を作すことを得ざれ。護身護儀、衆に隨ひ衆に恭《うやうや》しうするのみ。開靜以去《かいじやういご》は、單を展べ被を蓋うて眠ることを得ざれ。粥了には衆寮に歸り、喫茶喫湯し、或は被位に復《かへ》つて打坐す。

早晨坐禪《さうしんざぜん》の法は、粥罷小頃《しゆくはしばらく》にして、維那《ゐの》坐禪の牌を僧堂前に掛け、然して後に板を鳴らす。首座、大衆は、袈裟を搭けて入堂し、被位に就いて面壁《めんぺき》坐禪す。首座は面壁せず。自餘《その》の頭首《ちやうしゆ》は、大衆に一如して面壁して坐す。住持人は椅子《いす》に就いて坐禪す。坐禪の衆家、頭《かうべ》を回らし入出《につしゆつ》の人の面を看ることを得ざれ。如《も》し堂外に出で及び後架《ごか》に赴かんと欲せば、未だ被位を離れざるの時、先づ袈裟を脱して被の上に安じ、合掌して床を下る。床を下らんと欲する時は順に身を轉じて、床端に向ひ、方に脚を下し鞋を著けて去る。出入の次《つい》でに坐禪の人の腦後を見ること莫れ。直に須らく低頭《ていづ》して行くべし。足を先にし身を後にして歩することを得ざれ。應に身足同じく運ぶべし。面前一尋《いちぢん》許りの地を直觀《ちきくわん》して行き、歩量は趺に齊うす。緩緩《くわんくわん》として歩し、閑靜《かんじやう》なるを妙と爲す。

猶如二住立一、似レ不二運歩一。不レ得下拖レ鞋作レ聲、無二禮大衆一、動中念大衆上。行時應レ斂二揖手於兩袖合裏一。莫レ垂二兩袖於左右脚邊一。不レ得三床上立地襞二袈裟一。不レ得下以レ口啣○二袈裟緣一而襞上。不レ得下以二兩手一提二袈裟一而奮上。不レ得下以レ脚蹈二袈裟一、以レ頷抱二袈裟一而襞上。不レ得三濕手執二袈裟一。不レ得レ掛二在袈裟於聖僧龕及長連床之板頭一。不レ得下數二壓袈裟下緣一而坐上。常顧二袈裟一、齊整可レ觀。欲レ搭二袈裟一、先向二袈裟一合掌、然後搭レ之。襞二袈裟一安訖、乃擧手合掌是常儀也。不レ可レ不レ知。

坐禪時、不レ得下著二袈裟一而離二被位一出中于堂外上。聞二庫下火鈑鳴一、大衆同時合掌、乃坐禪罷也。此時大衆搭二袈裟一而出堂、蒲團留二在被位一、且待二齋罷一簪二蒲團一矣。火鈑鳴、維那敎二堂司供過行者收二坐禪牌一。○早晨坐禪、掛二坐禪牌一。餘時坐禪、不レ掛二坐禪牌一。放參時、掛二放參牌一、昏鐘鳴、收二放參牌一。坐禪法、早晨鳴レ板、黃昏響レ鐘。大衆搭袈裟入二雲堂一、就二被位一面壁坐禪。後夜哺時、不レ掛二袈裟一、但坐禪耳。哺時衩衣入堂、就二單位一出二蒲團一而用坐禪。未二展單一矣。或者有二半展單之古法一。

○啣、寛文本啣ニ作ル、恐クハ啣ノ誤リナラン、仍テ改ム、尚寛政本銜ニ作ル

○早晨坐禪以下百二十三字、寛政本細字ヲ以テ割書ニセリ

猶住立するが如く、運歩せざるに似たり。鞋を拖いて聲を作し、大衆に無禮し、大衆を動念せしむることを得ざれ。行く時は應に揖手を兩袖合裏に斂むべし。兩袖を左右の脚邊に垂るること莫れ。床上に立地して袈裟を襞《たた》むことを得ざれ。口を以て袈裟の縁《へり》を啣んで襞むことを得ざれ。兩手を以て袈裟を提《ひつさ》げて奮《ふる》ふことを得ざれ。脚を以て袈裟を蹈み、頷を以て袈裟を抱へて襞むことを得ざれ。濕手にして袈裟を執ることを得ざれ。袈裟を聖僧の龕《がん》及び長連床《ちやうれんじやう》の板頭《はんとう》に掛在することを得ざれ。袈裟の下縁を敷《ふ》壓《あつ》して坐することを得ざれ。常に袈裟を顧み、齊整觀《せいせいみ》つべからしめよ。袈裟を搭けんと欲せば、先づ袈裟に向ひ合掌し、然して後に之を搭けよ。袈裟を襞んで安じ訖つて、乃ち擧手合掌する是れ常儀なり。知らずんばあるべからず。坐禪の時は、袈裟を著けて被位を離れて堂外に出づることを得ざれ。庫下の火鈑《くわはん》鳴るを聞いて、大衆同時に合掌す、乃ち坐禪罷《や》むなり。此の時大衆袈裟を搭けて出堂し、蒲團は被位に留在し、且《しばら》く齋罷《さいは》を待ちて蒲團を窖《をさ》む。火鈑鳴りて、維那堂司《だうす》供過《くくわ》の行者《あんじや》をして坐禪の牌を收めしむ。早晨の坐禪には、坐禪の牌を掛く。餘時の坐禪には、坐禪の牌を掛けず。放參《はうさん》の時は、放參の牌を掛け、昬鐘鳴《こんしようめい》には、放參の牌を收む。坐禪の法は、早晨には板を鳴らし、黄昬には鐘を響かす。大衆搭袈裟《たつけさ》して雲堂に入り、被位に就いて面壁坐禪す。後夜《こや》と晡時《ほじ》とは、袈裟を掛けず、但《ただ》坐禪のみ。晡時には衩衣《しやえ》にして入堂し、單位に就き蒲團を出して用て坐禪す。未だ展單せず。或は半展單の古法も有り。

脫二衩衣一疊安二被上一而坐禪矣。後夜坐禪、袈裟安二函櫃上一、未レ能二動著一。正坐禪時、必用二蒲團一。或結跏趺坐。謂結跏趺坐、先以二右足一安二左胜上一、次以二左足一安二右胜上一。或者半跏趺坐亦可。但以二左足一壓二右足一而已。次以二右手一安二左足上一、左掌安二右掌上一。兩手大拇指靣相拄、直須二正身端坐一。謂頂顙脊骨相拄而端直、不レ得二左側、右傾、前躬、後仰一。要レ令二耳與レ肩對、鼻與レ臍對一。舌掛二上腭一、唇齒相著、目須二正開一。不レ張不レ微、莫二以レ瞼掩上レ瞳。莫二以レ項差上レ背。鼻息任レ通、不レ喘不レ聲、不レ長不レ短、不レ緩不レ急。身心俱調、擧體數欠、內外放寛、左右搖振七八箇、兀兀坐定思二量箇不思量底一、不思量底如何思量。非思量矣。乃坐禪之要術也。若欲レ起レ坐、徐徐而起。如要レ下レ床、緩緩而下。不レ得二高足大步、急走馳騁一。須下揖二兩手於袖裏一、莫上垂二兩袖於下面一。不レ用二點頭一、祇看二脚跟一。詳緩而行不レ可二卒暴一。與レ時低細、如法隨レ衆、廼辨道之規矩也。放參法。所レ謂放參者、晡時坐禪罷行レ之。雲堂大衆、齋罷收二蒲團一出堂、

○唇、寛政本脣ニ作ル

○兩、寛文本而ニ作リ、寛政本而當レ作レ兩ト頭註ス、仍テ今改ム

○所謂以下十二字、古田本已下十二字分註、誤爲本文ト傍註ス

衩衣《しやえ》を脱し疊んで被上に安じて坐禪す。後夜《こや》の坐禪には、袈裟を函櫃の上に安じて、未だ動著することを能はず。正《まさ》に坐禪の時は、必ず蒲團を用ゐよ。或は結跏趺坐《けつかふざ》。謂く結跏趺坐は、先づ右の足を以て左の髀《もも》の上に安じ、次に左の足を以て右の髀の上に安ず。或は半跏趺坐《はんかふざ》するも亦可なり。但《ただ》左の足を以て右の足を壓すのみ。次に右の手を以て左の足の上に安じ、左の掌《たなごころ》を右の掌の上に安ず。兩手の大拇指《だいぼし》面《むか》ひて相拄《あひささ》へ、直《ちき》に須らく正身端坐《しやうしんたんざ》すべし。謂く頂額脊骨《ちやうねいせきこつ》相拄へて端《たん》直《ちき》にし、左に側《そばだ》ち、右に傾《かたむ》き、前に躬《くぐま》り、後《しりへ》に仰《あふ》ぐことを得ざれ。耳と肩と對し、鼻と臍と對せしめんことを要す。舌《した》は上の腭《あぎと》に掛けて、脣齒《しんし》相著《あひつ》け、目は須らく正に開くべし。張らず微《ほそ》めず、瞼《まぶた》を以て瞳《ひとみ》を掩ふこと莫れ。項《ちなじ》を以て背に差《たが》ふこと莫れ。鼻息は通ずるに任せ、喘《あへ》がず聲せず、長からず短からず、緩ならず急ならず。身心《しんじん》倶に調へて、擧《こ》體《たい》數《しはしは》欠《かん》し、内外放寛し、左右搖振《えうしん》すること七八箇、兀兀《ごつごつ》として坐定して箇の不思量底を思量せよ、不思量底如何が思量せん。非思量、乃ち坐禪の要術なり。若し坐を起たんと欲せば、徐徐として起て。如《も》し床を下らんと要せば、緩緩として下れ。高足大歩し、急走馳騁することを得ざれ。須らく兩手を袖裏に揖《いつ》して、兩袖を下面《かめん》に垂ることと莫るべし。點頭を用ゐず、祗《ただ》脚跟を看よ。詳緩として行いて卒暴なるべからず。時と與に低細にし、如法に衆に隨ふ、廼《すなは》ち辨道の規矩なり。

放參《はうさん》の法。所謂《いはゆる》放參とは、晡時《ほじ》の坐禪罷んで之を行ふ。雲堂の大衆、齋罷《さいは》に蒲團を收めて出堂し、

歇二于衆寮一就二看讀床一。稍經二時餘一將二晡時至一、當二世俗之未時之終一。歸二雲堂一、出二蒲團一坐禪。從レ是以後、至二明日齋時一蒲團常留二單位一。放參前首座入二雲堂一。首座入堂路、經二雲堂之北簷下一、而從二前門之南頰一入。或擊二首座寮前板一三下了入堂、聖僧前燒香罷、就レ位而坐。或燒二香問一訊於聖僧一罷、巡堂一匝訖就レ坐。次堂司行者、報二諸寮一曰、首座坐堂。或擊二衆寮前板一三下、報二大衆一也。大衆聞レ板入堂、搭二袈裟一依二單位一相向而坐。面壁坐禪人、此時搭二袈裟一、轉身相向而坐。堂司行者先稟二堂頭一掛二放參牌一。然後行者上二前堂簾一、次行者入レ堂問二訊聖僧一罷、到二首座前一、向二首座一合掌問訊訖、曲躬叉手、低聲報曰、和尚放參。首座合掌默然而聽。次行者復於二聖僧前一、躬身如法問訊訖、正立叉手唱二放參一。須二引レ聲唱一。次行者出二僧堂前一、打二放參鐘一三下。此時當二世俗之酉時半分一。大衆聞レ鐘在二坐位一、揖二上下肩一、如二揖食法一。若住持人在レ堂、住持人起レ坐問訊、到二聖僧前一問訊訖出堂。大衆下牀問二訊上下肩一、展レ單下レ帳罷、歸二衆寮一問二訊上下肩一、就二案頭位一相向而坐。喫湯隨意。或獻湯時、寮首座就レ位而坐。寮主燒香、然後行レ湯。

○匝、寛政本帀ニ作ル

○酉、古田本由之字誤乎ト傍註ス

衆寮《しゆれう》に歇《いこ》うて看讀床《かんどくじやう》に就く。稍《やや》時餘を經て將に晡時に至らんとするや、世俗の末の時の終りに當る。雲堂に歸り、蒲團を出して坐禪す。是より以後、明日の齋時に至るまで蒲團は常に單位に留む。放參前に首座雲堂に入る。首座入堂の路《みち》は、雲堂の北簷下《ほくえんか》を經て、前門の南頰より入る。或は首座寮前の板《はん》を擊つこと三下《さんげ》し了つて入堂し、聖僧前に燒香し罷《や》んで、位《ゐ》に就いて坐す。或は聖僧に燒香問訊し罷んで、巡堂一匝し訖つて坐に就く。次に堂司《だうす》行者《あんじや》、諸寮に報じて曰く、首座坐《ざ》堂《だう》と。或は衆寮前の板を擊つこと三下《さんげ》す、大衆に報ずるなり。大衆板を聞いて入堂し、袈裟を搭け單位に依り相《あひ》向つて坐す。面壁坐禪の人も、此の時袈裟を搭け、轉身して相向つて坐す。堂司《だうす》行者《あんじや》先づ堂頭《だうちやう》に稟《まを》して放參牌《はうさんはい》を掛く。然して後に行者《あんじや》前堂の簾を上げ、次に行者堂に入り聖僧に問訊し罷んで、和尚《をしやう》放參と。首座は合掌默然として聽く。次に行者復《また》聖僧の前に於いて、躬身如法《きうしんによはふ》に問訊し訖つて、正立叉手して放參と唱ふ。須らく聲を引いて唱ふべし。次に行者《あんじや》僧堂前に出で、放參鐘を打つこと三下す。此の時世俗の酉の時の半分に當る。大衆鐘を聞いて坐位に在り、上下《じやうげ》肩《けん》に揖すること、揖食法《いつじきはふ》の如くす。若し住持人堂に在らば、住持人坐を起ちて問訊し、聖僧前に到つて問訊し訖つて出堂す。大衆下《あ》牀《じやう》して上下肩に問訊し、單を展べ帳を下《をろ》し罷んで、衆寮に歸り上下肩に問訊し、案頭の位に就いて相向つて坐す。喫湯は隨意なり。或は獻湯の時は、寮首座は位に就いて坐す。寮主燒香して、然して後に湯を行《ひ》く。

寮主燒香時、大衆合掌。或寮主著衩衣而燒香、或寮主搭袈裟而燒香。或依二住持人指揮一、或依二寺院舊例一。寮主燒香之法、先到二當面一、向二聖僧一問訊罷、步二寄香爐之前一、右手上香罷叉手、右轉レ身、還到二當面一問訊訖、叉手步二到上間之兩板頭中間一、問訊訖叉手右轉レ身、經二正面一而步二到下間之兩板頭中間一、問訊訖叉手右轉レ身、步二到正面一、向二聖僧一問訊了叉手而立。然後行レ湯行レ茶。茶湯罷、叉燒香問訊。行李如レ初。

辨道法終

寮主燒香の時は、大衆合掌す。或は寮主著衩衣《ちやくしやえ》にして燒香し、或は寮主搭袈裟《たつけさ》にして燒香す。或は住持人の指揮に依り、或は寺院の舊例に依る。寮主燒香の法は、先づ當面に到り、聖僧に向つて問訊し罷んで、香爐の前に歩み寄り、右手に上香し罷んで叉手して、右に身を轉じ、還つて當面に到つて問訊し訖つて、叉手《しやしゆ》して上間《じやうかん》の兩板頭《りやうはんとう》の中間に歩み到り、問訊し訖つて叉手して右に身を轉じ、正面を經て下間《ゆかん》の兩板頭《りやうはんとう》の中間に歩み到り、問訊し訖つて叉手して右に身を轉じ、正面に歩み到り、聖僧に向つて問訊し了つて叉手して立つ。然して後に湯を行《ひ》き茶を行《ひ》く。茶湯罷んで、又燒香問訊す。行李《あんり》は初めの如し。

辨道法終り

赴粥飯法

永平寺

經曰、若能於レ食等者、諸法亦等、諸法等者、於レ食亦等。方令三教法而等レ食、教二食而法等一。是故法若法性、食亦法性。法若眞如、食亦眞如。法若一心、食亦一心。法若菩提、食亦菩提。名等義等。故言レ等。經曰、名等義等、一切皆等、純一無雜。馬祖曰、建二立法界一盡是法界、若立二眞如一盡是眞如、若立レ理盡是理、若立レ事一切法盡是事。然則等者非二等均等量之等一、是正等覺之等也。正等覺者本末究竟等也。本末究竟等者、唯佛與佛、乃能究盡、諸法實相也。所以食者諸法之法也。唯佛與佛之所二究盡一也。正當恁麼時、有二實相性體力作因緣一。是以法是食、食是法也。是法者、爲三前佛後佛之所二受用一也。此食者、法喜禪悅之所二充足一也。

粥時開靜已後、齋時三鼓已前、先於二食位一就坐。齋時三鼓之後鳴二大鐘一者、

○諸、寛文本謂ニ作ル、今寛政本ニヨッテ改ム

赴《ふ》粥飯《しゆくはん》法《ぽふ》

永平寺

經に曰く、若し能く食《じき》に於いて等《とう》なれば、諸法も亦等《とう》なり、諸法等なれば、食に於ても亦等なりと。方《まさ》に法をして食と等ならしめ、食をして法と等ならしむ。是の故に法若し法性《ほつしやう》なれば、食も亦法性なり。法若し眞如なれば、食も亦眞如なり。法若し一心なれば、食も亦一心なり。法若し菩提なれば、食も亦菩提なり。名等義等《みやうとうぎとう》なり。故に等と言ふ。經に曰く、名等義等、一切皆等、純一無雜《むざう》と。馬祖《はそ》の曰く、法界《ほつかい》を建立《こんりふ》すれば盡く是れ法界、若し眞如を立すれば盡く是れ眞如、若し理を立すれば盡く是れ理、若し事を立すれば一切の法盡く是れ事なりと。然れば則ち等は等均等《とうきんとう》量《りやう》の等に非ず、是れ正等覺《しやうとうがく》の等なり。正等覺は本末究竟等《ほんまつくきやうとう》なり。本末究竟等は、唯佛與佛《ゆゐぶつよぶつ》、乃能《ないのう》究盡《ぐうじん》、諸法實相《しよほふじつさう》なり。所以に食は諸法の法なり。唯佛與佛の究盡したまふ所なり。正當恁麼《しやうたういんも》の時、實相性體力作《じつさうしやうたいりきさ》因縁《ゐんねん》有り。是を以て法は是れ食、食は是れ法なり。是の法は、前佛後佛の受用したまふ所たり。此の食は、法喜《ほつき》禪悅《ぜんえつ》の充足する所なり。

粥時は開靜《かいじやう》已後、齋時は三鼓《く》已前、先づ食位《じきゐ》に就いて坐す。齋時は三鼓の後に大鐘を鳴らすは、報ニ齋時一也。城隍先齋鐘、山林先三鼓。此時若面壁打坐之者、須ニ轉レ身正面而坐一。若在ニ堂外一者、卽須ニ息レ務洗レ手令レ淨。當下具ニ威儀一赴上堂。次鳴レ板三會、大衆一時入堂。入堂之間、默然而行、不レ得ニ點頭語笑一。一時入堂、在レ堂不レ得ニ言語說話一、唯默而已。

入堂之法、擎ニ合掌於面前一而入。合掌指頭當レ對ニ鼻端一。頭低指頭低、頭直指頭直、頭若少斜、指頭亦少斜。其腕莫レ教レ近ニ於胸襟一、其臂莫レ教レ築ニ於脇下一。前門入者、上下間者、並從ニ南頰一入。先擧ニ左足一而入、次入ニ右足一而行。所下以不中從ニ北頰幷中央一入上者、蓋尊ニ崇住持人一也。住持人當下須從ニ北頰幷中央一入上。若從ニ中央一入者、先擧ニ右足一乃正儀也。於ニ聖僧前一問訊訖、右轉レ身而就レ位。首座入堂路、經ニ雲堂之北簷頭下一、而從ニ前門之南頰一入。後門入者、上間床者從ニ北頰一入、先擧ニ左足一。下間床者從ニ南頰一入、先擧ニ右足一。於ニ聖僧後一、向レ東問訊訖赴レ座。粥飯坐位、或依ニ戒臘資次一、或由ニ掛搭前後一、或依ニ被位在處一。但安居間、必依ニ戒臘資次一。

○胸、寛文本胸ニ作ル、今寛政本ニヨツテ改ム

○後門以下三十九字、寛政本細字ヲ以テ割書ニセリ

○床、寛政本牀ニ作ル、通途多ク牀ヲ用フレドモ、床・牀同字ナルヲ以テ今改メズ、下皆同ジ

齋時を報ずるなり。城隍《じやうくわう》には先づ齋鐘、山林には先づ三鼓《く》。此の時若し面壁打坐《めんぺきたざ》の者は、須らく身を轉じて正面にして坐すべし。若し堂外に在る者は、卽ち須らく務を息めて手を洗うて淨からしむべし。當に威儀を具して堂に赴くべし。次に板《はん》を鳴らすこと三會《ゑ》、大衆一時に入堂す。入堂の間、默然《もくねん》として行き、黜頭語笑することを得ざれ。一時に入堂し、堂に在つて言語說話することを得ざれ、唯《ただ》默するのみ。

入堂の法は、合掌を面前に擎《ささ》げて入る。合掌は指頭當に鼻端に對すべし。頭低《かうべた》るれば指頭も低れ、頭直《かうべなほ》ければ指頭も直く、頭《かうべ》若し少しく斜《ななめ》なれば、指頭も亦少しく斜なり。其の腕は胸襟に近づかしむること莫れ、其の臂《ひじ》は脇下に築《つ》かしむること莫れ。前門より入るには、上下《じやうげ》間《かん》の者、並に南頰より入れ。先づ左足を擧げて入り、次に右足を入れて行け。北頰幷に中央より入らざる所以の者は、蓋し住持人を尊崇するなり。住持人は當に須らく北頰幷に中央より入るべし。若し中央より入るには、先づ右足を擧する乃ち正儀なり。聖僧前に於て問訊し訖つて、右に身を轉じて位《ゐ》に就く。首座入堂の路は、雲堂の北簷頭下《ほくえんとうか》を經て、前門の南頰より入る。後門《こうもん》より入るには、上間《じやうかん》床《しやう》の者は北頰より入る、先づ左足を擧す。下間床《げかんしやう》の者は南頰より入る、先づ右足を擧す。聖僧の後《しりへ》に於て、東に向つて問訊し訖つて座に赴く。粥飯の坐位は、或は戒臘の資次に依り、或は掛《か》搭《た》の前後に由り、或は被位の在處に依る。但安居《ただあんご》の間は、必ず戒臘の資次に依る。

上床之法、問二訊鄰位一。所レ謂向二床座一問訊、則問二訊上下肩一也。順轉二於上肩一、上肩者左肩也。次問二訊對座一。先以二右手一斂二左邊衣袖一、壓二定於腋下一、復以二左手一斂二右邊衣袖一、壓二定於腋下一。然後兩手提二面前袈裟一、次併以二左手一提レ之。卽雙レ足次蹈二床近之地一、而座二床緣一、次弁鞋。次以二右手一按レ床、次縮二左脚一上レ床。次收二右脚一擧レ身正座、壓二敷於左脚一。今云、先右手按レ床、次縮二右脚一上レ床、次收二左脚一擧レ身正座。左脚壓二敷右脛一而坐。次展二袈裟一蓋二膝上一、不レ得レ露二內衣一。不レ得レ垂二衣於床緣一。須二退レ身一鉢許地一、以明二護淨一。一安二袈裟一、二展二鉢盂一、三頭所レ向、是名二三淨一。都寺、監寺、副寺、監院、維那、典座、直歲、侍者等、在二堂外上閒一坐、知客、浴主、堂主、炭頭、街坊、化主等、在二堂外下間一坐。次打二木魚一。衆僧集定、響罷到者不レ許二入堂一。次聞二厨前雲板鳴一、大衆一時下鉢。

下鉢之法、擧身安詳起二立定一、轉レ身右迴、向二掛搭單一、合掌低頭、略問訊訖取レ鉢。左手提レ鉢、右手解レ鈎。兩手托レ鉢、不レ得二太高太低一。當レ胸轉二身上肩一、曲躬將レ坐而放二鉢盂於上肩之背後一。

○左、寬文本右ニ作ル、今古田本ノ傍註ニヨツテ改ム

○一安以下十六字、寬政本細字ヲ以テ割書ニセリ

○都寺以下六字、寬政本後人攙入ト傍註ス、仍テ今之ヲ譯文ニ入レズ

上床《じやうしやう》の法は、鄰位に問訊す。所謂《いはゆる》床座《しやうざ》に向つて問訊すれば、則ち上下肩《じやうかけん》を問訊するなり。順に上肩に轉じ、上肩は左肩なり。次に對座に問訊す。先づ右の手を以て左邊の衣袖を斂めて、腋下に壓し定め、復《また》左の手を以て右邊の衣袖を斂めて、腋下に壓し定む。然る後兩手に面前の袈裟を提《ひつさ》げ、次に併せて左の手を以て之を提ぐ。卽ち足を雙べて次で床近《じやうきん》の地を蹈んで、而して床緣に座し、次に弁鞋す。次に右の手を以て床を按《おさ》へ、次に左の脚を縮めて床に上る。次に右の脚を收めて身を擧げて正座《しやうざ》して、左の脚を壓し敷く。今《いま》云ふ、先づ右の手に床を按へ、次に右の脚を縮めて床に上り、次に左の脚を收めて身を擧げて正座《しやうざ》す。左の脚右の䏶《もも》を壓し敷いて坐すと。次に袈裟を展べて膝の上を葢ひ、內衣を露《あら》はすことを得ざれ。衣を床緣《じやうえん》に垂るることを得ざれ。須らく身を退くことと一鉢《はつ》許地なるべし、以て護淨《ごじやう》を明かにせよ。一に袈裟を安じ、二に鉢盂《ほう》を展べ、三に頭《かしら》の向ふ所、是を三淨《じやう》と名づく。監院《かんにん》、維那《ゐの》、典座《てんぞ》、直歲《しつすゐ》、侍者《じしや》等は、堂外の上閒《じやうかん》に在つて坐し、知客《しか》、浴主《よくす》、堂主《だうす》、炭頭《たんぢう》、街坊《がいばう》、化主《けしゆ》等は、堂外の下間《げかん》に在つて坐す。次に木魚《もくぎよ》を打つ。衆僧集定し、響《ひびき》罷《や》んで到る者は入堂を許さず。次に厨前の雲板鳴るを聞いて、大衆一時に下鉢《あはつ》す。

下鉢《あはつ》の法は、擧身《こしん》安詳《あんしやう》として定《ぢやう》より起立し、身を轉じて右に迴り、掛搭單《かたたん》に向つて、合掌低頭《ていづ》し、略問訊し訖つて鉢を取る。左手に鉢を提《ひつさ》げ、右手に鈎《こう》を解く。兩手に鉢を托して、太《はなは》だ高く太《はなは》だ低きことを得ざれ。胸に當てて身を上肩に轉じ、曲躬《きよくきゆう》將に坐せんとして鉢盂を上肩の背後に放《お》く。

不レ得下將二腰背肘臂一撞中著隣位上。顧二視袈裟一而不レ得レ令レ拂二人面一。次當二此時一、聖僧侍者供二養聖僧飯一。行者擎二飯盤一、侍者合掌先レ飯而歩。侍者供二養聖僧飯一、後於二當面堦下一問訊訖、却二槌砧之複袱子一。其後合掌歩出、至二正面一問訊、右轉レ身出二堂外一、經二知事床前一而就レ位。三通鼓聲將レ罷、堂前小鐘子鳴。住持人入堂、大衆下レ床同。住持人問二訊聖僧一罷、與二大衆一問訊、然後就レ位。住持人就レ位訖、大衆方上レ床。侍者參二隨住持人一、下二堂外一挑立、候二大衆坐一一時問訊、然後侍者入二棹子一而問訊而出。住持鉢盂、安二此棹上一。大衆上床弃鞋安二床下一、擧レ身正二坐於蒲團上一不レ得二參差一。次托二鉢盂一安二坐前一。次維那入堂、聖僧前問訊罷燒香。燒香罷問二訊聖僧前一、問訊罷然後合掌到二槌砧邊一、問二訊槌砧一罷打レ槌一下。或不レ打レ槌大衆方展鉢。

展鉢之法、先合掌解二鉢盂複帕之結一、取二鉢拭一、襞疊令レ小。所レ謂令レ小者、横折二一半一、竪折二三重一、横安二頭鎖之後一。稍等二匙筯袋一。鉢拭長一尺二寸。布一幅也。放二匙筯袋於鉢拭之上一、

○下床同、古田本上層云、禪規作二同下牀一、而今作二下牀同一、蓋寫誤乎ト傍註ス

○下、古田本下字寫誤、堂字上當レ作レ于トイヒ、マタ衍字乎ト傍註ス

○挑、古田本挑字寫誤當レ作レ排ト傍註ス

○棹、古田本卓字宜ト傍註ス、下同ジ

○筋、寛文本筋ニ作ル、今寛政本ニヨツテ改ム、下同ジ

腰背肘臂《えうはいちうひ》を将つて隣位に撞著することを得ざれ。袈裟を顧視して人の面を拂はしむることを得ざれ。次に此の時に當つて、聖僧侍者《しやうそうじしや》聖僧の飯を供養す。行者飯盤《あんじやはんはん》を擎《ささ》げ、侍者合掌して飯に先《さきだ》つて歩す。侍者聖僧の飯を供養して、後《のち》當面の堦下に於て問訊し訖り、槌砧《つゐちん》の複袱子《ふふくす》を却《さ》る。其の後合掌して歩出し、正面に至つて問訊し、右に身を轉じて堂外に出で、知事床の前を經て位《ゐ》に就く。三通の鼓聲《くせい》将に罷まんとして、堂前の小鐘子《せうしやうす》鳴る。住持人入堂し、大衆床を下ること同じ。住持人聖僧に問訊し罷《や》んで、大衆と問訊し、然して後位《ゐ》に就く。住持人位に就き訖つて、大衆方《まさ》に床《じやう》に上る。侍者は住持人に參隨して、堂外《だうぐわい》に下つて挑立《ちやうりつ》し、大衆の坐するを候《うかが》つて一時に問訊し、然して後に侍者棹子《たくす》を入れて問訊して出づ。住持の鉢盂は、此の棹上に安ず。大衆上床し弁鞋して床下に安じ、身を擧して蒲團の上に正坐《しやうざ》して參差《しんし》することを得ざれ。次に鉢盂を托して坐前に安ず。次に維那入堂して、聖僧前に問訊し罷《や》んで燒香す。燒香し罷んで聖僧前に問訊し、問訊し罷んで然して後に合掌して槌砧《つゐちん》の邊に到り、槌砧に問訊し罷んで槌を打つこと一下《ゆ》す。或は槌を打たずして大衆方《まさ》に展鉢す。

展鉢《てんはつ》の法は、先づ合掌して鉢盂の複帕《ふくはく》の結びを解き、鉢拭《はつしき》を取り、襞疊《へきでう》して小ならしむ。所謂《いはゆる》小ならしむるとは、横に一半《はん》に折り、竪に三重に折りて、横に頭鎖《づくん》の後《しりへ》に安ず。稍《やや》匙筯袋《ちよたい》に等しうす。鉢拭の長は一尺二寸なり。布一幅なり。匙筯袋を鉢拭の上に放《お》き、

次展二淨巾一以蓋レ膝。次開二複帕一、向レ身之一角垂二床緣一、次向レ外一角向レ裏而折、次左右角向レ裏折、令レ至二鉢盂底邊一。次以二兩手一開二于鉢單一。覆二右手一而把二向レ身之單緣一、以蓋二鉢盂口上一、卽以二左手一而取二鉢盂一、安二單上之左邊一。次以二兩手頭指一迸二取鏁子一。從レ小次第展レ之、不レ得レ作レ聲。如二坐位稍窄一、只展二三鉢一。次開二匙筯袋一取二匙筯一。出則先レ筯、入則先レ匙。鉢刷同在二袋裏一。出二匙筯一橫安二頭鏁之後一。匙筯頭向二上肩一。次取二鉢刷一、縱安下頭鏁之與二第二鏁一之中間上、刷柄向レ外以待二出生一。次折二匙筯袋一令レ小、揷二頭鉢後單下一。或置二鉢單之後一。幷二鉢盂巾一而橫安矣。如レ遇二吉凶齋一、設二行香一罷踞爐。行香時、擧手合掌、不レ得二語笑點頭動身一。當二須默坐一。次維那打槌一下曰、

稽首薄伽梵　　圓滿修多羅
大乘菩薩僧　　功德難思議

今晨修設有レ䟽、恭對二雲堂一代伸二宣表一。伏惟慈證。宣䟽罷曰、

上來文䟽已具披宣。聖眼無レ私、諒垂二照鑒一。仰憑二尊衆一念。

○堂、寬文本ニナシ、今寬政本ニヨッテ補フ

○宣䟽以下四字、寬政本細字ヲ以テ割書ニセリ

次に淨巾《じやうきん》を展べて以て膝を蓋ふ。次に複帕《ふくはく》を開き、身に向ふの一角を床縁《じやうえん》に垂れ、次に外に向ふ一角を裏《うら》に向けて折り、次に左右の角を裏に向けて折り、鉢盂《ほう》の底邊に至らしむ。次に兩手を以て鉢單《はつたん》を開く。右手を覆うて身に向ふの單縁を把つて、以て鉢盂の口の上に蓋ひ、即ち左手を以て鉢盂を取り、單上の左邊に安ず。次に兩手の頭指《とうし》を以て鎖子《くんす》を迸取《へいしゆ》す。小より次第に之を展べ、聲を作すことを得ざれ。坐位稍窄《ややせま》きが如きんば、只三鉢《はつ》を展ぶ。次に匙筯袋《しちよたい》を開きて匙筯を取る。出すには則ち筯《はし》を先にし、入るには則ち匙《さじ》を先にす。鉢刷《はつせつ》同じく帒裏《たいり》に在り。匙筯を出して横に頭鎖《づくん》の後《しりへ》に安ず。匙筯の頭《かしら》は上肩に向ふ。次に鉢刷を取り、縦に頭鎖《づくん》と第《だい》二鎖《くん》との中間に安じ、刷《せつ》の柄《え》は外に向けて以て出生《しゆつさん》を待つ。次に匙筯袋を折りて小ならしめ、頭鉢《づはつ》の後《しりへ》の單下に挿む。或は鉢單の後《しりへ》に置く。鉢盂《ほう》巾《きん》を幷《あは》せて横に安ず。吉凶齋に遇ふが如きは、行香を設け罷んで踞爐す。行香の時、擧手《こしゆ》合掌し、語笑點頭動身することを得ざれ。當に須らく默坐すべし。次に維那《ゐの》打槌《たつゐ》一下《げ》して曰く、

稽首薄伽梵《けいしゆはぎやばん》　圓滿修多羅《ゑんまんしゆたら》
大乘菩薩僧《だいじようぼさつそう》　功德難思議《くどくなんしぎ》

今晨修設䟽有り、恭しく雲堂に對して代つて表を伸宣す。伏して惟《おもんみ》れば慈證。宣䟽罷《せんしよや》んで曰く、上來《じやうらい》の文䟽《ぶんしよ》已に具《つぶさ》に披宣す。聖眼《しやうげん》 私《わたくし》 無し、諒《まこと》に照鑒《せうかん》を垂れたまへ。仰いで尊衆を憑《たの》んで念ず。

此時大衆合掌、維那高聲念曰、

清淨法身毘盧舍那佛　圓滿報身盧遮那佛

千百億化身釋迦牟尼佛　當來下生彌勒尊佛

十方三世一切諸佛　大乘妙法蓮華經

大聖文殊師利菩薩　大乘普賢菩薩

大悲觀世音菩薩　諸尊菩薩摩訶薩

摩訶般若波羅蜜

下レ槌太疾卽打ニ佛脚一、下レ槌太慢卽打ニ著佛頂一。如レ遇ニ尋常塡設一、卽白槌曰、

仰惟三寶咸賜印知。

更不ニ歎佛一也。十聲佛罷打槌一下、首座施食。○粥時曰、

粥有十利、（十利者、一者色、二者力、三者壽、四者樂、五者詞清辨、六者宿食除、七者風除、八者飢消、九者渇消、十者大小便調適。僧祇律。）饒益行人、果報無邊、究竟常樂。

齋時曰。

三德六味、（三德者、一輕軟、二淨潔、三如法作。六味者、一者苦、二醋、三甘、四辛、五醎、六淡。涅槃經云云。）施佛及僧、法界有情、普同供養。

○粥、寛文本[illegible]ニ作ル、今寛政本ニヨツテ改ム、下同ジ

此の時大衆合掌し、維那高聲に念じて曰く、

淸淨法身毘盧舍那佛《しんじんはしんびるしやのふ》
圓滿報身盧遮那佛《ゑんまんはうしんるしやのふ》
千百億化身釋迦牟尼佛《せんはいくわしんしきやむにふ》
當來下生彌勒尊佛《たうらいあさんみるそんぶ》
十方三世一切諸佛《じはうさんしいししふ》
大乘妙法蓮華經《だいじんめうはれんぐわきん》
大聖文殊師利菩薩《だいしんぶんじゆすりぶさ》
大乘普賢菩薩《だいじんふえんぶさ》
大悲觀世音菩薩《だいひくわんしいんぶさ》
諸尊菩薩摩訶薩《しそんぶさもこさ》
摩訶般若波羅蜜《もこほじやほろみ》

椎を下すこと太《はなは》だ疾《はや》ければ即ち佛脚を打し、椎を下すこと太だ慢《おそ》ければ即ち佛頂を打著《たちやく》す。尋常《よのつね》の塡設に遇ふが如きは、即ち白椎《びやくつゐ》して曰く、

仰惟三寶咸賜印知《にやんにさんはうあんすいんし》。

更に歎佛せざるなり。十聲佛《しやうぶつ》罷んで打椎一下《ゆ》し、首座施食《せじき》す。粥時に曰く、

粥有十利《しゆういうじふり》、十利とは、一には色、二には力、三には壽、四には樂、五には詞淸辯、六には宿食を除き、七には風を除き、八には飢を消し、九には渴を消し、十には大小便調適す。僧祇律。饒益行人《ねうゐあんじん》、果報《こはう》無邊《ぶへん》、究竟常樂《くうきんじやうら》。

齋時に曰く、

三德六味《さんてるみ》、三德とは、一に輕軟、二に淨潔、三に如法作なり。六味とは、一に苦、二に醋、三に甘、四に辛、五に鹹、六に淡。涅槃經に云云す。施佛及僧《しふぎすん》、法界有情《はかいいうじん》、普同供養《ふづんきゆんにやう》。

首座合掌引レ聲而唱。首座若不レ赴レ堂、次座唱レ之。施食訖、行者喝食入。喝食行者先入二前門一、向二聖僧一問訊訖、向二住持人前一、問二訊住持人一訖、到二首座前一問訊訖、到二前門內南頰板頭之畔一、面向二聖僧一問訊訖、叉手而立喝食。喝食須二言語分明名目不一レ賺、若有二差悞一受食之法不レ成。須レ令二再喝一。食遍維那白食槌一下、首座揖食觀想訖、大衆方食。維那於二聖僧帳後一轉レ身、問二訊首座一。乃請二首座施財一也。却歸二槌本位一、打レ槌一下、首座施財曰、

財法二施、功德無量、檀波羅蜜、具足圓滿。

行食之法、行食太速者、受者倉卒。行食太遲、坐久成レ勞。行食須二淨人手行一、不レ得二僧家自手取一レ食。淨人行益始レ自二首座一、次第而行、歸二于住持人一行益。淨人禮合二低細一。羹粥之類、不レ得レ汚二僧手及鉢盂緣一。點レ杓三兩下、良久行レ之。曲レ身斂レ手、當レ胸而行。粥飯多少隨二僧意一。不レ得三垂レ手提二鹽醋桶子一。行益處如二噎噴咳嗽一、當須二背身一。舁桶之人法須二如法一。

○食遍以下二十字、寛政本細字ヲ以テ割書ニセリ

○成、寛文本ニナシ、今寛政本ニヨツテ補フ

首座合掌して聲を引いて唱ふ。首座若し堂に赴かざれば、次座之を唱へよ。施食訖りて、行者《あんじや》喝《かつ》食《しき》入る。喝食行者《かつしきあんじや》は先づ前門より入り、聖僧に向つて問訊し訖り、住持人の前に向つて、住持人に問訊し訖り、首座の前に到りて問訊し訖り、前門内南頰の板頭《はんとう》の畔《ほとり》に到つて、面《おもて》聖僧に向つて問訊し訖り、叉手して立つて喝食す。喝食は須らく言語分明にして名目賺《あやま》らざるべし、若し差悞有らば受食の法成ぜず。須らく再び喝せしむべし。食遍《あまね》うして維那白《びやく》食槌《じきつゐ》一下《げ》し、首座揖食《いつじき》觀《くわん》想《さう》訖り、大衆方に食す。維那聖僧の帳後より身を轉じ、首座に問訊す。乃ち首座に施財を請するなり。却つて槌の本位に歸り、槌を打つこと一下、首座施財して曰く、

財法二《ざいほふに》施《せ》、功德《くどく》無量《むりやう》、檀波羅蜜《だんはらみつ》、具足圓滿《ぐそくゑんまん》。

行食《ぎやうじき》の法は、行食太《はなは》だ速ければ、受くる者倉卒なり。行食太だ遲ければ、坐久うして勞を成ず。行食は須らく淨人手づから行ずべし、僧家自ら手から食を取ることを得ざれ。淨人の行益《あんいつ》は首座より始め、次第して行じて、住持人に歸りて行益す。淨人の禮は低細にすべし。羹粥《かうしゆく》の類、僧手及び鉢盂の緣《へり》を汚すことを得ざれ、杓を點ずること三兩下《りやうげ》し、良久《やや》うして之を行ぜよ。身を曲げ手を斂め、胸に當てて行ぜよ。粥飯の多少は各《おのおの》僧の意に隨ふ。手を垂れて鹽醋《えんそ》桶子《つうす》を提《ひつさ》ぐることを得ざれ。行益の處に嚔噴《ていふん》咳嗽《がいそう》するが如きんば、當に須らく背身すべし。舁《よ》桶《つう》の人の法も須らく如法なるべし。

受食之法、恭敬而受。佛言、恭敬受レ食。應當レ學。若食未レ至莫下豫申二其鉢一乞上索上。兩手捧レ鉢、低レ手捧レ鉢、離二鉢單一平二正手鉢盂一而受。應レ量而受勿レ教レ有レ餘。或多或少、以レ手遮レ之。凡所レ受食、不レ得下把二匙筯於淨人手中一、自抄撥取上。不レ得下過二匙筯一與二淨人一令中僧食器中取㆑食。古人云、正レ意受レ食、平レ鉢受二羹飯一、羹飯俱食、當二以レ次食一。不レ得下以レ手拄レ膝受㆑食。若淨人倉卒、飯屑及菜汁等迸落二椀器中一、必須二更受一。維那未レ白二遍槌一、不レ得三擎レ鉢作二供養一。候聞二遍槌一、合掌揖食、次作二五觀一。

一計二功多少一量二彼來處一。二忖二己德行全缺一應レ供。三防レ心離レ過貪等爲レ宗。四正事二良藥一爲レ療二形枯一。五爲二成道一故今受二此食一。

然後出觀。未レ出二作觀一不レ得二出生一。次出生、以二右手大指頭指一取二飯七粒一、安二鉢刷柄上一、或安二鉢單之緣一。凡出二生飯一不レ過二七粒一、餅麵等類不レ過レ如二半錢大一。

而今粥時不二出生一、

○筋、寛文本寛政本筋ニ作ル、今古田本ノ冠註ニヨツテ改ム

○平、寛文本手ニ作ル、今寛政本ニヨツテ改ム

○飯、寛文本餅ニ作ル、古田本飯字寫誤乎ト傍註ス、仍テ今改ム

○而今以下十八字、寛政本細字ヲ以テ割書ニセリ

受食の法は、恭敬《くぎやう》して受く。佛の言《のたま》はく、恭敬して食を受けよと。應に學すべし。若し食未だ至らざるに豫め其の鉢を申べて乞ひ索ること莫れ。兩手に鉢を捧げ、手を低くして鉢を捧げ、鉢單《はつたん》を離れて手の鉢盂《ほう》を平正《へいせい》にして受けよ。量に應じて受けて餘り有らしむること勿れ。或は多或は少、手を以て之を遮れ。凡そ受くる所の食は、匙筯《しちよ》を淨人の手中に把り、自ら抄撥《せうはつ》して取ることを得ざれ。匙筯《しちよ》を過し淨人に與へて僧食をして器中に食を取らしむることを得ざれ。古人云く、意を正うして食を受け、鉢を平かにして羹飯を受く、羹飯倶に食し、當に次を以て食すべしと。手を以て膝を拄《ささ》へて食を受くることを得ざれ。若し淨人倉卒にして、飯屑《はんせつ》及び菜汁等 迸《ほとばし》りて椀器の中に落ちなば、必ず須らく更めて受くべし。維那未だ遍槌を白《びやく》せざるに、鉢を擎《ささ》げて供養を作すことを得ざれ。候《ま》ちて遍槌を聞かば、合掌揖食し、次に五觀を作す。

一《ひとつ》には功の多少を計《はか》り彼の來處を量《はか》る。二《ふたつ》には己が徳行《とくぎやう》の全缺を忖《はか》つて供《く》に應ず。三《みつ》には心《しん》を防ぎ過《とが》を離るることは貪等《とんとう》を宗《しう》とす。四《よつ》には正に良藥を事とするは形枯《ぎやうこ》を療ぜんが爲なり。五《いつつ》には成道の爲の故に今此の食を受く。

然して後に出觀す。未だ作觀を出でざるに出生《しゆつさん》することを得ざれ。次に出生するには、右手の大指と頭指とを以て飯《はん》七粒を取り、鉢刷《はつせつ》の柄の上に安じ、或は鉢單の緣に安ず。凡そ生飯《さば》を出すこと七粒に過ぎざれ、餅麵等《べいめんとう》の類《たぐひ》は半錢の大さの如くなるに過ぎざれ。而して今粥時は出生《しゆつさん》せず、

古時用レ之。不レ得下以二匙筯一出生上。出生訖合掌默然。

早晨喫粥之法、受二粥於頭鉢一而安二鉢楪上一、時至以二右手一把二頭鎖一、而平二左掌一以安レ之、指頭少龜而拘レ鎖。次右手把レ匙、舀二受頭鉢之粥於頭鎖一。此時近二鎖於頭鉢之上肩一、舀二取七八匙許一、就二頭鎖於口一而用レ匙以喫粥。如レ是數番盡レ粥爲レ度。然後頭鉢之粥稍將レ盡之時、安二頭鎖之粥於鉢單一、次把二頭鉢一而喫二盡其粥一訖、使レ刷罷安二頭鉢於鉢楪一、次把二頭鎖一而喫二盡其粥一訖、使レ刷教レ淨、且待二洗鉢水一矣。

齋時喫食之法、須下擎二鉢盂一而近レ口而食上。不レ得下置二鉢盂於單上一、將レ口就レ鉢而食上。佛言、不レ應二憍慢而食一、恭敬而食、若現二憍慢相一、猶如二小兒及婬女一。鉢盂外邊半已上名レ淨、半已下名レ觸。以二大拇指一安二鉢盂內一、第二第三指傳二鉢盂外一、第四第五指不レ用。仰レ手把二鉢盂一、覆レ手把二鉢盂一之時、皆如レ是。遐尋二西天竺之佛儀一、如來及如來弟子、右手摶レ飯而食、未レ用二匙筯一。佛子須レ知矣。諸天子及轉輪聖王、諸國王等、亦用レ手摶レ飯而食。當レ知、是尊貴之法也。西天竺病比丘用レ匙、其餘皆用レ手矣。筯未レ聞レ名、

○之粥、古田本此二字衍文乎ト傍註ス、仍テ今譯文ニ入レズ

○傳、寛文本傳ニ作ル、今寛政本ニヨツテ改ム

古時は之を用ゆ。匙筯を以て出生《しゆつさん》することを得ざれ。出生し訖つて合掌默然《もくねん》す。早晨喫粥の法は、粥を頭鉢《づはつ》に受けて鉢揲《はつてつ》の上に安じ、時至つて右手を以て頭鏆《づくん》を把り、而して左掌を平かにして以て之を安じ、指頭を少しく龜《かが》めて鏆を拘《かか》へよ。次に右手に匙《さじ》を把り、頭鉢《づはつ》の粥を頭鏆に舀《く》み受く。此の時鏆を頭鉢の上肩に近づけて、七八匙《し》許りを舀み取り、頭鏆を口に就けて匙《さじ》を用ひて以て喫粥す。是の如く數番にして粥を盡すを度と爲す。然して後頭鉢の粥稍將に盡きんとするの時、頭鏆を鉢單に安じ、次に頭鉢を把りて其の粥を喫盡し訖り、刷《せつ》を使ひ䑛んで頭鉢を鉢揲に安じ、次に頭鏆を把つて其の粥を喫盡し訖り、刷を使ひ淨からしめて、且《しはら》く洗鉢水を待つ。齋時喫食の法は、須らく鉢盂を擎げて口に近づけて食すべし。鉢盂を單上《たんじやう》に置き、口を將つて鉢に就けて食することを得ざれ。佛の言《のたま》はく、應に憍慢にして食すべからず、恭敬して食せよ、若し憍慢の相を現ぜば、猶小兒及び婬女の如しと。鉢盂の外邊の半《なかは》已上を淨と名け、半已下を觸と名く。大拇指を以て鉢盂の內に安じ、第二第三指を鉢盂の外に傅《つ》け、第四第五指は用ひざれ。手を仰《あふむ》けて鉢盂を把り、手を覆せて鉢盂を把るの時、皆是の如し。遐に西天竺《さいてんぢく》の佛儀を尋ぬるに、如來及び如來の弟子は、右手に飯を摶《まろ》めて食《くら》ひ、未だ匙筯を用ひず。佛子須らく知るべし。諸の天子及び轉輪聖王《てんりんじやうわう》、諸の國王等も、亦手を用つて飯を摶めて食ふ。當に知るべし、是れ尊貴の法なりと。西天竺には病比丘のみ匙を用ひ、其の餘は皆手を用ふ。筯《はし》は未だ名を聞かず、

未レ見レ形矣。筯者偏震旦以來諸國見レ用而已。今用レ之順ニ土風方俗一矣。既爲ニ佛祖之兒孫一、雖レ應レ順ニ佛儀一、而用レ手以飯、其儀久廢無レ師ニ溫故一。所下以暫用ニ匙筯一兼用中鎖子上矣。把レ鉢放レ鉢、兼拈ニ匙筯一勿レ教レ作レ聲。不レ得下挑ニ鉢盂飯中央一而食上。無レ病不レ得三爲レ己索ニ羹飯一。不レ得ニ以レ飯覆レ羹更望一レ得。不レ得下視ニ比坐鉢盂中一起中嫌心上。當下繫ニ鉢想一食上。不レ得ニ大搏レ飯食一。不レ得ニ搏レ飯擲ニ口中一。不レ得下取ニ遺落飯一食上。不レ得ニ嚼レ飯作一レ聲。不レ得ニ噏レ飯食一。不レ得ニ舌舐一レ食。佛言、不レ得下舒レ舌舐ニ唇口一而食上。應ニ當學一。不レ得ニ振レ手食一。不レ得ニ以レ臂拄レ膝食一。不レ得三手爬ニ散飯食一。佛言、不得下以レ手爬ニ散餅飯一而食、猶如中雞鳥上。不レ得ニ汚手捉一レ食。不レ得下大攪及歠ニ飯食一作上レ聲。佛言、不レ得下作ニ窣都婆形一而食上。不レ得下將ニ頭鉢一盛中濕食上。不レ得下將ニ羹汁一頭鉢內淘上レ飯。不レ得下旋ニ菜羹一而盛ニ頭鉢內一、和レ飯喫上。不レ得下大喞ニ飯食一、如ニ獼猴一藏而嚼上。凡喫ニ飯食一、

○比、寛文本此ニ作ル、今寛政本ニヨツテ改ム

○濕、古田本溢誤字乎ト傍註ス

○喞、寛文本喞ニ作ル、恐クハ喞ノ誤リナラン、仍テ改ム、下皆同ジ、尚寛政本御ニ作ル

未だ形を見ず。筯は偏に震旦以來の諸國に用ひることを見るのみ。今之を用ひるは土風方俗に順ず。旣に佛祖の兒孫たり、應に佛儀に順ずべしと雖も、手を用ひて以て飯することは、其の儀久しく廢れて溫故に師無し。暫く匙筯を用ひ兼て鐼子《くんじ》を用ふる所以なり。鉢を把り鉢を放《お》き、兼《ま》た匙筯を拈ずるに聲を作さしむること勿れ。鉢盂の飯の中央を挑げて食することを得ざれ。病無くして已が爲に羹飯を索むることを得ざれ。飯を以て羹を覆ひ更に得んことを望むことを得ざれ。比坐の鉢盂の中を視て嫌心を起すことを得ざれ。當に鉢に想を繫けて食すべし。大いに飯を摶めて食することを得ざれ。飯を摶め口中に擲つことを得ざれ。遺落の飯を取つて食することを得ざれ。飯を嚼んで聲を作すことを得ざれ。飯を噏《すす》りて食することを得ざれ。舌もて食を舐めることを得ざれ。佛の言《のたま》はく、舌を舒べ唇口を舐めて食することを得ざれと。應に學すべし。手を振うて食することを得ざれ。臂を以て膝を拄《ささ》へて食することを得ざれ。手もて飯食《はんじき》を爬散《はさん》することを得ざれ。佛の言はく、手を以て餠飯を爬散して食し、猶雞鳥の如くなることを得ざれと。汚手もて食を捉ふることを得ざれ。大いに攪《か》き及び飯食を歠《すす》つて聲を作すことを得ざれ。佛の言はく、窣都婆《そとは》の形に作つて食することを得ざれと。頭鉢《づはつ》を將つて食を盛り濕《あふ》ることを得ざれ。羹汁を將つて頭鉢の內に飯を淘ることを得ざれ。菜羹を旋らして頭鉢の內に盛り、飯に和して喫することを得ざれ。大いに飯食を啣み、獼猴の如く藏《た》めて嚼むことを得ざれ。凡そ飯食を喫せんに、上下莫レ教二太急太緩一。切忌、太急食訖、拱レ手視レ衆。未レ喝二再請一、不レ得下刷二鉢盂一食念呑上レ津。不レ得下輙剩索二飯羹一食上。不レ得四抓レ頭令三風屑墮二鉢盂及鎖子中一。當二護レ手淨一。不レ得二搖レ身捉レ膝、踞坐欠伸、及摘レ鼻作一レ聲。如欲二嚔噴一、當レ掩レ鼻。如欲レ挑レ牙、須三當掩一レ口。菜滓菓核安二鉢鎖後屛處一、以避二隣位之嫌一。如三隣位鉢中有二餘食及菓子一、雖レ讓莫レ受。莫三熱時堂内令二行者使一レ扇。如隣位有二怕レ風之人一、不レ得レ使レ扇。如二自己怕一レ風、白二維那一在二堂外一喫レ食。或有二所須一默然指受、不レ得二高聲呼取一。食訖鉢中餘レ物、以二鉢拭一淨而食レ之。不レ得下大張レ口滿レ匙抄レ食、令レ遺二落鉢中一、及匙上狼藉上。佛言、不レ應下豫張二其口一待上レ食。不レ得二含レ食言語一。佛言、不レ應三以レ飯覆一レ菜。不レ得下將二羹菜一覆レ飯、更望中多得上。應二當學一。佛言、食時不二彈レ舌而食一。不二嚀レ喉而食一。不二吹レ氣熱レ食而食一。不二呵レ氣冷レ食而食一。應二當學一。粥時、喫レ粥訖、

○莫、古田本有人云、依下文則莫字衍乎ト傍註ス

○如隣位以下八字、古田本以此文看則、上文莫字、衍無疑乎ト傍註ス

○粥時以下十四字、寛政本細字ヲ以テ割書ニセリ

上下太だ急に太だ緩ならしむること莫れ。切に忌む、太だ急に食し訖つて、手を拱《こまぬ》いて衆を視ることを。未だ再請《さいしん》を喝せざるに、鉢盂を刷《す》りて食を念じ津《しん》を呑むことを得ざれ。輙く剩し飯羹を索めて食することを得ざれ。頭《かうべ》を抓いて風屑をして鉢盂及び鎖子《くんじ》の中に墮ちしむることを得ざれ。當に手を護して淨かるべし。身を搖り膝を捉へ、踞坐し欠伸し、及び鼻を摘《つま》み聲を作すことを得ざれ。如し嚔噴せんと欲せば、當に鼻を掩ふべし。如し牙を挑《と》らんと欲せば、須らく當に口を掩ふべし。菜滓菓核は鉢鎖の後の屛處《しりへ》に安いて、以て隣位の嫌ひを避けよ。隣位の鉢中に餘食及び菓子有るが如きは、讓ると雖も受くること莫れ。熱時も堂内に行者をして扇を使はしむること莫れ。如し隣位に風を怕《おそ》るるの人有らば、扇を使はしむることを得ざれ。自己の風を怕るるが如きは、維那に白して堂外に在つて食を喫せよ。或は所須《しよしゆ》有らば默然《もくねん》として指受せよ、高聲に呼んで取ることを得ざれ。食し訖つて鉢中に物を餘さば、鉢拭を以て淨めて之を食せよ。大いに口を張り匙に滿ちて食を抄《すく》ひ、鉢中に遺落せしめ、及び匙《さじ》の上に狼藉たることを得ざれ。佛の言《のたま》はく、應に豫め其の口を張つて食を待つべからずと。食を含んで言語することを得ざれ。佛の言はく、飯を以て菜を覆ふべからず。羹菜を將つて飯を覆うて、更に多得を望むことを得ざれと。應に學すべし。佛の言はく、食時舌を彈らして食せざれ。喉を嗕《な》らして食せざれ。氣を吹いて食を熱《あたた》めて食せざれ。氣を呵して食を冷やして食せざれと。應に學すべし。粥時、粥を喫し訖らば、

鉢盂及鐼子應㆑使㆑刷矣。凡一口之飯須㆔三抄食㆒。佛言、食時不㆓極小搏㆒、不㆓極大搏㆒、圓整而食。令㆓匙頭直入㆒㆑口、不㆑得㆓遺落㆒。不㆑得㆔醬片飯粒等、落㆓在淨巾上㆒。如㆑有㆔遺落食在㆓巾上㆒、當㆘押聚安㆓一處㆒、付㆗與淨人㆖。飯中如㆑有㆓未㆑脫㆑穀粒㆒者、以㆑手去㆑穀而食。莫㆑弃㆑之、莫㆓不㆑脫喫㆒。三千威儀經曰、若見㆓不可意㆒不㆑應㆑食。亦不㆑得㆑使㆓左右人知㆒。又食中不㆑得㆑唾㆓上座前㆒。鉢鐼之中、如有㆓餘殘飯食㆒、不㆑得㆓畜收㆒。須㆑與㆓淨人㆒。食訖作㆓斷心㆒。不㆑得㆑咽㆑津。凡有㆑所㆑食、直須㆜法㆚觀應㆛觀不㆑費㆓一粒㆒之道理㆙。廼是法等食等之消息也。不㆑得㆘用㆓匙筯㆒刮㆓鉢盂鉢鐼㆒作㆖㆑聲。莫㆑損㆓鉢光㆒。若損㆓鉢光㆒、鉢受㆓垢膩㆒、雖㆑洗難㆑洗。頭鉢受㆓湯水㆒喫、不㆑得㆘口喞㆓湯水㆒而作㆖㆑響。不㆑得㆑吐㆓水於鉢盂中及餘處㆒。以㆓淨巾㆒不㆑得㆑拭㆓面頭與㆒㆑手矣。

洗鉢之法、先收㆓衣袖㆒、莫㆑觸㆓鉢盂㆒。頭鉢受㆑水、○今用㆓熱湯㆒。用㆓鉢刷㆒、誠心右轉㆓于頭鉢㆒、而洗教㆑除㆓垢膩㆒令㆑淨、移㆓水頭鐼㆒、左手旋㆑鉢、右手用㆑刷、洗㆓鉢盂外兼鉢盂內㆒、如法洗訖、

○今用以下四字、寛政本細字ヲ以テ割書ニセリ

鉢盂及び鎖子應に刷《せつ》を使ふべし。凡そ一口の飯は須らく三たび抄《すく》うて食すべし。佛の言はく、食時に極小摶《ごくせうたん》せず、極大摶《ごくだいたん》せず、圓整して食せよと。匙頭をして直に口に入れしめよ、遺落することを得ざれ。醬片飯粒等、淨巾の上に落在することを得ざれ。遺落の食巾上に在る有るが如きは、當に押し聚めて一處に安じ、淨人に付與すべし。飯中に未だ穀《こく》を脫せざるの粒有るが如きは、手を以て穀を去つて食せよ。之を弃つること莫れ。脫せずして喫すること莫れ。三千威儀經に曰く、若し不可意を見ば食すべからず。亦左右の人をして知らしむることを得ざれ。又食中上座の前に唾することを得ざれと。鉢鎖の中に、如し餘殘の飯食有るも、畜收することを得ざれ。須らく淨人に與ふべし。食し訖つて斷心を作せ。津《しん》を咽むことを得ざれ。凡そ食する所有らば、直に須らく一粒を費さざるの道理を法觀應觀すべし。廼ち是れ法等食等の消息なり。匙筯を用ひて鉢盂鉢鎖を刮《す》り聲を作すことを得ざれ。鉢光を損ずること莫れ。若し鉢光を損ずれば、鉢垢膩《くに》を受け、洗ふと雖も洗ひ難し。頭鉢に湯水を受けて喫せんに、口に湯水を啣んで響きを作すことを得ざれ。水を鉢盂の中及び餘處に吐くことを得ざれ。淨巾を以て面頭《めんづ》と手とを拭ふことを得ざれ。

洗鉢の法は、先づ衣袖を收め、鉢盂に觸るること莫れ。頭鉢に水を受け、今は熱湯を用ゆ。鉢刷《はつせつ》を用つて、誠心に右に頭鉢を轉じて、洗つて垢膩を除かしめて淨からしめ、水を頭鎖に移して、左手に鉢を旋らし、右手に刷を用ひ、鉢盂の外《そと》と兼ねて鉢盂の內《うち》とを洗ひ、如法に洗ひ訖つて、

左手托レ鉢、右手取二鉢拭一、教レ展二鉢拭一、蓋レ鉢兩手把レ鉢順而輪轉、拭而教レ乾。然後鉢拭且安二鉢盂內一、勿レ教レ出レ外。安二鉢盂於鉢揲上一、次洗二匙筯於頭鐼一、洗訖拭二於鉢拭一。此間莫レ教三鉢拭全出二於鉢盂外一。拭二匙筯一以盛二匙筯袋一、而橫安二頭鐼之後一。次洗二頭鐼於第二鐼一之時、以二左手一把三合頭鐼之與二鉢刷一而略提、以二右手一把二第二鐼一、而安二頭鐼之位一、然後、渡レ水而洗二頭鐼一。洗二第二第三鐼一準レ之。不レ得レ洗二鐼子匙筯於頭鉢內一。先洗二頭鉢一、次洗二匙筯一、次洗二頭鐼一、次洗二第二鐼一、次洗二第三鐼一、拭而極乾、如レ本收二於頭鉢內一、次拭二鉢刷一盛レ袋。鉢水未レ折、不レ得レ摺二淨巾一。鉢水之餘、不レ得レ瀝二床下一。佛言、不レ得下以二殘食一置中鉢水中上。應二當學一。待二折鉢水桶來一、先合掌而應レ弃二鉢水於折鉢水桶一。不レ得レ教レ灑二鉢水於淨人衫袖一。不レ得レ洗二手於鉢水一。不レ得レ弃二鉢水於不淨地一。頭鐼以下、兩手大指迸二安鉢盂內一。次仰二左手一把レ鉢、安二複帕中心一。覆二右手一以把二近レ身單緣一、蓋二鉢盂上一、兩手疊二鉢單一、安二鉢盂口一。次以二向レ身帕角一覆二於鉢上一、又以下巠二床緣一帕角上、向レ身重覆レ之。

○揲、寬文本楪ニ作ル、今寬政本ニヨツテ改ム

○折、古田本指月曰、蓋淅字之訛誤也、用來久矣、今且從舊ト傍註ス

○鉢、寬文本鐼ニ作ル、今寬政本ニヨツテ改ム、古田本舊刻作レ鐼今從二禪規一改レ之ト傍註ス

左手に鉢を托し、右手に鉢拭を取り、鉢拭を展べしめて、鉢に葢うて兩手に鉢を把つて順にして輪轉し、拭うて乾かしめよ。然して後鉢拭を且《しばら》く鉢盂の内に安じて、外に出さしむること勿れ。鉢盂《ほう》を鉢揲《はつてつ》の上に安じ、次に匙筯を頭鎖に洗ひ、洗ひ訖つて鉢拭に拭ふ。此の間鉢拭をして全く鉢盂の外に出さしむること莫れ。匙筯を拭つて以て匙筯袋に盛り、而して横に頭鎖の後《しりへ》に安ず。次に頭鎖を第二鎖に洗ふの時、左手を以て頭鎖と鉢刷とを把り合せて略提し、右手を以て第二鎖を把り、而して頭鎖の位に安じ、然して後、水を渡して頭鎖を洗へ。第二第三鎖を洗ふことも之に準ぜよ。鎖子匙筯を頭鉢《づはつ》の内に洗ふことを得ざれ。先づ頭鉢を洗ひ、次に匙筯を洗ひ、次に頭鎖を洗ひ、次に第二鎖を洗ひ、次に第三鎖を洗ひ、拭うて極乾し、本の如く頭鉢の内に收め、次に鉢刷を拭ひ袋に盛る。鉢水未だ折《せつ》せざるに、淨巾を摺むことを得ざれ。鉢水の餘り、床下に瀉《す》つることを得ざれ。佛の言はく、殘食を以て鉢水の中に置くことを得ざれと。應に學すべし。折鉢水桶《せつはつすゐつう》の來るを待つて、先づ合掌して應に鉢水を折鉢水桶に弃つべし。鉢水を淨人の衫袖《さんしゆ》に灑がしむることを得ざれ。手を鉢水に洗ふことを得ざれ、鉢水を不淨地に弃つることを得ざれ。頭鎖以下は、兩手の大指もて鉢盂の内に迸安せよ。次に左手を仰げて鉢を把り、複帕《ふくはく》の中心に安ず。右手を覆《ふ》せて以て身に近き單縁を把り、鉢盂の上に葢ひ、兩手にして鉢單を疊んで、鉢盂の口に安ず。次に身に向ふの帕角を以て鉢の上に覆ひ、又床縁に垂るる帕角を以て、身に向けて重ねて之を覆ふ。

次以二匙筯袋一安二淨巾上一。古時安二鉢刷於帕上一、今者盛二鉢刷於匙筯袋一。次以二鉢拭一蓋二覆於匙筯袋上一。次以二左右手一、取二左右帕角一、次結二于鉢盂上之中央一。所レ結帕角之兩端、同垂二於右一矣。一記二鉢盂近レ身之方一、一爲二容易解一レ帕也。復二鉢盂一訖、合掌默然而坐、聞二下堂槌一。聖僧侍者打レ之。聖僧侍者在二堂外堂頭侍者下頭一坐。欲レ打レ槌時、先起レ座下床問訊、合掌入二堂內一、聖僧前問訊、經二香臺南邊一、而到二槌之西邊一、向レ槌問訊、叉手且待二住持人及大衆復レ鉢訖一、進槌一下。然後合掌、次蓋二槌之袱子一訖、又問訊。今案吉祥。聞二此槌一、維那作二處世界梵一。是用祥僧正之古儀也。依レ之暫從隨。其後住持人出堂。之次打二放參鐘一也。住持人下二椅子一、問二訊聖僧一時、聖僧侍者退二槌邊一、避二身於聖僧帳後一、莫レ教二住持見一。次大衆起身掛レ鉢。先兩手擎レ鉢起レ位、順轉レ身向二掛搭單一、左手托レ鉢、右手掛レ鉤。然後合掌、順轉レ身、向二床緣一下レ床。徐徐垂レ足而下レ床、著鞋問訊。問二訊上下肩一。如二堂內大坐湯一、入堂出堂、上床下床、並如二此式一。次收二蒲團於床下一而出堂也。

粥後放參、卽住持人出堂、打二放參鐘一三下。如レ遇二早參一、

○聖僧以下六字、寬政本細字ヲ以テ割書ニセリ

○用祥、古田本葉上寫誤ト傍註ス

○之次以下七字、寬政本按「之次打二放參鐘一也」七字後人之妄二添之一無レ疑矣、有師云、此式應二臨時儀一、此說非也、不レ可レ從ト冠註シ、古田本後人纔入ト傍註ス、仍テ今之ヲ譯文ニ入レズ

次に匙筯袋を以て淨巾の上に安ず。古時は鉢刷を帕の上に安ず、今は鉢刷を匙筯袋に盛る。次に鉢拭《はつしき》を以て匙筯袋の上に蓋覆す。次に左右の手を以て、左右の帕角を取り、次に鉢盂上《はうじやう》の中央に結ぶ。結ぶ所の帕角の兩端、同じく右に垂る。一には鉢盂の身に近き方を記し、一には容易に帕を解かんが爲なり。鉢盂を複み訖《つ》つて、合掌默然して坐し、下堂《あだう》の槌を聞く。聖僧侍者之を打つ。聖僧侍者は堂外の堂頭 侍者《だうちようじしや》の下頭に在つて坐す。槌を打たんと欲する時は、先づ座を起ち下床《あしやう》問訊し、合掌して堂内に入り、聖僧前に問訊し、香臺の南邊を經て、而して槌の西邊に到り、槌に向つて問訊し、叉手して且《しばら》く住持人及び大衆の鉢を複み訖るを待ち、進んで槌一下《ゆ》す。然して後合掌し、次に槌の袱子《ふくす》を蓋ひ訖つて、又問訊す。今案は吉祥。此の槌を聞いて、維那處世界《ししかい》の梵《ぼん》を作す。是れ用祥 僧正《ようじやうそうじやう》の古儀なり。之に依つて暫く從隨す。其の後住持人出堂す。住持人椅子を下り、聖僧を問訊する時、聖僧侍者槌邊を退いて、身を聖僧の帳の後《しりへ》に避けて、住持をして見せしむること莫れ。次に大衆起身して鉢を掛く。先づ兩手に鉢を擎げ位を起ち、順に身を轉じて掛搭《かた》單《たん》に向ひ、左手に鉢を托し、右手もて鈎《こう》に掛く。然して後合掌し、順に身を轉じ、床緣に向つて床を下る。徐徐として足を垂れて床を下り、著鞋問訊す。上下肩を問訊するなり。堂内の大坐湯《だいざたう》の如き、入堂出堂、上床《じやうじやう》下床《あじやう》、並に此の式の如し。次に蒲團を床下に收めて出堂するなり。粥後の放參は、卽ち住持人出堂すれば、放參鐘を打つこと三下す。早參に遇ふが如きは、

更不レ打レ鐘。如爲二齋主一、三下後陞堂。亦須レ打二放參鐘一。又大坐茶湯罷、住持人聖僧前問訊出、卽打二下堂鐘一三下。如二監院首座入堂煎點一、送二住持人一出、却二來堂內一、聖僧前、上下間問訊罷、衆寮出方打二下堂鐘一三下、大衆方可二下床一。出堂威儀並如二入堂之法一。一息半步、在二寶慶記一、出定入步法也。

○三下後、古田本三字不審ト傍註ス

○半、寬文本平ニ作ル、今寬政本ニヨツテ改ム

○在寶慶記、寬政本此四字後人妄添也ト冠註シ、古田本小註乎ト傍註ス、仍テ今之ヲ譯文ニ入レズ

赴粥飯法終

更に鐘を打たず。如し齋主の爲にせば、三下《げ》の後陞堂す。亦須らく放參鐘を打つべし。又大坐茶《だいざさ》湯罷《たうは》に、住持人聖僧前に問訊して出づれば、即ち下堂《あだう》の鐘を打つこと三下《げ》す。監院首座《かんにんしゆそ》入堂煎點《にふだうせんてん》の如きは、住持人を送り出でて、堂內に却り來り、聖僧前、上下間に問訊し罷んで、盞橐《さんたく》出づれば方に下堂の鐘を打つこと三下して、大衆方に下床すべし。出堂の威儀並に入堂の法の如し。一息半步、出定入《しゆつちやうにふ》の步法なり。

赴粥飯法終り

吉祥山永平寺衆寮箴規

寮中之儀、應下當敬二遵佛祖之戒律一、兼依二隨大小乘之威儀一、一中如百丈淸規上。淸規曰、事無二大小一並合二箴規一。然則須レ看二梵網經、瓔珞經、三千威儀經等一。寮中應下看二大乘經並祖宗之語句一、自合中古教照心之家訓上。先師示レ衆云、儞曾看二遺教經一麼。闔寮淸衆各住二父母、兄弟、骨肉、師僧、善知識之念一、相互慈愛、自他顧憐、潛有二難値難遇之想一、必見二和合和睦之顏一。如レ有二失語一當レ諫レ之、如レ有二垂誨一當レ順レ之。此是見聞之巨益、能爲二親近之大利一者歟。忝交二厚殖善根之良友一、幸拜二住持三寶之境界一、亦不二慶快一乎。俗家之兄弟猶不レ比二於異族一、佛家之兄弟乃可レ親二於自己一。黃龍南和尙云、孤舟共渡尙有二夙因一、九夏同居豈無二曩分一乎。須レ知、一日暫爲二賓主一、終身便是佛祖。寮中不レ可三高聲讀經唫詠、喧二動淸衆一。又揚二勵聲一而不レ可二誦咒一。

○居、寮中本居古本作床ト頭註ス

○不可、寛政本又ノ字ノ下ニ移シ、又不可揚勵聲ニ作ル、今改メズ

吉祥山永平寺衆寮箴規

寮中の儀、應に佛祖の戒律に敬遵《きやうじゆん》し、兼ねて大小乘《だいせうじよう》の威儀に依隨し、百丈《ちやう》の清規《しんぎ》に一如すべし。

清規に曰く、事《こと》大小と無く並に箴規に合《かな》へと。然あれば則ち須らく梵網經《ぼんまうきやう》、瓔珞經《えうらくきやう》、三千威儀經等を看るべし。

寮中應に大乘經並に祖宗《そしう》の語句を看し、自《みづか》ら古教照心の家訓に合すべし。先師衆に示して云く、儞《なんぢ》曾て遺教經《ゆゐけうぎやう》を看するやと。闔寮の清衆 各《おのおの》 父母、兄弟《ひんでい》、骨肉、師僧、善知識の念に住し、相互ひに慈愛し、自他顧憐して、潛に難値《なんち》難遇《なんぐう》の想《おもひ》有らば、必ず和合和睦の 顔《かんばせ》 を見ん。失語有るが如きんば當に之を諫むべし、垂誨《すゐかい》有るが如きんば當に之に順《したが》ふべし。此は是れ見聞の巨益《こやく》なり、能く親近《しんごん》の大利たる者歟《ものか》。忝《かたじけな》 くも厚殖善根《こうじきぜんこん》の良友に交り、幸に住持三寶の境界《きやうがい》を拝す、亦慶快ならざらんや。俗家《ぞくけ》の兄弟《ひんでい》すら猶異族に比せず、佛家《ぶつけ》の兄弟乃ち自己よりも親しむべし。黄龍《くわうりう》の南和尚《なんをしやう》 云く、孤舟共に渡るすら尚夙因《しゆくゐん》有り、九夏《きうげ》同居《どうご》豈囊分《なうぶん》無からんやと。須らく知るべし、一日暫く賓主《ひんじゆ》と爲るも、終身便ち是れ佛祖たらんことを。

寮中高聲に讀經唫詠して、清衆《せいしゆ》を喧動すべからず。又勵聲を揚げて誦咒《じゆじゆ》すべからず。

又持二數珠一而向レ人是無禮也。諸事須二穩便一。

寮中不レ可下接二入賓客一、而相見笑談上。又不レ可下與二商客、醫師、相師等及諸道輩一問答上。與二商客一問答、須レ避二寮邊一。

寮中不レ可二聚レ頭談話、無慚無愧而戲笑一。縱遇二可レ笑之緣一、四念住是住處、三歸依是依止也。如二少水魚一是有二何樂一乎。凡不レ可下與二前後肩一語笑上。既能如レ斯、處レ衆如レ山也。

寮中不レ可下到二他人之案頭一、而顧二視他人看讀一、乃妨中自他道業上也。雲水之最所レ爲レ痛也。

寮中不如法度事、小事寮首座及宿德耆年當レ諫レ之、大事應下報二維那一而諫上。初心晩學和敬隨順、當二以諫一レ之。受不受明知二道心之有無一。淸規曰、言語事業、動止威儀、應レ係二衆中規矩一。並當二委曲提撕一。慈二念後生一猶如二赤子一。是古老之心操也。

寮中不レ可レ談二話世間事、名利事、國土之治亂、供衆之麁細一、是名二無義語、無益語、雜穢語、無慚愧語一。固制二止之一。况乎去レ聖時遠、道業未レ成、身命無常、光陰難レ繫。然則十方雲衲專惜二光陰一而精進、

又數珠《じゆず》を持して人に向ふは是れ無禮なり。諸事須らく穩便《をんびん》なるべし。

寮中賓客を接入して、相見《しやうけん》し笑談すべからず。又商客、醫師、相師等及び諸道の輩と問答すべからず。商客と問答せんには、須らく寮邊を避くべし。

寮中頭《かうべ》を聚めて談話し、無慚無愧にして戲笑《けせう》すべからず。縱ひ笑ふべきの緣に遇ふとも、四念住是れ住處、三歸依是れ依止なり。少水の魚の如く是《ここ》に何の樂か有らんや。凡そ前後肩と語笑すべからず。既に能く斯の如くならば、衆《しゆ》に處して山の如くならん。

寮中他人の案頭に到つて、他人の看讀を顧視し、乃ち自他の道業《だうごふ》を妨ぐべからず。雲水の最も痛みと爲《す》るところなり。

寮中不《ふ》如法度《によはつと》の事、小事《じ》は寮首座及び宿德耆年當に之を諫むべし、大事は應に維那に報じて諫むべし。初心晩學は和《わ》敬隨順《けうずゐじゆん》して、當に以て之を諫むべし。受と不受とは明かに道心の有無を知る。淸規に曰く、言語事業、動止威儀、應に衆中の規矩に係るべし。並に當に委曲に提撕《ていぜい》すべし。後《ご》生《しやう》を慈念すること猶赤子《しやくし》の如くせよと。是れ古老の心操なり。

寮中世間の事、名利《みやうり》の事、國土の治亂、供衆《くしゆ》の麁細を談話すべからず。是を無義の語、無益の語、雜穢《ざうゑ》の語、無慚愧《むざんぎ》の語と名づく。固く是れを制止す。況んや聖《しやう》を去ること時遠く、道業《だうごふ》未だ成らず、身命は無常なり、光陰は繫《つな》ぎ難し。然あれば則ち十方の雲衲專ら光陰を惜んで精進し、

須レ如レ救二頭然一。努力、莫三閑談而空過二時節一。石頭和尙曰、謹白二參玄人一、光陰莫二虚度一。

寮中不レ可レ亂二威儀一。合掌問訊應二當如法一、莫二聊爾一。凡一切時、不レ可レ輕レ法矣。

寮中淸淨大海衆、乃凡乃聖、誰測度者乎。然則見レ面而測レ人者癡之甚也。世尊在世尙有二盲目比丘、牛呞比丘一而交レ衆。況像末之澆運唯貴二結緣一。何輕レ人者乎。○衣綴零落、道具舊損、莫下以二凡眼一觀上。不レ可レ忽レ諸矣。古來有道人不レ華二於衣服一、唯實二於道具一。卑族不レ可レ輕、初學不レ可レ笑。縱被レ笑莫二嗔恨一。況復下下人有二上上智一、上上人有二沒意智一。但念下四河入レ海無二復本名一、四姓出家同稱二釋氏一之佛語上。

寮中各各案頭、若安二佛菩薩像一是無禮也。又不レ可レ懸二畫圖等一。

寮中兄弟若到二他人之案頭一之時、或著衣、或衩衣、雖レ依二時宜一、必有二其儀一。○若不二著衣一、不二衩衣一、○逢二不儀而到者一、不レ可二相見一。

寮中兄弟在二案頭一之時、見二他人來一、先下レ床立レ地、

○衣綴、寮中本衣綴古本作綴衣ト頭註ス

○逢、寛政本若ノ字ノ下ニ移シ、若逢不著衣ニ作ル、今改メズ

須らく頭然《づねん》を救ふが如くすべし。努力《つとめ》よや、閑談して空しく時節を過すこと莫れ。石頭和尚の曰く、謹んで參玄の人に白す、光陰虛しく度《わた》ること莫れと。

寮中威儀を亂すべからず。合掌問訊應に如法なるべし、聊爾なること莫れ。凡そ一切の時、法を輕んずべからず。

寮中淸淨大海衆《しやうじやうだいかいしゆ》、乃《そ》れ凡乃《ぼんそ》れ聖《しやう》、誰か測度《しきたく》する者ならんや。然れば則ち面《おもて》を見て人を測るは癡の甚だしきなり。世尊の在世すら尙盲目の比丘、牛呞《ごし》の比丘有つて衆に交る。況んや像末の澆運《げううん》は唯だ結緣《けちえん》を貴ぶ。何ぞ人を輕んずる者ならんや。衣綴《えとつ》零落し、道具舊損すとも、凡眼を以て觀ること莫れ。諸《これ》を忽《ゆるがせ》にすべからず。古來有道の人は衣服を華《かざ》らず、唯《ただ》道具を實にす。卑族輕んずべからず、初學笑ふべからず。縱ひ笑はるるとも嗔恨《しんこん》すること莫れ。況んや復下下《またげげ》の人に上上《じやうじやう》の智あり、上上の人に沒意智《もついち》あるをや。但《ただ》四河海《かい》に入つて復本名《またほんみやう》無く、四姓《せい》出家して同じく釋氏《しやくし》と稱せよの佛語を念《おも》へ。

寮中各各《かくかく》の案頭《あんとう》、若し佛菩薩の像を安ぜば是れ無禮なり。又畫圖《ぐわと》等を懸くべからず。

寮中の兄弟《ひんでい》若し他人の案頭に到るの時は、或は著衣《ちやくえ》、或は衩衣《しやえ》、時の宜しきに依ると雖も、必ず其の儀有り。若し著衣せず、衩衣せず、不儀にして到る者に逢はば、相見すべからず。

寮中の兄弟案頭に在るの時、他人の來るを見ば、先づ床を下り地に立ち、

或著衣或衩衣須下隨二來者之儀一、或問訊或觸禮上。相見威儀、須二如法一矣。寮中兄弟、不レ可レ穿二步寮中上下間一。又不レ可レ論二人之在不在一。不レ可レ歷二觀彼彼之案頭一。

寮中案頭、不レ可下擅偃臥、靠二板頭一、露レ脚露レ體、而爲レ衆無禮上。須レ憶下古聖先德坐二樹下露地一之跡上。

寮中清衆、不レ可レ蓄二金銀錢帛等不淨財一。是古佛之遺誡也。西天初祖迦葉尊者在家之時、其家之富千倍勝二瓶沙王一。十六大國無二以爲一レ隣。然而捨レ家修レ道之時、鬢髮長衣服弊、糞掃爲レ衣、乞食爲レ食、至レ將レ隱曾不レ改。道心之士不レ可レ不レ知。迦葉高祖猶如レ斯、凡夫末學豈不二自守一乎。

寮中說話、常應二低聲一。鞋履莫レ響。洟唾咳呻、並當レ不レ喧。莫レ耽二倭語之華麗一。須レ慣二佛祖實語一。縱談二佛祖之語句一、不レ可レ抗二朗聲一、所二以爲レ衆無禮一也。

寮中縱耆年宿德、不レ可二爲レ衆無禮一。如レ違二衆儀一、

○板、寮中本板或本作案ト頭註ス

○洟、寮中本洟當レ作レ洟ト頭註ス

○祖ノ下、寛政本之ノ字アリ

或は著衣或は衩衣須らく來者の儀に隨つて、或は問訊し或は觸禮《そくれい》すべし。相見の威儀、須らく如法なるべし。

寮中の兄弟、寮中の上下間を穿歩《せんほ》すべからず。又人の在不在を論ずべからず。彼彼の案頭を歷觀すべからず。

寮中の案頭、擅《ほしいまま》に偃臥し、板頭に靠《よ》り、脚《あし》を露《あらは》し體を露して、衆の爲に無禮なるべからず。須らく古聖先德《こしやうせんとく》の樹下露地《じゆげろち》に坐せし跡を憶ふべし。

寮中の清衆、金銀錢帛等の不淨財を蓄ふべからず。是れ古佛の遺誡なり。西天《さいてん》の初祖迦葉尊者《かせふそんじや》在家の時、其の家の富《とみ》千倍して瓶沙王《びんじやわう》に勝れり。十六の大國も以て隣と爲る無し。然れども家を捨て道を修するの時は、鬢髮《びんはつ》長く衣服弊《やぶ》れ、糞掃《ふんぞう》を衣と爲し、乞食《じき》を食と爲し、將に隱れんとするに至るまで曾て改めず。道心の士知らずんばあるべからず。迦葉《かせふ》高祖すら猶斯の如し、凡夫末學豈自ら守らざらんや。

寮中の說話《せつた》、常に應に低聲なるべし。鞋履《あいり》響かすこと莫れ。涕唾《ていだ》咳呻《がいしん》、並に當に喧《かまびす》しからざるべし。倭語《わご》の華麗に耽ること莫れ。須らく佛祖の實語を慣ふべし。縱ひ佛祖の語句を談ずるも、朗《らう》聲を抗《あ》ぐべからず、衆の爲に無禮なる所以なり。

寮中縱ひ耆《ぎ》年宿德《ねんしゆくとく》も、衆の爲に無禮なるべからず。衆儀に違するが如きは、維那當レ曉二示之一。

寮中若落二失衣鉢及諸色物一、先應レ貼レ榜。其牓云、本寮某甲上座、某時遺二落某物一、若見得者、請掛二拾遺牌一云云。須下憑二清規一而理斷上。不レ可二横壞一レ人矣。又可レ慣二大曉禪師之語一矣。

寮中見二遺落之物一、可レ繫二拾遺牌一。

寮中不レ可レ置二俗典及天文地理之書、凡外道之經論、詩賦和歌等卷軸一。

寮中不レ可レ置二弓箭兵杖、刀劍甲冑等類一。凡百之武具不レ可レ置。若蓄二腰刀等一之者、即日須レ趕二出寺院一。捴惡律儀之器不レ可レ入二寮内一。

寮中不レ可レ置二管絃之具、舞樂之器一。

寮中不レ可レ入二酒肉五辛一。凡葷茹之類、不レ可レ將二來寮邊一。

寮中相並坐時、若有レ應レ作者、苦事者下座先作。是僧儀也。年少幼學、不レ可三在レ座而見二上座苦事一。所二以無禮一也。若是好事、須レ讓二於上座一。是諸佛之正法也。

寮中兄弟之把針、應レ就二把針架一。把針之時、不レ可レ許二聚レ頭雜談、高聲多言一。須レ念二佛祖之操行一。

○規、寮中本規古本作衆ト頭註ス

○見、寛文本ニナシ、今寛政本ニヨツテ補フ

○拾、寛文本捨ニ作ル、今寛政本ニヨツテ改ム

○趕、寮中本趕當作趕趕追也ト頭註ス

○針、寛政本鍼ニ作ル、下同ジ

維那當に之を曉示すべし。

寮中若し衣鉢《えはつ》及び諸色の物を落失せば、先づ應に榜《ぼう》を貼《てふ》すべし。其の牓に云く、本寮某甲上座《それがしじやうざ》、某の時某の物を遺落す、若し見得せん者は、請ふ拾遺《じふゐ》の牌《はい》を掛けよ云云と。須らく淸規に憑つて理斷すべし。橫《わう》に人を壞《やぶ》るべからず。又大曉禪師の語に慣ふべし。

寮中遺落の物を見ば、拾遺の牌を繫くべし。

寮中俗典及び天文地理の書、凡そ外道の經論、詩賦和歌等の卷軸を置くべからず。

寮中弓箭兵杖、刀劍甲冑等の類を置くべからず。凡そ百《もも》の武具置くべからず。若し腰刀等を蓄ふる者は、卽日に須らく寺院を趕《お》ひ出《いだ》すべし。捴じて惡律儀の器は寮內に入るべからず。

寮中管絃の具、舞樂の器を置くべからず。

寮中酒肉五辛を入るべからず。凡そ葷茹《くんじよ》の類、寮邊に將來すべからず。

寮中相並んで坐する時、若し作す應《べ》きこと有らば、苦事は下座《げざ》先づ作せ。是れ僧儀なり。年少幼學、座に在つて上座の苦事を見るべからず。無禮なる所以なり。若し是れ好事ならば、須らく上座に讓るべし。是れ諸佛の正法なり。

寮中兄弟の把針《はしん》には、應に把針の架に就くべし。把針の時、頭《かうべ》を聚めて雜談《ざうだん》し、高聲に多言《たごん》するを許すべからず。須らく佛祖の操行《さうぎやう》を念ずべし。

本寮公界之道場也。縱雖レ剃ニ鬚髪一、不儀僧之輩不レ可レ教四經ニ廻出三入寮內一。不レ可レ教レ夜ニ宿寮內一。縱雖ニ儀僧之輩一、浮遊之類不レ可レ教レ夜ニ宿寮內一。不レ可レ教レ徘ニ徊寮內一。所三以妨ニ清衆一也。

寮中不レ可レ經ニ營度世之業一。

右件之箴規古佛垂範、盡未來際、當山遵行。

寶治三年正月日記。

吉祥山永平寺衆寮箴規畢

○教、寛文本ニナシ、今寛政本ニヨッテ補フ本寮は公界《くがい》の道場なり。縦ひ鬚髪《しゆはつ》を剃ると雖も、不儀僧の輩は寮内に經廻出入せしむべからず。寮内に夜宿せしむべからず。縦ひ儀僧の輩と雖も、浮遊の類は寮内に夜宿せしむべからず。寮内に徘徊せしむべからず。清衆を妨ぐる所以なり。寮中度世の業を經營すべからず。

并件の箴規は古佛の垂範なり、盡未來際、當山に遵行《じゆんぎやう》せよ。

寶治三年正月の日記す。

吉祥山永平寺衆寮箴規畢り

對大己五夏闍梨法

第一、對二大己五夏闍梨一、須下帶二袈裟紐一、及帶中坐具上。

第二、不レ得三通肩被二袈裟一。經曰、比丘對二佛僧及上座一、不レ得三通肩被二袈裟一、死入二鐵鉀地獄一。

第三、不レ得三邪脚倚立而視二上座一。

第四、不レ得下垂レ手立而視中上座上。

第五、不レ得二非時喧笑無慚無愧一。

第六、立如二事師法一。

第七、若有二教誡一、當二須設レ禮聽受、如法觀察思惟一。

第八、常須レ作二謙卑心一。

第九、對二大己一○不レ得下抓レ癢拾中○蟣虱上。

第十、對二大己前一○不得二洟唾一。

第十一、對二大己一○不レ得下嚼二楊枝一漱セ口。

○不得、寛政本九ノ下十ノ下十一ノ下等ニ移シ、第九不得或ハ第十不得第十一不得等ニ作ル、今改メズ

○蟣、寛文本蟻ニ作ル、今寛政本ニヨツテ改ム

大己《たいこ》五夏《げ》の闍梨《じやり》に對するの法

第　一、大己五夏の闍梨に對しては、須らく袈裟の紐を帶し、及び坐具《ざぐ》を帶すべし。
第　二、通肩に袈裟を被《ひ》することを得ざれ。經に曰く、比丘佛と僧と及び上座とに對しては、通肩に袈裟を被することを得ざれ、死して鐵鉀《てつかう》地獄《ぢごく》に入ると。
第　三、邪脚倚立して上座を視ることを得ざれ。
第　四、手を垂れて立つて上座を視ることを得ざれ。
第　五、非時に喧笑して無慚無愧なることを得ざれ。
第　六、立つことは事師《じし》法《はふ》の如くせよ。
第　七、若し教誡有らば、當に須らく禮を設けて聽受し、如法に觀察し思惟すべし。
第　八、常に須らく謙卑の心を作すべし。
第　九、大己に對して癢《かゆがり》を抓き蟣虱《きしつ》を拾ふことを得ざれ。
第　十、大己の前に對して洟唾することを得ざれ。
第十一、大己に對して楊枝を嚼み口を漱ぐことを得ざれ。

第十二、大己未レ喚レ坐、不レ得二輙坐一。

第十三、不レ得下共二大己五夏一同レ床而坐、唐中突大己五夏上。

第十四、不レ得レ坐二大己五夏人常坐臥處床一。

第十五、五夏已上卽闍梨位、十夏已上是和尙位、切須レ知レ之。卽是甘露白法。

第十六、五夏尊人喚レ坐、當三須合掌曲躬、然後乃坐二。慇懃端正而坐。莫レ靠二倚墻壁一。

第十七、坐不レ得三無禮恣倚二東西一。

第十八、若有レ所レ言、須二謙下一、不レ得レ取二上分一。

第十九、不レ得三張レ口欠呿二、當三以レ手遮一レ之。

第二十、在二大己前一、不レ得三以レ手拎レ面摩レ頭弄レ腳弄一レ手。

第二十一、在二大己前一、不レ得三大噓氣作一レ聲。如法恭敬。

第二十二、在二大己前一、當三須端身定住一。

第二十三、若見三大己來二大己處一、當三須避レ坐曲躬低頭、且待二大己指揮一。

第十二、大己未だ坐せよと喚ばざるに、輙《たやす》く坐することを得ざれ。

第十三、大己五夏と共に床を同じうして坐し、大己五夏に唐突することを得ざれ。

第十四、大己五夏の人の常に坐臥する處の床に坐することを得ざれ。

第十五、五夏已上は卽ち闍梨の位、十夏已上は是れ和尙《をしやう》の位なり、切に須らく之を知るべし。卽ち是れ甘露の白法《びやくほふ》なり。

第十六、五夏の尊人坐せよと喚ばば、當に須らく合掌曲躬して、然る後に乃ち坐すべし。慇懃端正にして坐せよ。墻壁に靠倚《かうい》することを莫れ。

第十七、坐するに無禮にして恣《ほしいまま》に東西に倚ることを得ざれ。

第十八、若し言ふ所有らば、須らく謙下すべし、上分を取ることを得ざれ。

第十九、口を張つて欠呿《かんきよ》することを得ざれ、當に手を以て之を遮るべし。

第二十、大己の前に在りて、手を以て面《おもて》を捋《な》で頭《かうべ》を摩《さす》り脚を弄し手を弄することを得ざれ。

第二十一、大己の前に在りて、大に噓氣して聲を作すことを得ざれ。如法に恭敬せよ。

第二十二、大己の前に在りては、當に須らく端身定住《ぢやうぢう》すべし。

第二十三、若し大己の大己の處に來るを見ば、當に須らく坐を避けて曲躬低頭して、且《しばら》く大己の指揮を待つべし。

第二十四、如有㆓隔レ壁大已房㆒、不レ得㆔高聲讀㆓誦經典㆒。
第二十五、大已未㆓指揮㆒、不レ得㆔爲レ人說法㆒。
第二十六、如有㆓大已所問㆒、當㆓須如法答供㆒。
第二十七、常護㆓大已顏色㆒、莫㆘令㆓失意㆒令㆗他熱惱㆖。
第二十八、在㆓大已前㆒、不レ得㆘與㆓同類㆒相拜㆖。
第二十九、於㆓大已前㆒、不レ得レ受㆓人禮拜㆒。
第 三 十、如在㆓大已所㆒苦事先作、好事應レ讓㆓大已㆒。
第三十一、如遇㆓五夏十夏之大已㆒、當レ生㆓恭敬㆒、莫㆓自退屈㆒。
第三十二、親㆓近五夏十夏之大已㆒、應レ請㆓問經義律義㆒、莫レ生㆓輕慢懈怠㆒。
第三十三、見㆓大已病㆒、應㆓如法瞻養敎㆒レ愈。
第三十四、在㆓大已前及大已房邊㆒、不レ得レ說㆓無益語無義語㆒。
第三十五、在㆓大已前㆒、不レ得レ說㆓他方尊宿之好惡長短㆒。
第三十六、不レ可レ得㆘輕㆓忽○大已㆒而戲論問義㆖。
第三十七、對㆓大已㆒、○不レ得㆓剃レ頭剪レ爪換㆒レ裙。

○忽、寬文本怱ニ作ル、今寬政本ニヨツテ改ム

○不得、寬政本七ノ字ノ下ニ移シ、第三十七不得ニ作ル、今改メズ

第二十四、如し壁を隔てて大己の房有らば、高聲に經典を讀誦することを得ざれ。

第二十五、大己未だ指揮せざるに、人の爲に說法することを得ざれ。

第二十六、如し大己の所問有らば、當に須らく如法に答供すべし。

第二十七、常に大己の顏色を護して、失意せしめ他をして熱惱せしむること莫れ。

第二十八、大己の前に在りては、同類と相拜することを得ざれ。

第二十九、大己の前に在りては、人の禮拜を受くることを得ざれ。

第三十、如し大己の所に在らば苦事は先づ作せ、好事は應に大己に讓るべし。

第三十一、如し五夏十夏の大己に遇はば、當に恭敬を生ずべし、自ら退屈すること莫れ。

第三十二、五夏十夏の大己に親近《しんごん》しては、應に經義律義を請問すべし、輕慢懈怠を生ずること莫れ。

第三十三、大己の病を見ては、應に如法に瞻養して愈えしむべし。

第三十四、大己の前及び大己の房邊に在りては、無益の語無義の語を說くことを得ざれ。

第三十五、大己の前に在りては、他方の尊宿の好惡長短を說くことを得ざれ。

第三十六、大己を輕忽して戲論《けろん》に問義することを得べからず。

第三十七、大己に對して、頭を剃り爪を剪り裙を換ふることを得ざれ。

第三十八、大己未レ眠不レ得二先眠一。

第三十九、大己未レ食不レ得二先食一。

第 四 十、大己未レ浴不レ得二先浴一。

第四十一、大己未レ坐不レ得二先坐一。

第四十二、路逢二大己一如法問訊曲躬、隨二大己後一行。如蒙二大己指揮一乃還。

第四十三、如見二大己忘失一、慇懃指示。

第四十四、若見二大己誤錯一、不レ得二喧笑一。

第四十五、到二大己房一、先在二門外一、彈指三下而入。

第四十六、若入二大己房一、從二門頰一而入。不レ得下當二門戶正中一而入上。

第四十七、若出二入大己五夏、大己十夏等房室一、應下從二賓堦一下上。不レ得下從二主堦一而上上。

第四十八、大己飯未レ訖不レ得二先止一。

第四十九、大己未レ起不レ得二先起一。

第 五 十、大己若爲二檀越一說經、正坐而聽、不レ得二急起而去一。

第三十八、大己未だ眠らざるに先に眠ることを得ざれ。

第三十九、大己未だ食せざるに先に食することを得ざれ。

第 四 十、大己未だ浴せざるに先に浴することを得ざれ。

第四十一、大己未だ坐せざるに先に坐することを得ざれ。

第四十二、路に大己に逢はば如法に問訊し曲躬して、大己の後《しりへ》に隨つて行け。如し大己の指揮を蒙らば乃ち還れ。

第四十三、如し大己の忘失を見ば、慇懃に指示せよ。

第四十四、若し大己の誤錯《ごしやく》を見ば、喧笑することを得ざれ。

第四十五、大己の房に到らんには、先づ門外に在つて、彈指《たんじ》三下《ゆ》して入れ。

第四十六、若し大己の房に入らば、門頬よりして入れ。門戸の正中《しやうちう》に當つて入ることを得ざれ。

第四十七、若し大己五夏、大己十夏等の房室に出入せば、賓階《ひんかい》より下るべし。主堦よりして上ることを得ざれ。

第四十八、大己飯未だ訖らざるに先に止むることを得ざれ。

第四十九、大己未だ起たざるに先に起つことを得ざれ。

第 五 十、大己若し檀越《だんのつ》の爲に說經せば、正坐して聽け、急に起つて去ることを得ざれ。

第五十一、在二大己前一、不レ可レ呵下罵應二呵罵一者上。

第五十二、大己前不レ得二遙大揚レ聲呼一レ人。

第五十三、不レ得下解二袈裟一著二大己房舍一而出上。

第五十四、大己說經、不レ得三從レ下正二是非一。

第五十五、大己前不レ得二持レ手捧一レ膝。

第五十六、大己在二下處一、自在二高處一不レ應二相禮一。

第五十七、不レ得下座上爲二大己一作上レ禮。

第五十八、○不レ得下大己立地○、自在レ座見二大己一相揖上。

第五十九、有二大己之爲一レ師○、須レ知レ之。

第六十、有三大己之爲二弟子一○、應レ知二師禮一、莫レ亂二大己一。

第六十一、大己與二大己一相對共非二大己一。

第六十二、見二大己一無レ有二窮盡一、初夏見二大己一、極果見二大己一。

右、對二大己五夏十夏一法、是則諸佛諸祖之身心也。不レ可レ不レ學。若不レ學者、祖師道廢、甘露法滅也。法界虛空希有難レ遇。宿殖善根人乃得レ聞。實是大乘極致也。

○不得、寬政本地ノ字ノ下ニ移シ、立地不得ニ作ル、今改メズ
○須知之、寮中本第六十ノ應知師禮ノ四字ト入レ換ヘ、舊刻應知師禮四字、誤在二左行一、須知之三字、誤在二右行一、今從二古本一換二置之一ト頭註ス

第五十一、大己の前に在りて、應に呵罵すべき者を呵罵すべからず。

第五十二、大己の前にして遥に大に聲を揚げて人を呼ぶことを得ざれ。

第五十三、袈裟を解いて大己の房舍に著けて出づることを得ざれ。

第五十四、大己說經せんに、下より是非を正すことを得ざれ。

第五十五、大己の前にして手を持つて膝を捧ぐることを得ざれ。

第五十六、大己下處に在るに、自ら高處に在つて相禮すべからず。

第五十七、座上にして大己の爲に禮を作すことを得ざれ。

第五十八、大己立地するに、自ら座に在つて大己を見て相揖することを得ざれ。

第五十九、大己の師たる有らば、須らく之を知るべし。

第六十、大己の弟子たる有らば、應に師の禮を知るべし、大己を亂ること莫れ。

第六十一、大己と大己と相對せば共に大己に非ず。

第六十二、大己を見ること窮盡《ぐうじん》有ること無し、初夏《しよげ》にも大己を見、極果《ごくくわ》にも大己を見る。


右、大己五夏十夏に對するの法は、是れ則ち諸佛諸祖の身心なり。學せずんばあるべからず。若し學せずんば、祖師の道廢し、甘露の法滅せん。法界虚《ほつかいこ》空《くう》稀有にして遇ひ難し。宿殖善根《しゆくぢきぜんこん》の人乃ち聞くことを得。實に是れ大乘の極致なり。

○于レ時日本寛元甲辰年三月廿一日、在ニ越州吉峯精舎ニ示レ衆。

寛文七丁未歳　孟冬　林傳左衞門尉板行

○于時以下九字、寛政本寛元二年甲辰ニ作ル時に日本寛元甲《きのえ》辰《たつ》三月廿一日、越州吉峯《きつほう》精舎《しやうじや》に在りて衆に示す。

日本國越前永平寺知事淸規

知事爲㆓貴而尊㆒、須㆑撰㆓有道耆德㆒。其例。

如來之俗弟難陀、充㆓知事㆒證㆓阿羅漢㆒。胎藏經云、世尊在㆓迦毘羅城㆒、佛、知㆓難陀受戒時至㆒、至㆑門放㆑光照㆓一宅㆒。難陀云、必是世尊。遣㆓使看㆒果是世尊。難陀欲㆓自看㆒。婦云、若許㆓出看㆒必令㆓出家㆒、卽牽㆓其衣㆒。難陀云、少時還。婦云、溼額未㆑乾須㆑還。荅、如㆓所要㆒。佛令㆓取㆑鉢盛㆒㆑飯、盛㆑飯出、佛已去。與㆓阿難㆒、阿難言、誰邊得㆑鉢。荅言、佛邊得㆑鉢。阿難言、還送與㆑佛。難陀卽往送㆑鉢與㆑佛。佛、令㆓剃頭㆒。語㆓剃者㆒言、勿㆔持㆑刀臨㆓閻浮提王頂㆒。又念、且順㆓世尊㆒、暮當㆓歸去㆒。佛、知㆓其念㆒化㆓作大坑㆒。如其命終何得㆑歸也。佛、告㆓阿難㆒、難陀作㆓知事㆒。阿難、傳㆓佛語㆒。難陀言、知事者何。阿難曰、於㆓寺中㆒撿梜。問、

○果、寛文本杲ニ作ル、今寛政本ニヨツテ改ム

○梜、寛文本挾ニ作ル、今寛政本ニヨツテ改ム、古田本梜ハ字典撿也考也、又上層作㆑校是也、梜ハ寫誤ト傍註ス

日本國越前永平寺知事清規

知事は貴にして尊たり、須らく有道の耆徳を撰ぶべし。其の例。

如來の俗弟難陀《なんだ》、知事に充《み》てて阿羅漢《あらかん》を證す。胎藏經に云く、世尊迦毘羅城《かびらじゃう》に在《いま》す、佛《ほとけ》、難陀の受戒の時至れるを知《しろ》しめして、門に至りて光を放ちて一宅を照したまふ。難陀云く、必ず是れ世尊ならんと。使をして看せしむるに果して是れ世尊なり。難陀自ら看《まみ》えんと欲す。婦云く、若し出でて看ゆることを許さば必ず出家せしめんと、卽ち其の衣を牽く。難陀云く、少時《しばらく》にして還らん。婦云く、溼額《しっかく》未だ乾かざるに須らく還るべし。荅ふ、所要の如くすべしと。佛鉢を取りて飯を盛らしむ、飯を盛りて出づれば、佛已に去る。阿難《あなん》に與ふるに、阿難言く、誰《た》が邊にか鉢を得る。荅へて言く、佛邊に鉢を得たり。阿難言く、還《ま》た送つて佛に與へよと。難陀卽ち往いて鉢を送りて佛に與ふ。佛、剃頭《ていづ》せしむ。剃者に語げて言く、刀を持して閻浮提王《えんぶだいわう》の頂《いただき》に臨むこと勿れと。又念ずらく、旦《あした》には世尊に順ふとも、暮には當に歸り去るべしと。佛、其の念を知《しろ》しめして大坑を化作《けさ》す。如し其の命終るとも何ぞ歸ることを得ん。佛、阿難に告げて、難陀を知事と作す。阿難、佛語を傳ふ。難陀言く、知事とは何ぞや。阿難曰く、寺中に於いて撿挍《けんぎやう》す。問ふ、

何所作。荅、諸比丘乞食去應下掃地灑水、取レ薪除二牛糞一、淨レ土防三守失落一、與レ僧閉中門戸等上、至レ晩當下開レ門掃中灑大小便處上。僧去後、欲下爲レ僧閉上レ門。閉レ西東開、閉レ東西開等。念曰、縱有二失落一我爲レ王時、更造二百千好寺一倍二於今日一。卽便還レ家。從二大道一行、恐二佛還一、乃從二小道一。仍逢二佛歸一。隱二樹枝一、風吹身現。佛問、何故來。荅、憶レ婦。佛却將出レ城至二鹿子母園一。佛問、汝曾見二香醉山一不。荅、未レ見。佛、令下投二衣角一飛、須臾見上レ山。山上有二果樹一、樹下有下雌獼猴無二一目一被上レ燒。竟佛、問、何二如天一。荅、天無欲、何得レ比レ此。問、汝見レ天不。荅、未レ見。佛令下投二衣角一尋至中三十三天上。令下遊觀至二歡喜園一見二綵女一、見二交合園等一、見中種種音聲上。有二一處天女無一レ夫。問レ佛。佛、令レ問レ天。天荅、佛弟難陀、持戒生レ此當レ爲二我夫一。佛問二難陀一、何二如孫陀利一。荅、天比二孫陀利一、如下以二孫陀利一比中瞎獼猴上。佛言、脩二梵行一有二斯利一、汝今持戒當レ生二此天一。時佛共還二逝多林一。時難陀慕二天宮一修二梵行一。佛、告二衆僧一、

○薪、文龜本新ニ作ル
○除、文龜本ニナシ
○果、寛文本杲ニ作ル、今寛政本ニヨツテ改ム
○脩、文龜本修ニ作ル

何《なん》の所作かある。荅ふ、諸の比丘乞食《こつじき》し去らば應に掃地《さうち》灑水《しやすゐ》し、薪を取り牛糞を除き、土を淨め失落を防守し、僧の與《ため》に門戸等を閉づべし、晩に至りて當に門を開き大小便處を掃灑すべしと。僧去つて後、僧の爲に門を閉ぢんと欲す、西を閉づれば東開き、東を閉づれば西開く等なり。念じて曰く、縱ひ失落有りとも我《われ》王と爲らん時、更に百千の好寺を造ること今日に倍せんと。卽便《すなは》ち家に還る。大道より行かば、佛の還りたまはんことを恐れ、乃ち小道よりす。仍つて佛の歸りたまふに逢ふ。樹の枝に隱る、風吹いて身現《あらは》る。佛問ふ、何が故にか來る。荅ふ、婦を憶ふと。佛却た將《ひき》ゐて城を出で鹿子母園《ろくしぼゑん》に至る。佛問ふ、汝曾て香醉山を見るや不《いな》や。荅ふ、未だ見ず。佛、衣角に投じて飛ばしめ、須臾にして山を見せしむ。山上に果樹有り、樹下《じゆげ》に雌獼猴《しみこう》の一目も無く燒かれたるもの有り。竟に佛、問ふ、天と何如《いかん》。荅ふ、天は無欲なり、何ぞ此に比することを得ん。問ふ、汝天を見るや不《いな》や。荅ふ、未だ見ず。佛衣角に投じて尋いで三十三天に至らしむ。遊觀して歡喜園《くわんぎゑん》に至りて綵女を見、交合園《かうがふゑん》等を見、種種の音聲《おんじやう》を見《き》かしむ。一處に天女の夫無きもの有り。佛に問ふ。佛、天に問はしむ。天荅ふ、佛の弟難陀、持戒せば此に生れて當に我が夫と爲るべしと。佛難陀に問ふ、孫陀利《そんだり》と何如《いづれ》ぞ。荅ふ、天を孫陀利に比すれば、孫陀利を以て瞎《くわつ》獼猴《みこう》に比するが如し。佛の言はく、梵行《ぼんぎやう》を脩すれば斯の利あり、汝今持戒せば當に此の天に生ずべしと。時に佛共に逝多林《せいたりん》に還る。時に難陀天宮を慕うて梵行を修す。佛、衆僧に告げたまふ、

一切不レ得下與二難陀一同中其法事上。一切比丘皆不二與同住一坐起。自念、阿難是我弟、應レ不レ嫌レ我。即往共坐、阿難起去。問言、弟何棄レ兄。阿難言、然、仁行別故相遺耳。問、何謂也。荅、仁樂二生天一、我樂二寂滅一。聞已倍生二憂惱一。佛又問、汝見二捺落迦一未。荅、未レ見。令下投二衣角一便見中諸獄上。皆有二治人一、有處無レ人。問レ佛。佛、令レ問二獄卒一。獄卒荅言、佛弟難陀、爲レ生レ天故修行、暫在二天上一還二來此中一受レ苦。難陀懼而淚下如レ雨。白レ佛述二其事一。佛言、爲二天樂一修二梵行一有二是過一。佛與還二逝多林一、廣爲說二胎相一。難陀因始發心、爲二解脫一故持戒、後得二阿羅漢果一。

難陀尊者、俗姓刹帝利、淨飯王子、如來之俗弟也。即充二知事一果作二羅漢一。見佛之功德、證果之先蹤、可レ貴者歟、可レ慕者歟。然則道心之人、稽古之人必可レ充矣。無道心之輩不レ可レ充也。知事之心術、與二住持之心術一同矣。仁義爲レ先、柔和爲レ先、大二慈大三悲雲衆水衆一、接二待十方一、一二興叢席一。不レ見二世利一、唯務二道業一者之所二充來一也。誠是辨道薰練無下先二於此一者上歟。

一切難陀と其の法事を同うすることを得ざれと。一切の比丘皆與に同住せずして坐より起つ。自ら念ふ、阿難は是れ我が弟、應に我を嫌はざるべしと。即ち往いて共に坐すれば、阿難も起ち去る。問うて言く、弟何ぞ兄を棄つるや。阿難言く、然り、仁《じん》が行《ぎやう》は別なるが故に相遣《あひや》るのみ。問ふ、何の謂ぞや。荅ふ、仁は生天を樂《ねが》ひ、我は寂滅を樂ふと。聞き已つて倍《ますま》す憂惱を生ず。佛又問ふ、汝捺落迦《ならか》を見るや未だしや。荅ふ、未だ見ず。衣角に投じて便ち諸獄を見せしむ。皆治人《ちじん》有り、有處に人無し。佛に問ふ。佛、獄卒に問はしむ。獄卒荅へて言く、佛の弟難陀、天に生ぜんが爲の故に修行す、暫く天上に在りて此の中に還り來つて苦を受けんと。難陀懼れて涙下ること雨の如し。佛に白して其の事を述ぶ。佛言はく、天樂の爲に梵行を修すれば是の過《とが》有り。佛與に逝多林に還りて、廣く爲に胎相を說きたまふ。難陀因つて始めて發心し、解脫の爲の故に持戒して、後に阿羅漢果を得たり。

難陀《なんだ》尊者《そんじや》、俗姓は刹帝利《せつていり》、淨飯王《じやうぼんわう》の子、如來の俗弟なり。即ち知事に充てて果して羅漢と作る。見佛の功德、證果の先蹤、貴ぶべき者《もの》歟、慕ふべき者歟。然れば則ち道心の人、稽古の人必ず充つべし。無道心の輩は充つべからざるなり。知事の心術は、住持の心術と同じ。仁義を先とし、柔和を先とし、雲衆水衆に大慈大悲ありて、十方を接待し、䕺席を一興す。世利を見ずして、唯だ道業を務むる者の充て來れる所なり。誠に是れ辨道の薫練此れに先だつ者無し。

知事等親曾相見例。

大潙一日喚二院主一。院主來。山云、我喚二院主一、汝來作二什麼一。院主無對。又令下侍者喚二第一座一來上。第一座來。山云、我喚二第一座一、汝來作二什麼一。第一座無對。

曹山、代二院主一云、也知和尚不レ喚二某甲一。代二第一座一云、若令二侍者喚一、恐不レ來。

法眼別云、適來侍者喚。拈二得這一段因緣一、直須レ參二究于知事頭首之命脉一矣。

充二監寺一時、發二明大事一例。

金陵報恩院玄則禪師、嗣二法眼一。在二法眼會一充二監寺一。一日法眼云、監寺儞在二此間一多少時耶。則云、在二和尚會一已得二三年一也。眼云、儞是後生、尋常何不レ問レ事。則云、玄則不三敢瞞二和尚一、玄則曾在二青峰處一得二箇安樂一。眼云、儞因二甚語一得入。則云、玄則曾問二青峰一、如何是學人自己。峰云、丙丁童子來求火。眼云、好語、祇恐儞不レ會。則云、丙丁屬レ火、將レ火求レ火似下將二自己一覓中自己上。眼云、情知儞不レ會。佛法若如レ是不レ到二今日一。則操悶便起。

○來、文龜本ニナシ
○汝來、文龜本寛文本來汝ニ作ル、今寛政本ニヨツテ改ム
○座ノ下、文龜本亦ノ字アリ

知事等親しく曾て相見せし例。

大潙《だいゐ》一日院主《ゐんじゆ》を喚ぶ。院主來る。山云く、我《われ》院主を喚ぶ、汝來つて什麼《なに》をか作す。院主無對。又侍者をして第一座を喚び來らしむ。第一座來る。山云く、我《われ》第一座を喚ぶ、汝來つて什麼《なに》をか作すと。第一座無對。

曹山、院主に代つて云く、也た知る和尚の某甲《それがし》を喚ばざることをと。第一座に代つて云く、若し侍者をして喚ばしめば恐らくは來らじと。法眼《ほふげん》別して云く、適來《せきらい》侍者喚ぶと。這の一段の因縁を拈得して、直に須らく知事《ちじ》頭首《ちやうしゆ》の命脉を參究すべし。

監寺《かんす》に充てられし時、大事を發明せし例。

金陵《きんりよう》報恩院の玄則禪師、法眼に嗣ぐ。法眼《はふげん》の會《ゑ》に在りて監寺《かんす》に充つ。一日法眼云く、監寺儞此の間に在ること多少の時ぞ。則云く、和尚の會に在ること已に三年を得たり。眼云く、儞は是れ後生《こしやう》、尋常《よのつね》何ぞ事を問はざる。則云く、玄則敢て和尚を瞞せず、玄則曾て青峰《せいほう》の處に在つて箇の安樂を得たり。眼云く、儞甚《なん》の語に因つてか得入す。則云く、玄則曾て青峰に問ひき、如何にあらんか是れ學人の自己と。峰云く、丙丁童子《ひやうぢやうどうじ》來求火《らいぐくわ》。眼云く、好語なり、祇《ただ》恐らくは儞會せざらんことを。則云く、丙丁《ひやうぢやう》は火に屬す、火を將つて火を求むるは自己を將つて自己を覓むるに似たり。眼云く、情《まこと》に知る儞會せざりしことを、佛法若し是《かく》の如くならば今日に到らじと。則操悶して便ち起つ。

至二中路一却云、佗是五百人善知識、道二我不是一、必有二長處一。却回懺悔。眼云、但問將來。則便問、如何是學人自己。眼云、丙丁童子來求火。則言下大悟。

袁州楊岐會禪師、隨二慈明一。慈明自二南源一徙二道吾、石霜一。師皆佐レ之總二院事一。依レ之雖レ久、然未レ有二省發一。每二咨參一慈明曰、庫司事繁、且去。佗日又問、慈明語如レ前。或謂曰、監寺異時兒孫遍二天下一去、何用レ忙爲。有二一老嫗一、近レ寺而居。人莫レ測レ之。所レ謂慈明婆也。慈明乘レ間必至レ彼。一日雨作。知二慈明將一レ往、師偵二之小徑一。既見遂扭住云、這老漢今日須二與レ我說一、不レ說打レ儞去。慈明曰、監寺知二是般事一便休。語未レ卒師大悟。卽於二泥途一拜レ之。起問、狹路相逢時如何。慈明曰、儞且嚲避、我要レ去二那裡一。師歸來。來日具二威儀一詣二方丈一禮謝。慈明呵云、未在。一日當レ參、粥罷久レ之不レ聞二撾鼓一。師問二行者一、今日當レ參、何不レ擊レ鼓。行者云、和尚出未レ歸。師徑往二婆處一、見二慈明爨、婆煮レ粥。師曰、和尚今日當レ參、大衆久待、

○回、文龜本廻ニ作ル
○總、文龜本総ニ作ル
○佗、寛政本他ニ作ル、下同ジ
○事、文龜本吏ニ作ル

中路に至つて却つて云く、佗は是れ五百人の善知識なり、我を不是《ふぜ》と道ふ、必ず長處有らんと。眼云却回して懺悔す。眼云く、但《ただ》問ひ將ち來れ。則便ち問ふ、如何にあらんか是れ學人の自己。眼云く、丙丁童子《ひやうじやうどうじ》來求《らいぐ》火《くわ》。則言下に大悟す。

袁州楊岐《ゑんしうやうぎ》の會禪師《ゑぜんじ》、慈明《じみやう》に隨ふ。慈明は南源より道吾、石霜に從る。師皆之を佐《たす》けて院事を總ぶ。之に依ること久しと雖も、然も未だ省發有らず。咨參する每に慈明の曰く、庫司《くすじ》事繁し、且《しばら》く去れと。佗日又問ふ、慈明の語前の如し。或は謂つて曰く、監寺異時兒孫天下に遍うして去らん、何ぞ忙を用ゐることを爲さんと。一老嫗有りて、寺に近づいて居す。人の之を測ること莫し。所謂慈明婆《いはゆるじみやうば》なり。慈明間に乘じて必ず彼《かしこ》に至る。一日雨作《おこ》る。慈明の將に往かんとするを知り、師之を小徑に偵《うかが》ふ。既に見て遂に扭住《ちうぢう》して云く、這の老漢今日須らく我が與《ため》に說くべし、說かずんば儞を打ち去らんと。慈明曰く、監寺是れ般の事を知らば便ち休せよと。語未だ卒らざるに師大悟す。卽ち泥途《でいと》に於いて之を拜す。起つて問ふ、狹路相逢ふ時如何。慈明曰く、儞且《しばら》く躲《た》避《ひ》せよ、我那裡に去らんと要すと。師歸り來る。來日威儀を具して方丈に詣して禮謝す。慈明呵して云く、未在と。一日參に當る、粥罷んで之を久しうすれども撾《た》鼓を聞かず。師行者《あんじや》に問ふ、今日參に當る、何ぞ鼓《く》を打たざる。行者云く、和尙《をしやう》出《いで》て未だ歸らず。師徑《こみち》に婆の處に往きて、慈明は鬂《かし》ぎ、婆は粥を煮るを見る。師曰く、和尙今日參に當る、大衆久しく待つ、何以不レ歸。慈明曰、儞下ニ得一轉語一卽歸、下不レ得各自去ニ東西一。師以レ笠蓋ニ頭上ニ行數步。慈明大喜遂與同歸。自レ是慈明每ニ遊山一師輙瞰ニ其出一、雖レ晩必擊レ鼓集レ衆。慈明遽還怒曰、小叢林暮而陞座、何從得ニ此規繩一。師云、汾陽晩參也、何謂レ非ニ規繩一乎。今叢林三八念誦罷猶參、此其原也。

古時監寺而已、近日稱ニ都寺一卽監寺也。稱ニ副寺一亦監寺也。近代寺院繁務、仍請ニ兩三監寺一也。金陵、楊岐發ニ明大事一、正當ニ監寺之時一。知酬ニ監寺之功一者歟。誠夫、如ニ楊岐一之粥飯頭、近代難レ得ニ于十方一者哉。

有道充ニ維那一例。

京兆華嚴寺寶智大師、諱休靜、嗣ニ洞山一。師曾在ニ樂普一作ニ維那一。白槌普請曰、上間搬レ柴、下間鋤レ地。時第一座問、聖僧作麼生。師云、當レ堂不ニ正坐一、那赴ニ兩頭機一。

維ニ那于洛浦一、法ニ嗣于洞山一。尊宿之非細、有道之嘉躅也。若以ニ師之維那之時一、欲レ挌ニ今之長老之輩一、今時之長老等、未レ及ニ師之維那時一也。

維那時大悟例。

○事、文龜本叓ニ作ル

○云、文龜本曰ニ作ル

何を以てか歸らざる。慈明曰く、爾一轉語を下し得ば卽ち歸らん、下し得ずんば各自に東西に去れと。師笠を以て頭上《づじやう》を蓋うて行くこと數步す。慈明大いに喜んで遂に與に同じく歸る。是れより慈明の遊山每に師輒ち其の出《いつ》るを瞰《うかが》ふ、晚《おそ》しと雖も必ず鼓を擊ち衆を集む。慈明遽《にはか》に還り怒つて曰く、小叢林暮にして陞座《しんぞ》す、何《いつ》くより此の規繩を得たるや。師云く、汾陽の晚參なり、何ぞ規繩に非ずと謂はんやと。今叢林三八念誦《さんぱちねんじゆ》罷んで猶參ずるは、此れ其の原《はじ》めなり。

古時は監寺のみ、近日都寺《つうす》と稱するは卽ち監寺なり。副寺《ふうす》と稱するも亦監寺なり。近代は寺院繁務なり、仍つて兩三の監寺を請するなり。金陵《きんりやう》、楊岐《やうぎ》大事を發明せしは、正に監寺の時に當る。知んぬ監寺の功に酬ゆる者歟。誠に夫れ、楊岐の如きの粥飯頭《しゆくはんとう》は、近代十方に得難きもの哉。

有道の維那に充てられし例。

京兆華嚴寺《けいてうけごんじ》の寶智大師、諱は休靜、洞山に嗣ぐ。師曾て樂普に在りて維那と作《な》る。白槌普請《びやくつゐふしん》して曰く、上間《じやうかん》は柴を搬へ、下間《ゆかん》は地を鋤け。時に第一座問ふ、聖僧は作麼生《そもさん》。師云く、堂に當つて正坐せず、那ぞ兩頭の機に赴かん。

洛浦《らくほ》に維那として、洞山に法嗣《はつす》たり。尊宿の非細、有道の嘉躅なり。若し師の維那の時を以て、今の長老の輩に挌《くら》べんと欲せば、今時《こんじ》の長老等は、未だ師の維那の時には及ばざるなり。

維那の時大悟せし例。

溫州龍翔竹菴士珪禪師嗣二佛眼淸遠和尙一。師始登二龍門一、卽以二平時所得一白二佛眼一。眼曰、汝解心已極、但欠二着力開眼一耳。遂職二堂司一。一日侍立次問云、絕二對待一時如何。眼曰、如二汝堂中白槌一相似。師罔レ措。眼至レ晩抵二堂司一。師復以二前話一問レ之。眼曰、閑言語。師於二言下一大悟。眼曰、今無二復言一。

佛眼者五祖山演和尙之神足也。珪公稟二祖宗之血氣一當二維那一之時、誠是好時之逢遇也。今稱二鼓山一則師也。拈二古頌二古佛祖之言句一、師之稱譽少レ齊レ肩矣。

典座時發二明大事一例。

大潙在二百丈一作二典座一。一日上二方丈一侍立。百丈問、阿誰。山曰、靈祐。百丈云、汝撥二爐中一有レ火否。師撥云、無レ火。百丈躬起深撥得二少火一、擧以示レ之云、此不二是火一。師發悟禮謝陳二其所解一。百丈云、此乃暫時岐路耳、經曰、欲レ見二佛性一當レ觀二時節因緣一、時節既至、如二迷忽悟一、如二忘忽憶一。方省己物、不レ從レ他得一。故祖師云、悟了同二未悟一、無心得二無法一。

○忽、文龜本忽ニ作ル
○他、文龜本佗ニ作ル

溫州龍翔《うんしうりうしやう》の竹菴士珪禪師は佛眼清遠《ぶつげんせいゑん》和尚に嗣ぐ。師始めて龍門に登り、卽ち平時の所得を以て佛眼に白《まう》す。眼曰く、汝が解心《げしん》已に極まる、但着力開眼《たゞちやくりきかいげん》を欠くのみと。遂に堂司《だうす》に職たり。一日侍立の次で問うて云く、對待《たいだい》を絶する時如何。眼曰く、汝が堂中に白槌するが如くに相似たり。師措くこと罔し。眼晩に至りて堂司に抵る。師復前話《またぜんな》を以て之を問ふ。眼曰く、閑言語《ごんご》。師言下《ごんか》に於て大悟す。眼曰く、今復《また》言ふこと無し。

佛眼は五祖山の演和尚の神足《じんそく》なり。珪公は祖宗《そしう》の血氣を禀けて維那に當るの時、誠に是れ好時の逢遇なり。今鼓山《くざん》と稱するは則ち師なり。佛祖の言句《ごんく》を拈古頌古《ねんこじゆこ》すること、師の稱譽肩を齊しうするもの少し。

典座の時に大事を發明せし例。

大潙《だいゐ》百丈に在つて典座と作る。一日方丈に上つて侍立す。百丈問ふ、阿誰《たれ》ぞ。山曰く、靈祐。百丈云く、汝爐中を撥《あば》いて火有りや否や。師撥いて云く、火無し。百丈躬ら起ち深く撥いて少火を得、擧して以て之を示して云く、此は是れ火にあらずや。師發悟し禮謝して其の所解を陳ぶ。百丈云く、此れは乃ち暫時の岐路のみ、經に曰く、佛性を見んと欲せば當に時節因緣を觀ずべし、時節旣に至れば、迷うて忽ち悟るが如く、忘れて忽ち憶ふが如し。方に省みれば己物なり、他より得るにあらず。故に祖師の云く、悟り了れば未悟に同じし、無心にして無法を得ると。

只是無二虛妄一、凡聖等心二本來心一。法元自備足。汝今既爾、善自護持。司馬頭陀自二湖南一來。百丈謂レ之曰、老僧欲レ往二潙山一可乎。頭陀曰、潙山奇絕、可レ聚二千五百衆一、然非二和尚所住一。百丈曰、何也。對曰、和尚是骨人、彼是肉山、設居、徒不レ盈レ千。百丈云、吾衆中莫レ有二人住得一否。對云、待レ歷二觀之一。百丈乃令下侍者喚二第一座一來上。即華林和尚也。問云、此人如何。頭陀令二謦欬一聲行數步一、對云、此人不可。又令下喚二典座一來上。即祐師也。頭陀云、此正是潙山主也。百丈是夜召レ師入室囑云、吾化緣在レ此、潙山勝境、汝當下居レ之嗣二續吾宗一、廣度中後學上。時華林聞レ之曰、某甲忝居二上首一、祐公何得二住持一。百丈云、若能對レ衆下二得一語一出格、當レ與二住持一。即指二淨瓶一問云、不レ得三喚作二淨瓶一、汝喚作二什麼一。華林云、不レ可三喚作二木楔一也。百丈不レ肯、乃問レ師。師踢二倒淨瓶一。百丈笑云、第一座輸二却山子一也。遂遣三師往二潙山一。是山峭絕夐無二人煙一、師猿猱爲レ伍、橡栗充レ食。山下居民稍稍知レ之。師衆共營二梵宇一。卒李景讓奏號二同慶寺一。相國裴公休嘗咨二玄奧一。是天下禪學輻湊焉。

○司馬頭陀以下、文龜本別行ニセリ、今寬政本ノ體裁ニ從フ
○即華林以下六字、文龜本割書ニセズ
○即祐師也、文龜本割書ニセズ
○學ノ下、文龜本若ノ字アリ

只是れ虚妄《こまう》無し、凡聖等しく本來の心を心とす。法元《もと》自ら備足す。汝今既に爾り、善く自ら護持せよと。司馬頭陀《しばづだ》湖南より來る。百丈之に謂つて曰く、老僧潙山《ゐさん》に往かんと欲す可ならんや。頭陀曰く、潙山は奇絶なり、千五百衆を聚むべし、然も和尚の所住に非ず。百丈曰く、何ぞや。對へて曰く、和尚は是れ骨人、彼は是れ肉山、設ひ居すとも、徒千に盈たず。百丈云く、吾が衆中に人の住し得るもの有ること莫きや否や。對へて云く、之を歴觀せんを待て。百丈乃ち侍者をして第一座を喚び來らしむ。即ち華林和尚なり。問うて云く、此の人如何。頭陀《づだ》謦欬一聲して行くこと數歩せしめ、對へて云く、此の人は不可なり。又典座を喚び來らしむ。即ち祐師なり。頭陀云く、此れは正しく是れ潙山の主なりと。百丈是の夜師を召し入室せしめ囑して云く、吾が化緣《けえん》此に在り、潙山は勝境なり、汝當に之に居て吾が宗を嗣續し、廣く後學を度すべしと。時に華林之を聞いて曰く、某甲《それがし》忝くも上首に居す、祐公何ぞ住持することを得ん。百丈云く、若し能く衆に對して一語を下し得て出格ならば、當に住持を與ふべし。即ち淨瓶《じやうべう》を指して問うて云く、喚んで淨瓶と作すことを得ず、汝喚んで什麼《なん》とか作さん。華林云く、喚んで木揬《ぼくとつ》と作すべからず。百丈肯《がへん》ぜず、乃ち師に問ふ。師淨瓶を踢倒《てきたう》す。百丈笑つて云く、第一座山子《さんす》に輸却すと。遂に師をして潙山に往かしむ。是の山峭絶にして夐《はるか》に人煙無し、師猿猱《ゑんとう》を伍と爲し、橡栗《ざうりつ》を食に充つ。山下の居民稍稍として之を知る。師衆と共に梵宇を營む。卒に李景讓奏して同慶寺と號す。相國裴公休《しやうこくはいこうきう》嘗て玄奧を咨ふ。是より天下の禪學輻湊す。

漸源仲興禪師、在㆓道吾會㆒爲㆓典座㆒。一日隨㆓道吾㆒往㆓檀越家㆒弔㆑喪。師以㆑手拊㆑棺云、生耶死耶。道吾曰、生也不㆑道死也不㆑道。師曰、爲㆓什麼㆒不㆑道。道吾曰、不㆑道不㆑道。弔畢同迴途次師曰、和尚須㆘與㆓仲興㆒道㆖、儻更不㆑道卽打㆓和尚㆒去也。道吾曰、打卽任㆑打、生也不㆑道死也不㆑道。師遂打㆓道吾㆒數拳。道吾歸㆑院、令㆓師且去㆒、少間主事知了打㆑汝。師乃禮辭、往㆓石霜㆒擧㆘前話及打㆓道吾㆒之事㆖。今請和尚道。石霜曰、汝不㆑見、道吾道㆓生也不㆑道、死也不㆒㆑道。師於㆑此大悟、乃設㆑齋懺悔。

無着尊者、在㆓五臺山㆒作㆓典座㆒。文殊於㆓粥鍋上㆒現。無着遂打云、直饒釋迦老子來、我亦打也。

葉縣歸省和尚、嚴冷枯淡、衲子敬㆓畏之㆒。舒州浮山法遠禪師、越州天衣山義懷禪師在㆑衆時、特往參扣。正値㆓雪寒㆒。省訶罵驅逐。以至將㆑水潑㆓且過㆒、衣服皆濕。其佗僧皆怒而去。唯遠懷併㆓疊數具㆒整㆑衣、復坐㆓於且過中㆒。省到呵曰、儞更不㆑去我打㆑儞。遠、近前云、某二人、數千里特來參㆓和尚禪㆒、豈以㆓一杓水潑㆒之便去、

○冷、古田本或云當作令ト傍註ス
○且、寬文本且ニ作ル、今寬政本ニヨツテ改ム

漸源仲興禪師、道吾の會《ゑ》に在りて典座と爲る。一日道吾に隨ひ檀越《だんのつ》の家《いゑ》に往きて喪を弔ふ。師手を以て棺を拊《う》つて云く、生《しやう》か死《し》か。道吾曰く、生とも道《い》はじ死とも道《い》はじ。師曰く、什麼としてか道はざる。道吾曰く、道はじ道はじと。弔ひ畢つて同じく迴途の次で師曰く、和尚須らく仲興が與《ため》に道ふべし、儻し更に道はずんば卽ち和尚を打ち去らん。道吾曰く、打つことは卽ち打つに任《まか》す、生とも道はじ死とも道はじ。師遂に道吾を打つこと數拳す。道吾院に歸つて、師をして且《しばら》く去らしむ、少間《しばらく》もせば主事知り了つて汝を打たんと。師乃ち禮辭し、石霜に往きて前話《ぜんな》及び道吾を打ちし事を擧す。今請ふ和尚道へと。石霜曰く、汝見《き》かずや、道吾の生とも道はじ、死とも道はじと道へることを。師此に於いて大悟し、乃ち齋を設けて懺悔す。

無着尊者《むぢやくそんじや》、五臺山に在つて典座と作る。文殊《ちんじゆ》粥鍋上に現ず。無着遂に打つて云く、直饒《たと》ひ釋迦老子來るも、我亦打たんと。

葉縣《せつけん》の歸省和尚《きしやうをしやう》、嚴冷枯淡なり、衲子《のつす》之を敬畏す。舒州浮山の法遠禪師と、越州天衣山の義懷禪《ぎゑぜん》師《じ》と衆に在る時、特に往いて參扣《さんこう》す。正に雪寒に値ふ。省訶罵驅逐す。以至《しかのみならず》水を將つて且過に潑《そそ》ぐ、衣服皆濕ふ。其の佗の僧は皆怒つて去る。唯遠《ただえん》と懷《ゑ》とは敷具《ふぐ》を併疊し衣を整へ、復《また》且過の中に坐す。省到つて呵して曰く、儞更に去らずんば我儞を打たん。遠、近前して云く、某二人、數千里特に來つて和尚の禪に參ず、豈一杓の水潑を以て之れ便ち去らんや、若打殺也不レ去。省笑云、儞兩箇要ニ參禪一、却去掛搭。續請レ遠充ニ典座一。衆苦ニ其枯淡一。省偶出レ庄、遠竊ニ鑰匙一取ニ油麵一、作ニ五味粥一熟。省忽歸赴堂。粥罷坐ニ堂外一、令レ請ニ典座一。遠至。省云、實取ニ油麵一煮粥。情、願乞和尚責罰。省令下筭ニ所直一估ニ衣鉢一還訖上、打三十拄杖出レ院。遠舍ニ於市中一、託ニ道友一解免。省不レ允。又曰、若不レ容レ歸、祇乞隨レ衆入室。省亦不レ允。省一日出レ街次、見下遠獨於ニ旅邸前一立上、乃云、此是院門房廊、儞在レ此住許多時、曾租錢否。令下計ニ所欠一追取上。遠無ニ難色一。持ニ鉢於市一、化レ錢送レ之。省又一日出レ街見ニ之持鉢一。歸爲レ衆曰、遠眞有レ意ニ於參禪一。遂呼レ其歸。

大潙充ニ百丈之典座一以來、運レ水搬レ柴不レ難ニ衆苦一、不レ記レ經レ年、果乃禀ニ百丈之命一、爲ニ大潙之主一。住ニ大潙一時、万緣閑素而已。天饌人饌未レ送、橡栗枯淡。雲衆水衆未レ參、山猿爲レ伍。雖レ爲ニ古聖之苦學一、宛是晩進之勵志也。典座之職尊ニ崇之一、眼睛不レ可レ瞞、頂額最爲レ高。漸源者勝躅也、古蹤須レ慕矣。

無着靈蹤也、玄侶莫レ輕矣。

○搭、文龜本塔ニ作ル

○經、文龜本歷ニ作ル

○之ノ下、文龜本旨ノ字アリ

○着ノ下、者ノ一字ヲ補フベキ歟

若し打ち殺さるるとも也た去らじ。省笑つて云く、儞兩箇は參禪を要す、却《かへ》り去つて掛搭せよと。續で遠を請して典座に充つ。衆其の枯淡に苦しむ。省偶《たまたま》庄に出づ、遠鑰匙《やくし》を竊み油麵を取り、五味粥を作つて熟す。省忽ち歸つて赴堂す。粥罷んで堂外に坐し、典座を請せしむ。遠至る。省云く、實に油麵を取つて煮粥すや。情《まこと》なり、願くは乞ふ和尙責罰せよ。省所直《しよぢき》を筭し衣鉢を估りて還し訖らしめ、打つこと三十拄杖して院を出だす。遠市中に舍《しや》し、道友に託して解免《ゆめん》せんとす。省允さず。又曰く、若し歸ることを容さずんば、祇《ただ》乞ふ衆に隨つて入室せんと。省亦允さず。省一日街に出づる次で、遠《えん》の獨り旅邸の前に立つを見て、乃ち云く、此れは是れ院門の房廊なり、儞此に在つて住すること許多《きよた》の時ぞ、曾て租錢すや否や。所欠を計りて追取せしむ。遠難ずる色無し。市に持鉢し、錢と化して之を送る。省又一日街に出で之が持鉢するを見る。歸つて衆の爲に曰く、遠《えん》は眞に參禪に意有りと。遂に其を呼んで歸らしむ。

大潙百丈の典座に充てられて以來、水を運び柴を搬びて衆苦を難とせず、年を經るを記せず、果して乃ち百丈の命を禀け、大潙の主と爲る。大潙に住する時、万緣閑素なるのみ。天饌人饌《てんせんにんせん》未だ送らず、橡栗枯淡なり。雲衆水衆未だ參ぜず、山猿を伍と爲す。古聖《こしやう》の苦學たりと雖も、宛も是れ晩進の勵志なり。典座の職は之を尊崇すること、眼睛瞞ずべからず、頂顙最も高しとす。漸源は勝躅《しようちよく》なり、古蹤須らく慕ふべし。無着は靈蹤なり、玄侶輕んずること莫れ。

就レ中遠典座之心操、不レ可レ不レ學、千載之一遇也。賢不肖共難レ及者也。然而典座若不レ經二遠公之志氣一、學道爭逮二得佛祖之堂奧一者乎。上來之典座皆是佛海之龍象、祖域之偉人也。今求二如レ是之人一、世界不レ可レ得矣。

有道人充二典座一例。

夾山、在二潙山一充二典座一。潙山問、今日堂中喫二甚麼一。典座云、兩年同一春。山云、如法修事着。典座云、龍宿二鳳巢一。

大陽山道楷禪師、謁二投子一徹證。充二典座一時、投子問、厨務勾當不レ易。師云、不敢。投子曰、煮レ粥耶蒸レ飯耶。師云、人工淘レ米着レ火、行者煮レ粥蒸レ飯。投子云、子作二箇作麼一。師云、和尙慈悲放閑去。投子深然レ之。

投子、大陽祖門之英傑也。授二典座於大陽一、勤二典座於投子一、祖席之勝躅也。

然則典座之職、庸者之不レ充也。充者乃龍象也。今以二大陽一將レ比二今古之作家一、少二齊肩一而已。因レ斯知音稍稀、知已絕レ倫。然而欲レ禀二佛祖之骨髓一、應レ學二大陽之身心一矣。夾山者華亭之一子、華亭者藥山之子、系譜貫矣。見二華亭一後、更參二大潙一充二典座一。大潙者百丈之子、

○作、文龜本甚ニ作ル
○祖門、文龜本佛祖ニ作ル

中に就いて遠典座の心操、學せずんばあるべからず、千載の一遇なり。賢不肖共に及び難き者なり。然れども典座若し遠公の志氣を經ずんば、學道爭《いかで》か佛祖の堂奥に逮得する者ならんや。上來の典座は皆是れ佛海の龍象、祖域の偉人なり。今是の如きの人を求むるに、世界に得べからず。

有道の人典座に充てられし例。

夾山《かつさん》、潙山に在つて典座に充てらる。潙山問ふ、今日堂中甚麼をか喫す。典座云く、兩年同一春。山云く、如法に修事せよ着《ぢやく》。典座云く、龍鳳巣に宿す。

大陽山の道楷禪師、投子《とうす》に謁して徹證す。典座に充てられし時、投子問ふ、厨務勾當易からず。師云く、不敢《ふかん》。投子曰く、粥を煮るか飯を蒸すか。師云く、人工《にんく》は米を淘り火に着く、行者は粥を煮飯を蒸す。投子云く、子は箇の作麼をか作すや。師云く、和尙慈悲放閑し去れと。投子深く之を然りとす。

投子、大陽は祖門の英傑なり。典座を大陽に授け、典座を投子に勤む、祖席の勝躅《しようちよく》なり。然れば則ち典座の職は、庸者の充てられざるなり。充てらるる者は乃ち龍象なり。今大陽を以て今古の作家《さくけ》に比せんとするに、齊肩少きのみ。斯に因りて知音稍稀に、知己倫を絶す。然れども佛祖の骨髓を禀んと欲せば、應に大陽の身心を學すべし。夾山《かつさん》は華亭の一子なり、華亭は藥山の子なり、系譜貫し。華亭に見《まみ》えて後、更に大潙に參じて典座に充てらる。大潙は百丈の子なり、

與二百丈一同時住二潙山一。道眼之正明也。道之通塞法之故實、於レ是爲レ淵、於レ是爲レ海者歟。然則典座之家風、累葉之見聞。倶是明明祖師意也。所以智人尊二重之一、愚者輕二忽之一。

有道人充二直歲一例。

潭州保福本權禪師、乃晦堂之法嗣也。曾於二晦堂擧レ拳處一徹二證根源一。機辨捷出。山谷黃太史初有二所入一。問二晦堂一、此中誰人可二與語一。晦堂云、潭州權師、方督レ役開レ田。山谷同二晦堂一往レ彼致問云、直歲還知二露柱生一レ兒麼。師云、是男是女。山谷擬議。師揮レ之。堂譖曰、不レ得二無禮一。師曰、這木頭不レ打更得二何時一。山谷大笑。

院門知事頭首、不レ可下以二淸廉一爲上レ先、必撰二有道一以充レ職而已。

諸小頭首有道例。

趙州在二南泉一作二火頭一。一日閉二却門一、燒二滿屋煙一叫云、救レ火救レ火。大衆倶到。趙州云、道得卽開レ門。衆皆無對。南泉將二鑰子一於二窓間一過與レ師。師便開レ門。

雪峰在二洞山會下一作二飯頭一。淘レ米次洞山問、淘レ沙去米、

○有道以下七字、文龜本直歲有道充來例ニ作ル
○史、寬文本夫ニ作ル、今文龜本ニヨツテ改ム
○云、寬文本ニナシ、今寬政本ニヨツテ、補フ、尙文龜本日ニ作ル
○得、文龜本待ニ作ル
○叫、文龜本呼ニ作ル

百丈と同時に潙山に住す。道眼の正明なり。道の通塞法の故實、是に於いて淵たり、是に於いて海たる者歟。然れば則ち典座の家風は、累葉の見聞なり。倶に是れ明明たる祖師意なり。所以に智人は之を尊重し、愚者は之を輕忽にす。

有道の人直歳《しつすゐ》に充てられし例。

潭州の保福本權禪師《ほふくほんごんぜんじ》は、乃ち晦堂《くわいだう》の法嗣《はつす》なり。曾て晦堂の拳を擧ぐる處に於て根源に徹證す。機辨捷出なり。山谷《さんこく》の黃太史《くわうたいし》初め所入有り。晦堂に問ふ、此の中誰人か與に語るべき。晦堂云く、潭州の權師、方に役を督して田を開く。山谷晦堂と同じく彼に往いて致問して云く、直歳還つて露柱の兒を生むを知るや。師云く、是れ男か是れ女か。山谷擬議す。師之を揮はんとす。堂謂つて曰く、無禮なることを得ざれ。師曰く、這の木頭打たずんば更に何の時をか得んと。山谷大笑す。

院門の知事頭首は、淸廉を以て先と爲すべからず、必ず有道を撰んで以て職に充てんのみ。

諸の小頭首《せうちやうしゆ》有道の例。

趙州《でうしう》南泉に在つて火頭《くわぢう》となる。一日門を閉却し、屋に煙を燒き滿ちて叫んで云く、火を救へ火を救へ。大衆倶に到る。趙州云く、道ひ得ば卽ち門を開かん。衆皆《みな》無對。南泉鏁子《さうす》を將つて窓間より過して師に與ふ。師便ち門を開く。

雪峰洞山の會下に在つて飯頭《はんぢう》と作る。米を淘る次で洞山問ふ、沙を淘り去つて米か、

淘レ米去沙。雪峯云、沙米一時去。洞山云、大衆喫二箇什麽一。雪峯遂將レ盆覆却。洞山云、據二子因緣一合レ在二德山一。

石霜山慶諸禪師、抵二潙山法會一爲二米頭一。一日師在二米寮內一篩レ米。潙山云、施主物莫二抛撒一。霜云、不二抛撒一。潙山於二地上一拾二得一粒一云、汝道レ不二抛撒一、這箇是什麽處得來。師無對。潙山又云、莫レ欺二這一粒子一、百千粒從二這一粒一生。師曰、百千粒從二這一粒一生、未審這一粒從二什麽處一生。潙山呵呵大笑歸二方丈一。晩後上堂云、大衆、米裏有レ蟲。

灌谿志閑禪師、臨濟得處之後、離二臨濟一遊方時、到二末山了然尼處一、先云、若相當卽住、不レ然則推二倒禪床一。乃入二堂內一。師遣二侍者問一。上座遊山來、爲二佛法一來。閑云、爲二佛法一來。山乃陞座。閑上參。山問今日離二什麽處一。閑云、近離二路口一。山云、何不二蓋却了來一。閑無對。始禮拜問、如何是末山。山云、不露頂。閑云、如何是末山主。山云、非二男女相一。閑乃喝云、何不二變去一。山云、不二是神一不二是鬼一、變二箇什麽一。閑於レ是禮拜、伏膺作二園頭一三載。閑、住院後示レ衆云、我在二臨濟爺爺處一得二半杓一、

○相、文龜本ニナシ
○內師ノ二字、文龜本ニナシ
○爲、文龜本ニナシ
○參ノ下、文龜本問ノ字アリ
○日、文龜本ニナシ
○乃喝、文龜本ニナシ
○院、文龜本ニナシ

米を淘り去つて沙か。雪峯云く、沙米一時に去る。洞山云く、大衆箇の什麼をか喫せん。雪峯遂に盆を將つて覆却す。洞山云く、子《し》が因縁に據らば合に德山に在るべし。

石霜山慶諸禪師、潙山の法會に抵つて米頭《べいぢう》と爲る。一日師米寮内に在つて米を篩《ふる》ふ。潙山云く、施主物拋撒すること莫れ。霜云く、拋撒せず。潙山地上に於いて一粒を拾得して云く、汝拋撒せずと道ふ、這箇は是れ什麼の處よりか得來る。師無對。潙山又云く、這の一粒子を欺くこと莫れ、百千粒は這の一粒より生ず。師曰く、百千粒は這の一粒より生ず、未審《いぶか》し這の一粒什麼の處よりか生ず。潙山呵呵大笑して方丈に歸る。晩後上堂して云く、大衆、米裏に蟲有り。

灌谿志閑禪師、臨濟に得處の後、臨濟を離れて遊方せし時、末山了然尼の處に到つて、先づ云く、若し相當らば卽ち住せん、然らずんば則ち禪床を推倒せん。乃ち堂内に入る。師侍者をして問はしむ。上座遊山し來るや、佛法の爲に來るや。閑云く、佛法の爲に來る。山乃ち陞座す。閑上參す。山問ふ今日什麼《なん》の處をか離る。閑云く、近《ちかご》ろ路口を離る。山云く、何ぞ蓋却了來せざる。閑無對。初めて禮拜して問ふ、如何にあらんか是れ末山。山云く、不露頂《ふろちやう》。閑云く、如何にあらんか是れ末山の主。山云く、男女の相に非ず。閑乃ち喝して云く、何ぞ變じ去らざる。山云く、是れ神にあらず是れ鬼にあらず、箇の什麼にか變ぜん。閑是に於いて禮拜し、伏膺して園頭《ゑんぢう》と作ること三載。閑、住院の後に衆に示すに云く、我臨濟爺《われりんざいや》爺《や》の處に在りて半杓を得、

末山孃孃處得二半杓一、共成二一杓一喫了、直至二如今一飽餉餉。

園頭一職最難極苦矣、有二道心一者勤來職也。無二道心一人不レ可レ充之職。常在二菜園一隨時種栽矣。佛面祖面、驢脚馬脚、如二農夫一如二田夫一。終日携二鋤鍬一而自畊自鋤、擔レ屎擔レ尿不レ怕二生根一、唯待二熟爛一不レ可レ失レ時。鋤レ地種レ菜之時、不レ着二裙褊衫一、不レ着二袈裟直裰一、只着二白布衫中衣一而已。然而公界諷經、念誦、上堂、入室等之時、必來隨レ衆。不レ可レ不レ參。在二菜園一、朝晩燒香禮拜念誦、回二向龍天土地一、不二曾懈怠一、夜間眠二息菜園一矣。供過人力隨時替換、是乃直歳之所二差排一也。誠是道心人、大名人勤來者也。小根之輩、不肖之族未二會充一レ職矣。先師天童古佛會、西蜀老普、六旬餘齡始而充レ職。一會不レ替、將二三箇年一、雲水隨喜。先師深悅。若以二老普一比二諸山之長老一、諸山之長老未レ及二普園頭一矣。

蘄州五祖山法演禪師、依二舒州白雲山海會守端和尙一咨二決大事一、深徹二骨髓一。端令三山前作二磨頭一。演逐年磨下收二糠麩錢一、解典出息、雇二人工一及開供外、剩錢入二常住一。每被下於二人端處一鬪諜是非上。云、演逐日磨下飲酒、

○心ノ下、文龜本之ノ字アリ

○於、文龜本ニナシ
○鬪、古田本上層作レ間、刀誤反間也ト傍註ス

末山孃孃《まつさんじやうじやう》の處に半杓を得、共に一杓と成して喫し了り、直に如今に至つて飽齁齁《ほうこうこう》たりと。

園頭《ゑんぢう》の一職は最難極苦なり、道心有る者の勤め來れる職なり。道心無き人は充つべからざるの職なり。常に菜園に在りて隨時に種栽す。佛面祖面、驢脚馬脚、農夫の如く田夫の如し。終日《ひめもす》鋤鍬を携へて自ら畊し自ら鋤き、屎《し》を擔ひ尿《ねう》を擔うて生根を怕れず、唯《ただ》熟爛を待つて時を失すべからず。地を鋤き菜を種《う》うるの時は、裙褊衫を着けず、袈裟直裰《ぢきとつ》を着けず、只《ただ》白布衫中衣を着くるのみ。然れども公界《くがい》の諷經《ふぎん》、念誦《ねんじゆ》、上堂《じやうだう》、入室《にふしつ》等の時は、必ず來つて衆に隨ふ。參ぜざるべからず。菜園に在りては、朝晩に燒香禮拜念誦して、龍天土地《どち》に囘向し、曾て懈怠せず、夜間には菜園に眠息す。供過人力《くくわじんりき》隨時に替換す、是れ乃ち直歳《しつすゐ》の差排する所なり。誠に是れ道心の人、大名《だいみやう》の人の勤め來れる者なり。小根の輩、不肖の族《やから》は未だ曾て職に充てられず。先師天童古佛の會に、西蜀の老普は、六旬餘の齡にして始めて職に充てらる。一會替らず、將に三箇年ならんとするに、雲水隨喜す。先師深く悅ぶ。若し老普を以て諸山の長老に比せば、諸山の長老は未だ普園頭《ふゑんぢう》に及ばず。

蘄州《きんしう》五祖山の法演禪師、舒州白雲山の海會《かいゑ》守端和尚《しゆたんをしやう》に依つて大事を咨決し、深く骨髓に徹す。端山前に磨頭《まぢう》と作らしむ。演逐年磨下《まか》に糠麩錢《かうふせん》を收めて、解典出息し、人工を雇ひ及び開供の外、剩錢を常住に入る。每に人に端の處に於いて鬪諜是非せらる。云く、演は逐日磨下《まか》に飲酒し、

食肉、及養二庄客婦女一。一院紛紜。演聞レ之、故意買レ肉沽レ酒、懸二于磨院一、及買二坏粉一與二庄客婦女一搽畫、每レ有三禪和來遊二磨院一、演以レ手與二婦女一揶揄語笑、全無二忌憚一。端一日喚至二方丈一、問二其故一、演喏喏無二他語一。端劈面掌レ之。演顏色不レ動、遂作レ禮而去。端咄云、急退却。演云、候二某筭計了一、請レ人交割。一日白レ端曰、某在二磨下一除二沽酒買肉一之餘、剩錢三百千入二常住一。端大驚駭、方知二小人嫉妬一。時圓通法秀禪師爲二座元一、受二四面山之請一、卽請レ演而爲二第一座一。

磨下者磨院也。稱二磨司一。碓米磨麵之局也。寺邊五六町、若十餘町建レ之。磨院主一人請レ之。演祖之職掌乃是也。往古者道心士充來、不肖之者未レ勤。今時道心之輩難レ得。所以暫用二隨分之賢一、隨レ有隨レ無。可レ憐二世界之唐荒一。甞觀二演古佛之操行一、古今之無二比倫一也。桃李之色、松栢之操、朔風未レ破、霜雪何侵。學道之廉勤應レ知、誠信之高節應レ慣。晩進後學雖レ見二如レ是之難一、勿レ退二辨道之志一。既拔群昇晉、盍二見レ賢思ヒレ齊。古德道心之淺深、以レ之可レ曉。

○他、文龜本佗ニ作ル

○碓、寬文本堆ニ作ル、今寬政本ニヨツテ改ム

○局、文龜本扃ニ作ル

○心ノ下、之ノ一字ヲ補フベキ歟

食肉し、及び庄客婦女を養ふと。一院紛紜たり。演之を聞き、故意に肉を買ひ酒を沽うて、磨院に懸け、及び坏粉を買うて庄客婦女に與へて搩《と》畫《くわく》せしめ、禪和《ぜんな》の來りて磨院に遊ぶもの有る毎に、演《えん》手を以て婦女と揶揄し語笑して、全く忌み憚ること無し。端一日喚んで方丈に至らしめ、其の故を問ふに、演喏喏《えんだくだく》して他の語無し。端劈面に之を掌す。演顏色動ぜず、遂に禮を作して去る。端咄して云く、急に退却せよ。演云く、某《それがし》筭計《さんけい》し了らんを俟《ま》て、人を請して交割《かうかつ》せん。一日端に白して曰く、某磨下に在つて沽酒買肉を除くの餘り、剩錢三百千を常住に入《い》ると。端大いに驚駭して、方に小人の嫉妬なるを知る。時に圓通法秀禪師座元《ざげん》たり、四面山の請を受く、卽ち演を請して第一座と爲す。

磨下は磨院なり。磨司《ます》と稱す。碓米磨麵の局なり。寺邊の五六町、若くは十餘町にして之を建つ。磨院主《まゐんじゆ》一人之を請す。演祖の職掌乃ち是れなり。往古は道心の士充て來れり、不肖の者は未だ勤めず。今時は道心の輩得難し。所以に暫く隨分の賢を用ひ、有るに隨ひ無きに隨ふ。世界の唐荒たることを悟《さとら》しむべし。嘗て演古佛の操行を觀るに、古今に比倫無きなり。桃李の色《いろ》、松栢の操《みさを》、朔風未だ破らず、霜雪何ぞ侵さん。學道の廉勤應に知るべし、誠信《じやうしん》の高節應に慣ふべし。晩進後學是の如きの難を見ると雖も、辨道の志を退くること勿れ。旣に拔群昇晋す、蓋ぞ賢を見て齊しからんことを思はざる。古德道心の淺深、之を以て曉《さと》るべし。

彌高彌堅。不レ可レ不レ慕。

得道以來苦學節儉例。

臨濟院惠照大師、在二黄檗山一栽レ松次、黄檗問、深山裏栽二許多松一作二什麽一。師云、一與二山門一作二境致一、二與二後人一作二標榜一。道了將二钁頭一打レ地一兩下。黄檗云、雖二然如一レ是、子也喫二吾三十棒一了也。師又以二钁頭一打レ地兩下、噓噓。黄檗云、吾宗到レ汝興二於世一。潙山擧二前因緣一問二仰山一、黄檗當時祇屬二臨濟一人一、更有二人在一麼。仰山云、有、祇是年代深遠不レ欲レ擧二似和尙一。潙山云、雖二然如一レ是、吾且要レ知、汝但擧看。仰山云、一人指レ南吳越行レ令、遇二大風一卽止。

臨濟在二黄檗一二十年、苦學辦道而已。或時栽レ松、或時栽レ杉、豈非二密語密行一。一山之境致、萬古之標榜者也。俗云、賢良不レ忘レ德、小人不レ報レ恩。況乎佛祖屋裡兒、須レ報二法乳之深恩一者歟。所謂報恩、栽レ松栽レ杉也、粥足飯足也。雖レ爲二年代深遠一、還是栽二樹深山一也。钁頭打地、已喫二吾棒一。吾宗到レ汝大興二於世一。

○檗、寛文本蘗ニ作ル、今寛政本ニヨツテ改ム
○也、文龜本巳ニ作ル
○汝ノ下、寛政本大ノ字アリ
○止ノ下、文龜本後人云識風穴ノ六字アリ
○密、寛文本蜜ニ作ル、今寛政本ニヨツテ改ム

彌よ高く彌よ堅し。慕はずんばあるべからず。

得道以來苦學節儉の例。

臨濟院惠照大師、黄檗山《わうばくさん》に在りて松を栽《う》うる次《つい》で、黄檗問ふ、深山裏に許多《きよた》の松を栽ゑて什麼とか作す。師云く、一には山門の與《ため》に境致と作し、二には後人の與《ため》に標榜と作さんと。道ひ了つて钁頭《かくとう》を將つて地を打つこと一兩下《りやうげ》す。黄檗云く、然も是《かく》の如くなりと雖も、子《し》も也《また》吾が三十棒を喫し了れり。師又钁頭を以て地を打つこと兩下、噓噓す。黄檗云く、吾宗汝に到つて世に興らん。

潙山前《さき》の因緣を擧して仰山《きやうざん》に問ふ、黄檗當時祗《ただ》臨濟《りんざい》一人に屬すや、更に人の在る有りや。仰山云く、有り、祇《ただ》是れ年代深遠《じんのん》にして和尙に擧似《こじ》せんことを欲せず。潙山云く、然も是の如くなりと雖も、吾且つ知らんと要す、汝但擧せよ看ん。仰山云く、一人南を指して吳越に令を行じ、大風に遇うて卽ち止まん。

臨濟黄檗に在ること二十年、苦學辨道するのみ。或時は松を栽ゑ、或時は杉を栽う、豈密語密《みつごみつ》行《ぎやう》に非ざらんや。一山の境致、萬古の標榜なる者なり。俗に云く、賢良は德を忘れず、小人は恩を報ぜずと。況んや佛祖屋裡の兒、須らく法乳《はふにう》の深恩に報ずべき者歟。所謂《いはゆる》報恩とは、松を栽ゑ杉を栽うるなり、粥足《しゆくた》り飯足《はんた》るなり。年代深遠《じんのん》たりと雖も、還て是れ樹を深山に栽うるなり。钁頭打地《かくとうだち》、已に吾が棒を喫す。吾宗汝に到つて大いに世に興らん。

欲レ期二佛道津梁一、須レ慣二當時之臨濟一。

雖レ爲二小職一不二妄授一例。

晦堂、一日見二黃龍一、有二不豫之色一。因逆二問之一。黃龍曰、監收未レ得レ人。堂遂薦二感副寺一。黃龍曰、感尙暴、恐爲二小人一所レ謀。晦堂曰、化侍者稍廉謹。黃龍曰、謂化雖二廉謹一、不レ若二秀莊主有レ量而忠一。靈源嘗問二晦堂一、黃龍用二一監收一、何過慮如レ此。晦堂曰、有レ國有レ家者、未二嘗不一レ本レ此。豈特黃龍爲レ然、先聖亦嘗戒レ之。

大潙秀、雙嶺化、感鐵面三人也。共是天下之知識也。這般人、曾充二監收莊主副寺等一來也。今求二這般人一者、譬如下覓二飛兎騄耳一以欲上レ得レ馬也。今時充二監寺一之輩、土貌野格等也。然而猶用二當時之賢一也。如二黃龍惜レ道惜一レ法而不レ可二妄授一也。妄授之、失立而來者歟。

知事等、不レ可下事二豐屋一作中高堂大觀上例。

五祖山法演和尙示レ衆曰、師翁初住二楊岐山一、老屋敗椽、僅蔽二風雨一。適臨二冬暮一雪霰滿レ床、居不レ遑レ處。衲子投レ誠願レ充二修造一。

○雙、文龜本双ニ作ル
○覓、文龜本覔ニ作ル
○兎、寬文本寬政本宼ニ作ル、今文龜本ニヨッテ改ム
○騄、寬文本寬政本驌ニ作ル、今騄ニ改ム
○格、文龜本猫ニ作ル
○修造、文龜本修還亦造ニ作ル

佛道の津梁を期せんと欲せば、須らく當時の臨濟を慣ふべし。

小職たりと雖も妄りに授けざるの例。

晦堂、一日黃龍に見《まみ》ゆ、不豫の色あり。因みに之を逆問す。黃龍曰く、監收未だ人を得ず。堂遂に感《かん》副寺《ふうす》を薦《すす》む。黃龍曰く、感は尙暴《せはし》し、恐らくは小人の爲に謀《はか》られん。晦堂曰く、化侍者《けじしや》は稍《やや》廉謹《れんきん》なり。黃龍曰く、謂《い》ふらく化は廉謹なりと雖も、秀莊主の量有りて而も忠なるに若《し》かず。靈源嘗て晦堂に問ふ、黃龍一監收を用ゐるに、何ぞ過慮すること此《かく》の如くなる。晦堂曰く、國を有《たも》ち家を有《たも》つ者《もの》、未だ嘗て此を本とせずんばあらず。豈特《ただ》黃龍のみ然りとせんや、先聖も亦嘗て之を戒むと。

大潙《だいゐ》の秀《しう》、雙嶺《さうれい》の化《け》、感鐵面《かんてつめん》の三人なり。共に是れ天下の知識なり。這般の人、曾て監收莊主《かんしうさうしゆ》副寺《ふうす》等に充て來る。今這般の人を求むるは、譬へば飛兎《ひと》騄耳《りよくじ》を覔めて以て馬を得んと欲するが如し。今時監寺に充てらるるの輩は、土貌野格等なり。然れども猶當時の賢を用ゆ。黃龍の道を惜み法を惜むが如きんば妄りに授くべからず。妄りに授けば、失立《たちどこ》ろに來らん者歟。

知事等、豐屋《ほうをく》を事とし高堂大觀を作るべからざる例。

五祖山の法演和尙衆に示して曰く、師翁初め楊岐山《やうぎさん》に住す、老屋敗椽《らうをくはいてん》、僅に風雨を蔽ふ。適《たまたま》冬暮に臨んで雪霰床に滿ちて、居處《きよを》るに遑《いとま》あらず。衲子《のつす》誠を投じて修造に充《あた》らんことを願ふ。

師翁却レ之曰、我佛有レ言、時當二減劫一、高岸深谷遷變不レ常、安得三圓滿如意自求二稱足一。汝等出家學道、做手脚未レ穩、已是四五十歲、詎有二閑工夫一事二豐屋一耶。竟不レ從。翌日上堂云、楊岐乍住屋壁踈、滿床盡撒雪珍珠、縮二却項一暗嗟噓、翻憶古人樹下居。

夫高堂臺池之搆、世間出世同所レ誡也。尸子曰、欲レ觀二黃帝之行一於二合宮一、欲レ觀二堯舜之行一於二総章一。黃帝明堂以レ草蓋レ之、名曰二合宮一。堯舜之明堂以レ草蓋レ之、名曰二總章一。以レ之知レ之。古聖賢之君、宮垣室屋弗レ崇、茅茨之蓋不レ剪、況乎佛祖之兒孫、誰事二豐屋一、經二營于朱樓玉殿一者乎。一生光陰不レ幾、莫二虛度一矣。予二十餘年歷二觀兩朝一、或老年或壯齡、不レ惜二寸陰一、經二營土木一之者、多唐二勞一世一、周章失レ度。哀哉苦哉。白法如レ拋黑業未レ舍、若覺二殘命之稍少一、豈貪二樹功之高大一者哉。演祖之意唯在レ此焉。

監院。

監院一職揔二領院門諸事一。如下官中應副及參辭、謝賀、僧集、行香、相看施主、吉凶、

○減、文龜本滅ニ作ル

○古ノ下、文龜本之ノ字アリ

○揔、文龜本惣ニ作ル

師《し》翁《をう》之を却《しりぞ》けて曰く、我佛言《のたま》ふことあり、時滅劫《げんこふ》に當つて、高岸深谷遷變して常ならず、安んぞ圓滿如意にして自ら稱足を求むることを得ん。汝等出家し學道す、做手脚《さしゆきやく》未だ穩かならず、已に是れ四五十歳なり、詎《いづくん》ぞ閑工夫有つて豐屋を事とせんやと。竟に從はず。翌日上堂して云く、楊岐乍《はじ》めて住すれば屋壁疎なり、滿床盡く撒ず雪の珍珠、項《うなぢ》を縮却して暗に嗟嘘《さきよ》す、翻つて憶ふ古人樹下《じゆけ》の居《きよ》。

夫れ高堂臺池の搆《かまへ》は、世間出世同じく誡むる所なり。尸子に曰く、黄帝の行《おこなひ》を觀んと欲せば合宮《がふきう》に於てし、堯舜の行《おこなひ》を觀んと欲せば総章《そうしやう》に於てす。黄帝の明堂《めいだう》は草を以て之を蓋ふ、名けて合宮と曰ふ。堯舜の明堂《めいだう》は草を以て之を蓋ふ、名けて總章と曰ふと。之を以て之を知る。古《いにしへ》聖賢の君は、宮垣室屋崇《たか》うせず、茅茨《ばうし》の蓋《がい》剪らず、況んや佛祖の兒孫、誰か豐屋を事とし、朱樓玉殿を經營する者ならんや。一生の光陰幾《いく》ばくならず、虚しく度ること莫れ。予二十餘年兩朝を歴觀するに、或は老年或は壯齡、寸陰を惜まず、土木を經營する者、多くは一世を唐勞し、周章して度を失す。哀しい哉苦なる哉。白法《びやくはふ》は拋つが如くにして黒業は未だ舍《す》てず、若し殘命の稍少《せうせう》たることを覺らば、豈樹功の高大を貪る者ならんや。演祖の意唯《ただ》此に在り。

監院《かんにん》。

監院の一職は院門の諸事を總領す。官中の應副《おうふく》及び參辭、謝賀、僧集、行香《ぎやうかう》、相看施主《しやうかんせしゆ》、吉凶、

慶弔、借貸、往還、院門歳計、錢穀有無、支收出入準備、逐年受用齋料米麥等、及レ時收買、幷造中醬醋上、須レ依二時節一。及打油舂磨等亦當レ經レ心。衆僧齋粥常運二勝心一、管二待四來一不レ宜二輕易一。如二冬齋、年齋、解夏齋、結夏齋、炙茄會、端午、七夕、重九、開爐、閉爐、臘八、二月半一、是如上齋會、若監院有レ力自合二營辨一。如三力所一レ不レ及卽請二人勾當一。如二院門小事及尋常事例一、卽一面處置。如二事體大、及體面生瑕一、卽知事頭首同共商量、然後稟二住持人一行レ之。自二住持人一已下、如レ有下不レ合二規矩一、不上レ順二人情一、大小諸事並合二宛順開陳一。不レ得二緘默不一レ言。亦不レ得二言語麁暴一。訓二誨童行一之法、宜下以二方便一預先處置上。不レ得三妄行二鞭棰一。設有二懲戒一、當下於二庫堂一、對レ衆行遣、不レ過二十數下一而已上。不虞之事、不レ可レ不レ愼。如下發二遣行者一出院上、須下十分有レ過責二伏罪狀一、稟二住持人一遣上レ之。更不レ須レ決也如レ遣レ之、不レ當レ防二避官中問難一。如レ請二街坊化主、庄主、炭頭、醬頭、粥頭、街坊、般若頭、華嚴頭、浴主、水頭、園頭、磨頭、燈頭之類一、應レ係二助益常住一。頭首須下當及レ時稟二住持人一請上レ之、

○逐、文龜本遂ニ作ル
○麥、寛文本菱ニ作ル、今寛政本ニヨツテ改ム
○舂、文龜本變ニ作ル
○懲、文龜本徵ニ作ル
○已、寛文本去ニ作ル、今文龜本ニヨツテ改ム
○如、寛政本更ノ上ニ移シ、如更不須決也ニ作ル

慶弔、借貸、往還、院門の歳計、錢穀の有無、支收出入の準備、逐年受用する齋料の米麥等、時に及んで收買し、幷に醬醋《しやうさく》を造るが如きは、須らく時節に依るべし。及び打油舂磨等も亦當に心に綴《を》くべし。衆僧の齋粥は常に勝心を運らし、四來を管待して輕易すべからず。冬齋、年齋、解《かい》夏齋《げさい》、結夏齋《けつげさい》、炙茄會《しやかゑ》、端午、七夕、重九、開爐、閉爐、臘八、二月半《げつはん》の如き、是の如上の齋會《さいゑ》に、若し監院力《ちから》有らば自ら營辦すべし。力及ばざる所の如きは即ち人に勾當《こうたう》を請へ。院門の小事及び尋常の事例の如きは、即ち一面に處置せよ。事體の大なる、及び體面の生臊《しやうさう》なるが如きは、即ち知事頭首同共に商量して、然して後に住持人に稟《りん》して之を行へ。住持人より已下、規矩に合《かな》はず、人情に順ぜざること有るが如きは、大小の諸事並に宛順《ゑんじゆん》に開陳すべし。緘默して言はざることを得ざれ。亦言語麁暴なることを得ざれ。童行《ずんなん》を訓誨するの法は、宜しく方便を以て預先に處置すべし。妄りに鞭棰《べんすゐ》を行ふことを得ざれ。設《も》し懲戒有らば、當に庫堂《くだう》に於いてし、衆に對して行遣し、十數下《すうげ》に過ぎずして去るべし。不虞の事、愼まずんばあるべからず。行者《あんじや》を發遣し出院するが如きは、須らく十分に過《あやまち》有つて罪狀に責伏せしめ、住持人に稟《りん》して之を遣るべし。更に決することを須ゐずして之を遣るが如きは、官中の問難を防避すべからず。街坊化主《がいはうけしゆ》、庄主《さうす》、炭頭《たんぢう》、醬頭《しやうぢう》、粥頭《しゆくぢう》、街坊《がいはう》、般若頭《はんにやぢう》、華嚴頭《けごんぢう》、浴主《よくす》、水頭《するぢう》、園頭《ゑんぢう》、磨頭《まぢう》、燈頭《とうぢう》の類を請するが如きは、應に助益常住に係るべし。頭首《ちやうしゆ》は須らく當に時に及んで住持人に稟して之を請すべし、

不レ可三怠慢遲延一。施主入レ院、安三排客位一如法迎待。如レ作三大齋會一、預前與三諸知事頭首一商量、免レ致三臨時闕事一。監院之體當三尊レ賢容一レ衆。上和下睦、安三存同事大衆一、當レ得三歡心一。不レ得下倚二恃權勢一、輕中邈大衆上。亦不レ得三任レ意行レ事、令三衆不安一。非三疾病官客一、並當三赴堂一。所レ貴二時行益行者齊整。如三庫司財用闕乏一、自當三竭レ力運一レ謀。不レ宜下干三案主人二及擧中似大衆上。如三同事之人有レ才有一レ德、應三推揚讚歎一。如レ有三職事不レ前及梵行可一レ疑、當下屛處密喩、使三激昂自新一、令中法久住上。如下有三大故作過一有中害三院門一、亦宜下密白三住持人一知上。自餘色容衆事、坐視成功而已。

監院之職爲公是務。所レ謂爲公者無三私曲一也。無私曲者、稽古慕道也。慕道以順レ道也。先看三清規一而明三通局一、以レ道爲レ念而行事。臨三行事一時、必與三諸知事一商議、然後行事。事無三大小一與レ人商議而乃行事、則爲公也。雖三商議一不レ容三佗語一、不レ如レ不レ議。監院容レ衆爲レ務、安衆是期。然而衆多未レ可レ爲レ重、

○慢、文龜本慢ニ作ル
○臨、寛文本監ニ作ル、今寛政本ニヨツテ改ム
○事、文龜本吏ニ作ル
○恃、寛文本持ニ作ル、今恃ニ改ム
○干、寛文本于ニ作ル、今干ニ改ム
○局、文龜本局ニ作ル
○事、文龜本吏ニ作ル

怠慢遲延すべからず。施主院に入らば、客位を安排して如法に迎待せよ。大齋會を作すが如きは、預前に諸の知事頭首と商量して、臨時の闕事を致すことを免れよ。監院の體は當に賢を尊び衆を容るべし。上和し下睦じく、同事の大衆を安存して、當に歡心を得せしむべし。權勢に倚恃して、大衆を輕慠することを得ざれ。亦意に任せて事を行ひ、衆をして不安ならしむることを得ざれ。疾病官客に非ずんば、並に當に赴堂すべし。貴ぶ所は二時行益《あんいつ》の行者《あんじゃ》齊整ならんことを。庫司《くす》の財用闕乏するが如きは、自ら當に力を竭して謀《はかりごと》を運らすべし。主人を干紊《かんびん》し及び大衆に擧似すべからず。同事の人才有り德有るが如きは　應に推揚讚歎すべし。職事《しきじ》前《すす》まず及び梵行疑ふべき有るが如きは、當に屛處に密喩し、激昂して自ら新《あらた》ならしめ、法をして久住せしむべし。大なる故作の過《とが》有りて院門に害有るが如きは、亦宜しく密に住持人に白して知らしむべし。自餘の色容衆事は、坐《いな》がらにして視ば成功せんのみ。

監院の職は爲公是れ務む。所謂《いはゆる》爲公とは私曲無きなり。無私曲とは、稽古慕道なり。慕道は以て道に順ふなり。先づ淸規を看て通局を明め、道を以て念と爲して行事せよ。行事に臨むの時、必ず諸の知事と商議して、然して後に行事せよ。事大小と無く人と商議して乃ち行事するは、則ち爲公なり。商議すと雖も佗語を容れずんば、議せざるに如かず。監院は衆を容るるを務と爲し、安衆是れ期す。然して衆の多きを未だ重しと爲すべからず、

衆少未レ可レ爲レ輕也。所以者何、調達之誘二五百之衆一果爲レ逆。外道之領二亘多之衆一盡是邪也。藥山乃古佛也、衆二不滿十衆之衆一。趙州亦古佛也、衆下不滿二十衆之衆上。汾陽纔七八衆而已。頃嘗俱是佛祖之與二大龍一、非レ有レ限レ衆矣、只可レ貴二有道一、不レ可レ務二繁衆一。而今而後、有道有德藥山之下也、汾陽之後也。可レ貴二藥山之家風一、可レ慕二汾陽之勝躅一。須レ知、縱百千萬衆、如下無二道心一無中稽古上、劣二於蝦蟆一、劣二於蚯蚓一。縱七八九衆、如下有二道心一有中稽古上、勝二於龍象一、勝二於聖賢一。所レ謂道心者、不レ抛二撒于佛祖之大道一、深護二惜于佛祖之大道一。所以名利抛來、家鄉辭去、比二黃金於糞土一、比二聲譽於涕唾一、不レ瞞二於眞一不レ順二於僞一、護二規繩之曲直一、任二法度之進退一。遂不下以二佛祖家常之茶飯一而賣中弄於賤價上、乃道心也。又觀二入息不待出息之觀一亦道心也、精進也。稽古者、教二祖宗之眼專專然而觀一、教二古今之耳顒顒然而聽一。乃至剜二窟於一切虛空一以容レ身、穿二過於天下髑髏一以打坐。舒二曠于拳頭一、自處二于鼻孔一。是以般二霽天一兮染二白雲一、運二秋水一兮濯二明月一、足レ爲二稽古一。逢二如レ是衆一、七八衆可二大叢林一也。

衆の少きを未だ輕しと爲すべからず。所以《ゆゑ》何《いか》んとなれば、調達《てうだつ》の五百の衆を誘ふも果して逆となる。外道の巨多の衆を領ずるも盡く是れ邪なり。藥山は乃ち古佛なり、不滿十衆の衆を衆とす。趙州も亦古佛なり、不滿二十衆の衆を衆とす。汾陽は纔に七八衆なるのみ。この頃嘗《こころ》みるに倶に是れ佛祖と大龍とは、衆に限り有るに非ず、只有道を貴ぶべし、繁衆を務めとすべからず。而今而後《いまよりしてのち》、有道有德は藥山の下《もと》なり、汾陽の後《のち》なり。藥山の家風を貴ぶべし、汾陽の勝躅を慕ふべし。須らく知るべし、縱ひ百千萬衆なりとも、道心無く稽古無きが如きは、蝦蟖よりも劣れり、蚯蚓よりも劣れり。縱ひ七八九衆たりとも、道心有り稽古有るが如きは、龍象よりも勝れ、聖賢よりも勝れたり。所謂《いはゆる》道心とは、佛祖の大道を抛撒せず、深く佛祖の大道を護惜するなり。所以に名利抛ち來り、家鄕辭し去り、黃金を糞土に比し、聲譽を洟唾に比し、眞を瞞かず僞に順《したが》はず、規繩の曲直を護し、法度《はつと》の進退に任す。遂に佛祖家常の茶飯《さはん》を以て賤價に賣弄《まいろう》せざるは、乃ち道心なり。又入息不《にふそくふ》待出息《たいしゆつそく》の觀を觀ずるも亦道心なり、精進なり。稽古とは、祖宗の眼《まなこ》をして專專然として觀せしめ、古今の耳をして顒顒然《ぎようぎようぜん》として聽かしむ。乃至一切の虛空を剜窟《わんくつ》して以て身を容れ、天下の髑髏を穿過して以て打坐す。拳頭を舒曠して、自ら鼻孔に處す。是を以て霽天を般んで白雲を染め、秋水を運らして明月を濯ふ、稽古と爲すに足れり。是の如きの衆に逢はば、七八衆なりとも大叢林とすべし。

所以可レ見二十方諸佛一、可レ見二釋迦一佛一也。不レ如レ是衆、百萬衆實非二叢林一也、非二佛道衆一也。監院如レ見二道心之士、稽古之人一、深生二敬重顧愛之念一。若見雖レ遇二經卷知識一、不二信不三孝於三寶二之輩、及無二道念一不二稽古一之輩者、須レ知魔黨也、闡提也。知而不レ可二容衆一。佛言、不信之人猶如二破瓶一。然則不レ信二佛法一之衆生、更不レ可レ爲二佛法之器一也。佛言、佛法大海信爲二能入一。明知、不信之衆生未レ可二共住一者歟。黄龍南禪師云、像季之末、人多二憍蕩一、愛二多虛一憎二少實一。測知、愛二多虛一乃僞之漸也。僧伽難提尊者、知二衆生慢一乃曰、自二雙林示一レ滅八百餘年、人無二至信一正念輕微、不レ敬二眞如一、唯愛二神力一。悲哉八百餘年、二千載內猶至信無、正念微、况乎今日弊不レ可レ比二當時一也。四倒何爲、三毒難レ脫。縱求二才於山野一、易レ得二人於叢林一乎。設使擇二眞僞一、不レ可レ壅二賢路一。如レ見二其人一、必擧二其人一。擧而不レ登未レ足レ爲レ恨。大都短慮不レ爲レ先、遠慮是心術而已。監院見二有利一而不レ可レ喜、逢二不利一而不レ可レ憂。名譽利養障道之甚。所以往古之在家出家、慕道之人、皆抛來者也。

○黨、文龜本寬文本儻ニ作ル、今寬政本ニヨツテ改ム
○季、文龜本李ニ作ル
○雙、文龜本双ニ作ル
○至信無、寬政本無至信ニ作ル
○日ノ下、文龜本之ノ字アリ

所以に十方の諸佛を見たてまつるべくんば、釋迦一佛を見たてまつるべし。是の如くならざる衆は、百萬衆なりとも實に叢林に非ざるなり、佛道の衆に非ざるなり。監院は道心の士、稽古の人を見るが如きは、深く敬重顧愛の念を生ぜよ。若し見に經卷知識に遇ふと雖も、三寶に不信不孝なるの輩、及び道念無く稽古せざるの輩は、須らく知るべし魔黨なり、闡提なりと。知つて容衆すべからず。佛の言はく、不信の人は猶破瓶の如しと。然あれば則ち佛法を信ぜざるの衆生は、更に佛法の器たるべからず。佛の言はく、佛法の大海は信を能入と爲すと。明かに知る、不信の衆生は未だ共に住すべからざる者歟。黄龍《わうりう》の南禪師云く、像季の末、人憍蕩多し、多虚を愛し少實を憎む。測り知る、多虚を愛するは乃ち僞の漸なりと。僧伽難提尊者《そうぎやなんだいそんじや》、衆生の慢を知つて乃ち曰く、雙林に滅を示してより八百餘年、人に至信無く正念輕微なり、眞如を敬《うやま》はず、唯神力《じんりき》を愛すと。悲しい哉八百餘年、二千載の內すら猶至信無く、正念微かなり、況んや今日の弊當時に比すべからず。四倒何ぞ爲さん、三毒脫し難し。縱ひ才を山野に求むるも、人を叢林に得易からんや。設使《たとひ》眞僞を擇ぶとも、賢路を壅ぐべからず。其の人を見るが如きは、必ず其の人を擧ぐべし。擧ぐれども登らざるは未だ恨と爲すに足らず。大都《おほよそ》短慮を先とせず、遠慮是れ心術なるのみ。監院は有利を見ても喜ぶべからず、不利に逢うても憂ふべからず。名譽利養は障道の甚だしきなり。所以に往古の在家出家、慕道の人は、皆抛ち來る者なり。

況乎一二興叢席一佛祖兒孫、豈貪二于名利財產一乎。昔東京觀音院巖俊禪師者、投子山大同禪師之門人也。遍二參祖席一、歷二遊衡、廬、岷、蜀一、嘗經二鳳林深谷一、欻覩二珍寶一。同侶相顧、意將レ取レ之。師曰、古人鋤レ園觸二黃金一若二瓦礫一、待吾營二覆頂一、須レ此供二四方僧一。言訖捨去。須レ知、見二黃金於鋤園一、猶如二瓦礫一者、塵俗之賢路也。見二珍寶於深谷一、抛捨而去者、佛祖之先蹤也。爲レ續二佛祖之命脉一、莫レ赴二世俗之利潤一。所レ謂世俗之利潤者、人天之供養、王臣之歸依也。不レ可レ受二之於不如法一也。庶レ爲レ師二於出家一、莫レ爲レ師二於王臣一。所下以先二於出家一、後二於在家一、重レ僧輕上俗也。又明教禪師曰、大覺禪師懷璉和尙、住二育王山廣利禪寺一。因二僧爭二施利一不レ已、主事莫二能斷一。大覺禪師呼至、責レ之曰、昔包公判二開封一、民有二自陳一、以二白金百兩一寄レ我者亡矣、今還二其家一。其子不レ受、望公召二其子一還レ之。公嘆異卽召二其子一語レ之。其子辭曰、先父存日、無三白金私寄二佗室一。二人固讓久、公不レ得レ已、責附二在城寺觀一修二冥福一、以薦二亡者一。予、目二覩其事一。且塵勞中人尙能踈レ財慕レ義如レ此。

○巖、文龜本寛文本嚴ニ作ル、今寛政本ニヨツテ改ム
○廬、寛文本盧ニ作ル、今文龜本ニヨツテ改ム

況んや筵席を一興せん佛祖の兒孫、豈名利財產を貪らんや。昔《むかし》東京觀音院の巖俊禪師は、投子《とうす》山《さん》大同禪師の門人なり。祖席に遍參し、衡《かう》、廬《ろ》、岷《びん》、蜀《しよく》に歷遊し、嘗て鳳林の深谷を經るとき、歘《たちま》ち珍寶を覩る。同侶相《あひ》顧みて、意《こころ》に將に之を取らんとす。師曰く、古人園《ゑん》を鋤くとき黃金に觸れて瓦礫の若くす、待て吾覆頂《ふくちやう》を營《いとな》まば、此を須ひて四方の僧に供ぜんと。言ひ訖つて捨て去る。須らく知るべし、黃金を鋤園に見て、猶瓦礫の如くするは、塵俗の賢路なり。珍寶を深谷に見て、拋捨して去るは、佛祖の先蹤なり。佛祖の命脉を續がん爲には、世俗の利潤に赴くこと莫れ。所謂《いはゆる》世俗の利潤とは、人天《にんでん》の供養、王臣の歸依なり。之を不如法に受くべからず。出家に師たらんと庶《こひねが》ふべし、王臣に師たること莫れ。出家を先にし、在家を後にし、僧を重んじ俗を輕んずる所以なり。又明教禪師曰く、大覺禪師《だいかくぜんじ》懷璉《えれん》和尙《をしやう》、育王山廣利禪寺に住す。因《ちなみ》に二僧施利を爭うて已まず、主事能く斷ずること莫し。大覺禪師呼び至らしめ、之を責めて曰く、昔包公《はうこう》開封に判たり、民自ら陳するあり、白金百兩を以て我に寄する者亡せり、今其の家に還すに其の子受けず、望むらくは公其の子を召して之を還さんことをと。公嘆異して卽ち其の子を召して之に語ぐ。其の子辭して曰く、先父の存日、白金を私《ひそか》に佗室に寄すること無しと。二人固く讓ること久し、公已むを得ず、責めて在城の寺觀に附して冥福を修し、以て亡者に薦せしむ。予、其の事を目覩す。且つ塵勞中の人すら尙能く財を踈んじ義を慕ふこと此の如し。

爾爲ニ佛弟子一不レ識ニ廉恥一若レ是。遂依ニ䕫林法一擯レ之。西湖廣記。今戴ニ禪林寶訓一。

今案其子不レ受レ之、何啻踈レ財慕レ義之如レ此、必是有レ家敬レ父之槩然。勿レ謂ニ塵勞中人之心操一、宛乃出家學道之髻珠也。漢踈廣曰、賢而多レ財損ニ其志一、愚而多レ財增ニ其過一。俗人尙如レ是、比丘何貪レ利。賢愚同制ニ多財一也。先賢之語、可レ愛ニ於千金一歟。呂氏春秋曰、堯、朝ニ許由於沛澤之中一、請レ屬ニ天下於夫子一。許由遂之ニ箕山之下一。音戸。須レ知、俗人猶輕ニ天下一重ニ其道一、況乎佛子可レ貪ニ大利小利一乎。不レ顧ニ損レ己損一レ佗乎。修ニ理佛道一之時、見レ利而爲ニ如レ蛇、如レ毒、如レ唾、如一レ糞、乃是淸廉矣。淸規云、不ニ爲レ利說法一。監院若遇下人天或欲ニ供衆一、或欲中起造上、先應下子細撿ニ點于檀那之正信不信、淸淨不淨一、稟ニ住持人一而俱商量上。若決ニ定淨信之與ニ正見一、卽聽ニ許之一。未レ然莫レ許。所レ謂正信者、如ニ須達長者之信心、祇陀太子之仁義一者是也。須達之爲ニ須達一也、未レ爲ニ大富一。祇陀之爲ニ祇陀一也、實是淸貧也。

○林、寛政本門ニ作ル
○槩、文龜本既ニ作ル
○法ノ下、文龜本寛政本否ノ字アリ
○點、文龜本点ニ作ル

爾《なんぢ》佛弟子と爲つて廉恥を識らざること是の若きかと。遂に叢林の法に依つて之を擯す。西湖廣記。今は禪林寶訓に載す。

今案ずるに其の子の之を受けざるは、何ぞ啻に財を疎んじ義を慕ふの此の如くなるのみならんや、必ず是れ家を有ち父を敬ふの槩然なり。塵勞中の人の心操と謂ふこと勿れ、宛も乃ち出家學道の髻珠《けいじゆ》なり。漢の疎廣曰く、賢にして財多ければ其の志《こころざし》を損す、愚にして財多ければ其の過を增すと。俗人すら尚是の如し、比丘何ぞ利を貪らんや。賢愚同じく多財を制す。先賢の語、千金よりも愛すべし。呂氏春秋に曰く、堯《ぎよう》、許由《きよいう》を沛澤《はいたく》の中より朝せしめて、天下を夫子に屬せんと請ふ。許由《きよいう》遂に箕山の下に之くと。音戸・須らく知るべし、俗人すら猶天下を輕んじ其の道を重んず、况んや佛子にして大利小利を貪るべけんや。己を損し佗を損するを顧みざらんや。佛道を修理するの時、利を見て而も蛇の如く、毒の如く、唾の如く、糞の如しとするは、乃ち是れ清廉なり。清規に云く、利の爲に説法せざれと。監院若し人天《にんでん》の或は供衆《ぐしゆ》を欲し、或は起造を欲するに遇はば、先づ應に子細に檀那《だんな》の正信不《しやうしんふ》信《しん》、清淨不《しやうじやうふ》淨《じやう》を撿點し、住持人に稟して倶に商量すべし。若し淨信《じやうしん》と正見《しやうけん》とを決定《けつぢやう》せば、即ち之を聽許せよ。未だ然らずんば許すこと莫れ。所謂《いはゆる》正信とは、須達長者《しゆだつちやうじや》の信心、祇陀太子《ぎだたいし》の仁義の如き者是れなり。須達の須達たるや、未だ大富の爲にあらず。祇陀の祇陀たるや、實に是れ清貧なり。

依㆓正信㆒而被㆓如來聽許㆒也。或生前雖㆑未㆑信㆓三寶㆒、臨命終時、修㆓小功德㆒早須㆓聽許㆒。增一阿含第三云、佛在㆓給孤㆒告㆓諸比丘㆒、應㆘當恭㆓敬檀越施主㆒、如㆗孝㆓順父母㆒養㆑之侍㆖之。施主能成㆓戒定智慧㆒、多㆑所㆓饒益㆒。於㆓三寶中㆒無㆑所㆓罣礙㆒。能施㆓四事㆒故、諸比丘當㆑有㆑慈㆓心於檀越㆒。小恩尚不㆑忘、何況於㆓大者㆒。應㆛三業精勤使㆚彼施主福不㆓唐捐㆒、終獲㆓大果㆒名稱流布、亦如㆔迷者得㆓指示路㆒、亦如㆙怖者與㆓無憂畏㆒、無㆑歸與㆑覆、乏之者與㆑糧、盲者得㆙㆑眼。然則恭㆓敬於檀越施主㆒、慈㆓心於檀越施主㆒、既是如來世尊之教勅也。雖㆓小因㆒感㆓大果㆒、唯三寶之福田而已。龍樹祖師云、小善能作㆓大果㆒者。如㆑求㆓佛果㆒、讚㆓歎一偈㆒、稱㆓一南謨㆒、燒㆓一捻香㆒、奉㆓獻一華㆒。如㆑是小行必得㆓作佛㆒。捻僧食者、須㆑離㆓四邪五邪㆒。寺院僧食亦復如㆑是。監院住持、須㆓明鑒察㆒。所㆑謂四邪者、

一者方邪、謂㆑通㆓國使命㆒。

二者維邪、謂㆓醫方卜相㆒。

三者仰邪、謂㆘仰㆓觀星宿日月㆒術數等㆖。

○檀、文龜本且ニ作ル

○待、寛文本待ニ作ル、今寛政本ニヨッテ改ム

○當有、文龜本ニナシ

○無歸與覆、寛文本無歸者與作覆護ニ作ル、文龜本者作護ノ三字ナク、寛政本舊刊誤作無歸者與作覆護、今依經本削者作護之三字ト頭註ス、今文龜本等ニヨッテ改ム

○眼ノ下、文龜本文ノ字アリ

○捻、文龜本稔ニ作ル

○獻、文龜本献ニ作ル

○日月以下五字、文龜本ニナシ

正信に依つて如來の聽許を被れり。或は生前未だ三寶を信せずと雖も、臨命終の時、小功德を修せば早く須らく聽許すべし。增一阿含《ぞういちあごん》第三に云く、佛給孤《ぎふこ》に在《いま》して諸の比丘に告げたまふ、當に檀越施主《だんのつせしゆ》を恭敬すること、父母に孝順して之を養ひ之に侍するが如くすべし。施主は能く戒定智慧《かいぢやうちゑ》を成じ、饒益する所多し。三寶の中に於いて罣礙する所無し。能く四事を施すが故に、諸の比丘當に檀越に慈心有るべし。小恩すら尙忘れず、何《いか》に況んや大なる者に於てをや。應に三業精勤《ごふしやうごん》にして彼の施主をして福唐捐《ふくたうえん》せず、終に大果を獲て名稱流布《めいしようるふ》し、亦迷者の指示路を得るが如く、亦怖者に無憂畏を與へ、歸《おもむき》無きに覆《ふく》を與へ、乏《とぼ》しき者に糧《かて》を與へ、盲者に眼《まなこ》を得せしむるが如くならしむべしと。然あれば則ち檀越施主を恭敬し、檀越施主に慈心あるは、既に是れ如來世尊の敎勅なり。小因なりと雖も大果を感ずるは、唯《ただ》三寶の福田のみ。龍樹祖師の云く、小善能く大果を作すと。佛果を求むるが如き、一偈を讚歎し、一南謨《なむ》を稱し、一捻香《ねんかう》を燒き、一華《ゆ》を奉獻《ぶこん》す。是の如き小行必ず作佛《さぶつ》を得と。捴《すべ》て僧食は、須らく四邪五邪を離るべし。寺院の僧食も亦復是の如し。監院と住持と、須らく明かに鑒察すべし。所謂《いはゆる》四邪とは、

一には方邪《はうじや》、國の使命を通ずるを謂ふ。

二には維邪《ゐじや》、醫方卜相を謂ふ。

三には仰邪《ごうじや》、星宿《せいしゆく》 日月《じつげつ》を仰觀する術《じゆつ》 數《すう》等を謂ふ。

四者下邪、謂二種種植根五穀等一。

以前四邪食、亦名二四口食一。亦曰二四不淨食一。不レ可レ食矣。

五邪者、
一者、爲二利養一故、現二奇特相一。

二者、爲二利養一故、自說二功德一。

三者、卜二相吉凶一、爲レ人說法。

四者、高聲現レ威、令二人畏敬一。

五者、說二所レ得供養一、以動二人心一。

上來五邪因緣之所得食亦不レ可レ食。佛弟子善知識、早離二五邪一方爲二正命一。

淸規云、不レ侵二損常住一否。言不レ侵二損常住一者、不レ容三四邪五邪之所二從來一也。所下以食二四邪五邪一之者難上レ得二正見一也。監院切忌友二于無道心之輩一、交二不稽古之族一。親二厚如レ是人一者、障道退道立而速至矣。有二道心一之人、乃佛道之君子也。無道心之人、乃佛道之小人也。莊子曰、天下盡殉也、彼其所レ殉仁義也則俗謂二之君子一、其所レ殉貨財也則俗謂二之小人一。沉休文曰、夫君子小人、類レ物之稱、四には下邪《げじや》、種種の植根《ちきこん》五穀等を謂ふ。

以前の四邪食《じやじき》、亦四口食《くじき》と名く。亦四不淨食と曰ふ。食ふべからず。

五邪とは、

一には、利養の爲の故に、奇特の相を現ず。

二には、利養の爲の故に、自ら功德を說く。

三には、吉凶を卜相し、人の爲に說法す。

四には、高聲に威を現じ、人をして畏敬せしむ。

五には、得る所の供養を說いて、以て人心を動かす。

上來五邪の因緣の所得食も亦食ふべからず。佛弟子善知識、早く五邪を離るるを方に正命《しやうみやう》と爲す。淸規に云く、常住を侵損せざるや否やと。言《いふこころ》は常住を侵損せざるとは、四邪五邪の從來する所を容れざるなり。四邪五邪を食する者は正見《しやうけん》を得難き所以なればなり。監院切に忌む無道心の輩《ともがら》を友とし、不稽古の族《やから》と交はることを。是の如き人に親厚する者《もの》は、障道退道立《たちどころ》にして速《すみやか》に至る。道心有るの人は、乃ち佛道の君子なり。無道心の人は、乃ち佛道の小人なり。莊子《さうじ》曰く、天下盡く殉なり、彼の其の殉ずる所仁義なれば則ち俗之を君子と謂ひ、其の殉ずる所貨財なれば則ち俗之を小人と謂ふと。沉休文《しんきうぶん》曰く、夫れ君子小人は、物に類するの稱なり、

蹈レ道則爲二君子一、違レ之則爲二小人一。佛道亦然。窮達須レ酬二道心一也。然乃聞二於道心之先言往行一以爲二今日胸襟眼睛一者。監院修二理禮法一、以興二隆於威儀之陵夷一也。淸規云、外遵二法令一、內守二規繩一。佛祖之嘉會、知識之叢林。法度儼然禮儀云存。禮若不レ陳道乃荒唐。所レ謂禮不レ陳者禮二於非禮一、道荒唐者道二於非道一也。後漢成縉、爲二南陽大守一、但坐嘯而已。三年有レ成。是則雖レ爲二塵俗之化一、世之希夷也。須レ知、有二成之大成一、不レ拘下言之與二不言一、務之與中不務上也。此務最好者歟。所レ謂最好者非レ理不レ行矣。漢書成帝曰、天生二衆民一、不レ能二相治一、爲レ之立レ君以統二理之一。佛寺亦同。雲衆水衆不レ能二自治一、爲レ之立二粥飯頭一以統二理之一。墨子曰、古者同二天之義一。是故選二擇賢者一立爲二天子一。天子以下其知力爲上未レ足三獨治二天下一、是故選二擇其次一、立爲二三公一。今案、佛佛相授、祖祖正傳、立二賓主一、拜二師資一、符二合此言一者歟。淸規云、一日暫爲二賓主一、終身便是師資。乃之意也。監院每レ見二十方雲水之面一、先內心應二喜躍歡悅一。淸規云、容レ衆之量不レ寬、

○胸、文龜本寬文本胸ニ作ル、今寬政本ニヨツテ改ム

○之ノ下、寬文本之ノ字アリ、恐ラクハ衍字ナラン、今之ヲ省ク

○身、文龜本寬文本日ニ作ル、今寬政本ニヨツテ改ム

道を蹈めば則ち君子と爲り、之に違へば則ち小人と爲ると。佛道も亦然り。窮達須らく道心に酬ゆべきなり。然あれば乃ち道心の先言往行を聞いて以て今日の胸襟眼睛と爲さん者なり。監院は禮法を修理して、以て威儀の陵夷を興隆す。凊規に云く、外法令に遵ひ、内規繩を守れと。佛祖の嘉會《ゑ》、知識の藂林なり。法度《はつと》儼然として禮儀云《ここ》に存す。禮若し陳せずんば道乃ち荒唐ならん。所謂《いはゆる》禮陳せずとは非禮を禮とし、道荒唐なるとは非道を道とするなり。後漢《ごかん》の成縉《せいしん》、南陽《なんやう》の大守《たいしゆ》と爲り、但《ただ》坐して嘯《うそぶ》くのみ。三年にして成ること有り。是れ則ち俗塵の化たりと雖も、世の希夷なり。須らく知るべし、成《せい》と大成《だいせい》と有るは、言と不言と、務と不務とに拘《かかは》らざることを。此れ務の最好なる者歟。所謂《いはゆる》最好とは理に非ずんば行はざるなり。漢書《かんじよ》に成帝《せいてい》曰く、天衆民を生ず、相治すること能はず、之が爲に君を立てて以て之を統理《とうり》すと。佛寺も亦同じ。雲衆《うんしゆ》水衆《すゐしゆ》自ら治むること能はず、之が爲に粥飯頭《しゆくはんとう》を立てて以て之を統理す。墨子曰く、古は天の義に同じうす。是の故に賢者を選擇して立てて天子と爲す。天子は其の知力未だ獨り天下を治むるに足らずと爲すを以て、是の故に其の次を選擇して、立てて三公と爲すと。今案ずるに、佛佛相授し、祖祖正傳して、賓主を立て、師資を拜す、此の言に符合する者歟。凊規に云く、一日暫く賓主と爲るも、終身便ち是れ師資たらんとすと。乃ち之の意なり。監院は十方雲水の面《おもて》を見る毎に、先づ內心應に喜躍歡悅すべし。凊規に云く、衆を容るるの量寬《ひろ》からず、愛レ衆之心不レ厚、非三監院所二以護上レ衆也。佛告二阿難一、菩薩摩訶薩共住相視、當レ如二世尊一。何以故、是我眞件。如三共乘二一船一、彼學我學。然則寺院住持、知事、諸頭首及雲水、應下當流中通共住相視、當レ如二世尊一之佛語上。解脫之要路無レ先二於此一。監院須レ敎二新至之雲水一。三千威儀經云、當下以二十事一待中新至比丘上。一者當レ辟二與房一。二者當レ給二所須一。三者當二朝暮往問訊一。四者當レ語二國土習俗一。五者當レ敎レ避レ諱。六者當レ語二乞匃處一。七者當レ語二僧敎令一。八者當レ語二某可上レ食。九者當レ語二縣官禁忌一。十者當レ語二賊盜某許可レ逃、某許不上レ可レ逃。又云、若檀越來言レ欲レ作レ飯、未レ見二所有一不レ得二卽對レ人說一。又云、敎二人市買一有二五事一。一者當レ敎レ莫二與レ人諍一。二者當レ敎レ買二淨者一。三者莫レ使レ侵レ人。四者不レ得レ走二役人一。五者當レ護二人意一。監院敎二淨人人工市買一、先當二向レ佗子細說一、然後乃使レ之矣。清規所レ云端午七夕等齋、雖レ爲二佛祖之家風一、

○辟、文龜本避ニ作ル
○須ノ下、文龜本得ノ字アリ
○乞匃、文龜本託到ニ作ル、寛文本匃ヲ匃ニ作ル、今寛政本ニヨツテ改ム
○齋、文龜本齊ニ作ル

衆を愛するの心厚《あつ》からざるは、監院の衆を護する所以に非ずと。佛阿難《あなん》に告げたまはく、菩薩摩訶薩は共に住して相視ること、當に世尊の如くすべし。何を以ての故に、是れ我が眞の伴なればなり。共に一船に乘るが如く、彼が學は我が學なりと。然あれば則ち寺院の住持、知事、諸《もろもろ》の頭首及び雲水は、當に共住相視《ぐぢうさうし》、當に世尊の如くすべしの佛語を流通すべし。解脱の要路此より先なるは無し。監院は須らく新至の雲水に敎ゆべし。三千威儀經に云く、當に十事を以て新至の比丘を待すべし。一には當に房を辟《ひら》き與ふべし。二には當に所須を給すべし。三には當に朝暮《てうぼ》に往いて問訊すべし。四には當に國土の習俗を語るべし。五には當に諱《いみな》を避けよと敎ゆべし。六には當に乞匃の處を語るべし。七には當に僧の敎令を語るべし。八には當に某を食すべしと語るべし。九には當に縣官の禁忌を語るべし。十には當に賊盜には某の許に逃るべし、某の許へは逃るべからずと語るべしと。又云く、若し檀越《だんのつ》來つて飯を作さんと欲すと言はんに、未だ所有を見ずして卽ち人に對して說くことを得ざれと。又云く、人をして市買《しばい》せしむるに五事有り。一には當に人と諍ふこと莫らしむべし。二には當に淨き者を買はしむべし。三には人を侵さしむること莫れ。四には人を走役することを得ざれ。五には當に人の意を護すべしと。監院は淨人人工をして市買せしむるに、先づ當に佗に向つて子細に說いて、然る後に乃ち使ひせしむべし。淸規に云ふ所の端午七夕等の齋は、佛祖の家風《かふう》たりと雖も、猶恐世俗之禮節也。深山幽谷、柴戶茅堂、誰堪ニ辨備一者哉。但專營ニ供衆安衆一、而不レ可レ見ニ衆之過咎一、乃監院之心術者也。今日本國遠島之深邃也、去ニ佛生國一、遙隔ニ十一萬餘里一、從ニ佛滅度一後將ニ二千二百年一。去レ聖時遠、實雖レ可レ悲、見レ僧聽レ法最爲レ慶。隨ニ喜於自己之精勤一、報ニ謝於祖宗之恩德一、法演之高行若演說、法遠之心術是遠慮矣。

維那。

梵語維那此云ニ悅衆一。凡僧中事並主レ之。衆中新到掛搭、禮須ニ勤重一。諸方辨事及名德人、別選ニ上寮一安排。退院長老須下依ニ住持帖及開堂疏內資次一、於ニ堂內三板頭一安中排齋粥座位上。如ニ諸方名德一亦依ニ同類戒臘一、於ニ三板頭次位一安ニ排堂中一。冬夏、替ニ換氈席及凉簾暖簾一、掛帳、下帳、開爐、閉爐。結夏戒臘牌、須ニ預前打疊一。處ニ置堂內香燈一、洒ニ掃堂前供器容前一、並常提ニ擧聖僧侍者一。堂司幷供頭行者、備ニ辨寮舍門戶牕牖、按位牀帳、動用什物一、常須ニ照管整齊一。如有ニ闕少一、聞ニ庫司及直歲一添換。延壽堂病僧粥飯、床帳、使令行者之類、

○搭、文龜本塔ニ作ル
○臘、文龜本ニナシ
○燈、寬文本爐ニ作ル、今寬政本ニヨツテ改ム
○牖、文龜本牗ニ作ル
○齊、寬文本齋ニ作ル、今文龜本寬政本ニヨツテ改ム

猶恐らくは世俗の禮節ならん。深山幽谷、柴戸茅堂ならんに、誰か辨備するに堪ふる者ならんや。但《ただ》專ら供衆安衆を營んで、衆の過咎を見るべからざるは、乃ち監院の心術なる者なり。今日本國は遠島の深邃なり、佛生國《ぶつしやうこく》を去ること、遥に十一萬餘里を隔て、佛滅度より後將に二千二百年ならんとす。聖を去ること時遠し、實に悲しむべしと雖も、僧を見法を聽くは最も慶びと爲す。自己の精勤《しやうこん》を隨喜し、祖《そ》宗《しう》の恩德に報謝せんには、法演の高行 若《かくのごと》く演說し、法遠《はふゑん》の心術是れ遠慮なるのみ。

維那。

梵語には維那此《ここ》に悅衆と云ふ。凡そ僧中の事並に之を主《つかさど》る。衆中新到の掛搭《かた》は、禮須らく勤重《こんぢう》なるべし。諸方の辨事及び名德の人は、別に上寮を選んで安排せよ。退院の長老は須らく住持の帖及び開堂の疏《しよう》の內の資次に依つて、堂內の三板頭《はんとう》に於いて齋粥の座位を安排すべし。諸方の名德の如きも亦同類の戒臘に依つて、三板頭《はんとう》の次位に於いて堂中に安排せよ。冬夏、氈席及び涼簾暖簾を替換し、掛帳し、下帳《あちやう》し、開爐し、閉爐せよ。結夏《けつげ》戒臘牌《かいらうはい》は、須らく預前に打疊すべし。堂內の香燈を處置し、堂前の供器を客前に洒掃することは、並に常に聖僧侍者《しやうそうじしや》に提擧せよ。堂司《だうす》幷に供《く》頭行者《ちうあんじや》は、寮舍の門戶牕牖、按位牀帳、動用の什物を備辨して、常に須らく照管して整齊《せいせい》にすべし。如し闕少有らば、庫司《くす》及び直歲《しつすゐ》に聞《ぶん》して添換せよ。延壽堂病僧の粥飯、牀帳《じやうちやう》、使令行者《しれいあんじや》の類は、

並當下與二堂主一同共照管、無上令二病人失一レ所。院中諸頭首、如二堂頭侍○者、延壽堂主、爐頭、衆寮寮主、首座、殿主一、並維那所レ請。○如二殿閣內錢物浩汗一、卽堂頭請レ之。如レ犯二規矩一、大者稟二堂頭一令二出衆一、小者但令二移寮一。如レ有二喧爭一、且盡レ禮和會。如二兩爭人不一レ伏、然後依二規矩一行遣。如衆中遺失、彼被主堅要二搜撿一、卽白レ衆搜寮。如二搜檢不一レ見、則被主出レ衆、或移寮。如二失物不一レ多、卽和二會被主一令レ休、免三喧レ衆及鈍二滯叢林一。聖僧錢只宜レ買二置香燈供具一、不レ得二別處使用一。如二開レ筒取一レ錢、入二堂司一收掌、卽同二聖僧侍者一、上レ簿支破。如レ係二大僧帳一、須下候二官中指揮一告報、然後出レ榜曉示上。取二脚色一驗二祠部一。依二日來體例一收二供帳錢物一。如二繳判公憑一、雖レ係二庫司一一面行遣。若レ經二由維那司事一、更詳審允當。掛○搭僧人祠部公憑、並須下相二驗眞僞一、不上得二鹵莽一。如二僧病一申レ官。及レ津二送亡僧一估二唱衣物一。繳二納亡僧度牒一、或紫衣師號文牒等、並維那專切管勾、報二庫司一申レ官。繳二納公憑及亡僧度牒一、

○者ノ下、文龜本聖僧侍者ノ四字アリ

○如殿閣內以下百七十五字、古田本前後文義難通矣、古多疑、謂有錯簡或脫簡、予今述古人說、而試錯綜章句、備讀者考、非敢爲正義大方君子、請正焉、增冠者謹記トイヒテ次ノ如ク修訂セリ　如殿閣內錢物浩汗、卽堂頭請之、聖僧錢、只宜買置香燈供具、不得別處使用、如開筒取錢、入堂司收掌、卽同聖僧侍者、上簿支破、如衆中遺失、彼被主堅要搜撿、卽白衆搜寮、如搜寮不見、則被主出衆、或移寮、如失物不多、卽和會被主令休、免喧衆及鈍滯叢林、如犯規矩、大者稟堂頭令出衆、小者但令移寮、如有喧爭、且盡禮和會、如兩爭人不伏、然後依規矩行遣、如係大僧帳、須候官中指揮告報、然後出榜曉示、取脚色驗祠部、依日來體例、收供帳錢物

○搭、文龜本塔ニ作ル

並に當に堂主《だうす》と同共に照管して、病人をして所を失せしむること無かるべし。院中諸《もろもろ》の頭首《ちやうしゆ》、堂頭侍者《だうちやうじしや》、延壽堂主、爐頭《ろぢう》、衆寮《しゆれう》の寮主、首座、殿主《でんす》の如きは、並に維那の請する所なり。殿閣内の錢物浩汗たるが如きは、即ち堂頭之を請す。規矩を犯すが如きは、大なる者は堂頭に稟して出衆せしめ、小なる者は但《ただ》移寮せしめよ。喧爭有るが如きは、且《しばら》く禮を盡して和會《わゑ》せよ。兩爭人伏せざるが如きは、然る後に規矩に依つて行遣せよ。如し衆中の遺失は、彼の被主堅く搜撿を要せば、即ち衆に白して搜寮せよ。搜檢せんに見えざるが如きは、則ち被主衆を出でよ、或は移寮せよ。失物多からざるが如きは、即ち被主を和會《わゑ》して休せしめ、衆に喧しく及び叢林を鈍帶することを免れよ。聖僧錢は只宜しく香燈供具を買置すべし、別處に使用することを得ざれ。筒を開いて錢を取るが如きは、堂司《だうす》に入れて收掌し、即ち聖僧侍者と同じく、簿に上せて支破せよ。大僧帳に係るが如きは、須らく官中の指揮を候つて告報し、然して後に榜を出して曉示すべし。脚色を取らば祠部に驗せよ。日來の體例に依つて供帳の錢物を收めよ。繳判公憑《けうはんこうひやう》の如きは、庫司《くす》に係ると雖も一面に行遣せよ。維那司事を經由するが若きは、更に詳審に允當せよ。掛搭僧人の祠部の公憑は、並に須らく眞僞を相驗して、鹵莾なるを得ざるべし。僧病の如きは官に申す。亡僧を津送するに及んでは衣物を估唱す。亡僧の度牒を繳納するに、或は紫衣師號の文牒等は、並に維那專切に管勾して、庫司《くす》に報じて官に申せ。公憑及び亡僧の度牒を繳納するに、

不レ得レ過二官中條限一。讀疏白槌並須三詳審令二施主生一レ善。新到茶湯特爲、不レ得レ闕レ禮。及將三新到戒臘一報二侍者、知事、頭首一。及掛二搭本寮一、貴レ知二戒臘次第一。新到某上坐、某新戒在二其下一。應令下衆寮各造二入寮牌、臘次牌、各一面一、逐レ時抽添上。所レ貴煎點坐位及寮主前後、各無二差悞動一レ衆。普請除二寮主直堂一、並須二齊赴一。住持人除二疾病官客一、輒不レ赴者、侍者出レ衆。

維那之職、華云二悅衆一。雖レ爲二目連尊者之蹤躅一、宛是諸佛如來之威儀也。所レ謂顧二愛方來一、慈二育雲水一、衆心爲二自心一、道念爲二自念一。所下以能親二其親一、能子中其子下也。若如レ是者廼是巨川之舟楫、大旱之霖雨也。三千威儀經云、有二七事一以待二新至比丘一。一者來至卽當レ問二消息一。二者當レ爲レ次二坐上ト一。三者當レ給二與空房室一。四者當レ給二臥具被枕一。五者當レ給二與燈火一。六者當レ語二比丘僧教令一。七者當レ語二國土習俗一。然則若見二新至比丘一、先問二道具之有無一、次問二鄕里之遠近一、次問二本師之存不一、次問三先到二某處一。然後如法安排。

○其、文龜本某ニ作ル

○楫、文龜本寬文本檝ニ作ル今寬政本ニヨツテ改ム

○旱、寬文本皐ニ作ル、今文龜本寬政本ニヨツテ改ム

○以、文龜本ニナシ

○問ノ下、文龜本訊ノ字アリ

○枕、寬文本杺ニ作ル、今文龜本寬政本ニヨツテ改ム

官中の條限に過ぐることを得ざれ。讀疏白槌《びやくつゐ》は並に須らく詳審にして施主をして善を生ぜしむべし。新到の茶湯特爲《どくゐ》に、禮を闕くことを得ざれ。及び新到の戒臘を將つて侍者、知事、頭首に報ぜよ。及び本寮に掛搭せんには、戒臘の次第を知らんことを貴ぶ。新到某は上に坐し、某の新戒は其下に在り。應に衆寮をして各《おのおの》入寮の牌、臘次の牌、各一面を造つて、時を逐うて抽添《ちうてん》せしむべし。貴ぶ所は煎點の坐位及び寮主の前後、各《おのおの》差悞して衆を動ずる無からんことを。普請《ふしん》には寮主と直堂《ちきだう》とを除いて、並に須らく齊しく赴くべし。住持人も疾病官客を除きて、輙《たやす》く赴かざる者は、侍者衆を出でよ。

維那の職、華には悅衆と云ふ。目連尊者の蹤躅たりと雖も、宛も是れ諸佛如來の威儀なり。所謂《いはゆる》方來を顧愛し、雲水を慈育し、衆心を自心と爲し、道念《だうねん》を自念と爲す。能く其の親を親とし、能く其の子を子とする所以なり。若し是の如くなれば廼《すなは》ち是れ巨川の舟楫、大旱の霖雨なり。

三千威儀經に云く、七事有りて以て新至の比丘を待す。一には來至せば卽ち當に消息を問ふべし。二には當に坐の上下を次することを爲すべし。三には當に空房室を給與すべし。四には當に臥具被枕を給すべし。五には當に燈火を給與すべし。六には當に比丘僧の教令を語るべし。七には當に國土の習俗を語るべしと。然れば則ち若し新至の比丘を見ば、先づ道具の有無を問ひ、次に鄉里の遠近を問ひ、次に本師の存不を問ひ、次に先に某處に到ると問へ。然して後如法に安排せよ。

典座。

典座之職主二大衆齋粥一。須下運二道心一隨レ時改變、令中大衆受用安樂上。亦不レ得レ枉二費常住齋料一。及點二撿厨中一、不レ得三亂有二拋撒一。選二揀局次行者一、能者當レ之。行令不レ得二太嚴一、嚴則擾レ衆。不レ宜二太緩一、緩則失レ職。造食之時、須二親自照管自然精潔一。如レ打二物料幷齋粥味數一、並預先庫司知事商量。如二醬醋淹藏收菜之類一、並是典座專管。不レ得レ失レ時。常切提擧火燭、依レ時俵散、同二利務一要二均平一。如レ合レ係二監院直歲庫司所管一、同共商量卽可。並不レ須三侵レ權亂一レ職。厨中竈釜什物、如二故舊損壞一、則逐施抽換添補。教二訓行者一務二循規矩一。如二堂中行益、諸寮供過一、並須三種種教詔令二其通曉一。及見二師宿一、須二問訊側立一。擇二靈利行者一、準二備知事、頭首等處供過一。常覺二察諸寮行者一、慮レ有二頑鈍供過不一レ前。如三知事頭首再留二行者一、卽當二權宜隨順一、不レ須二堅要輪撥一。典座係二厨中一喫二粥飯一、所レ食不レ得レ異レ衆。二時食辦、

○局、文龜本局ニ作ル
○太、文龜本大ニ作ル
○先ノ下、與ノ一字補フベキ歟
○逐、寛文本遂ニ作ル、今文龜本寛政本ニヨツテ改ム
○宿、文龜本寛文本僧ニ作ル、今寛政本ニヨツテ改ム

典座。

典座の職は大衆の齋粥を主《つかさど》る。須らく道心を運《めぐ》らし時に隨つて改變し、大衆をして受用し安樂ならしむべし。亦常住の齋料を枉費することを得ざれ。及び厨中を點撿して、亂りに抛撒すること有ることを得ざれ。局次の行者《あんじや》を選揀して、能者を之に當てよ。行令《ぎやうれい》太だ嚴なることを得ざれ、嚴なれば則ち衆を擾《みだ》る。太だ緩なるべからず、緩なれば則ち職を失す。造食の時、須らく親しく自ら照管して自然に精潔にすべし。物料《もつれう》并に齋粥の味數を打するが如きは、並に預先《まづ》庫司《くす》知事と商量せよ。醬醋淹藏收菜の類の如きは、並に是れ典座專管せよ。時を失することを得ざれ。常に切に提擧し火燭して、時に依つて俵散し、利務を同じうして均平ならんことを要す。監院《かんにん》、直歲《しつする》、庫司《くす》の所管に係るべきが如きは、同共に商量せば卽ち可なり。並に須らく權を侵し職を亂すべからず。厨中の竈釜《さうふ》什物、故舊損壞するが如きは、則ち逐施抽換し添補せよ。行者《あんじや》を教訓して規矩に務め循《したが》はしめよ。堂中の行益《あんいつ》、諸寮の供過《くくわ》の如きは、並に須らく種種教詔して其をして通曉せしむべし。及び師宿を見ば、須らく問訊し側立すべし。靈利の行者を擇んで、堂頭《だうちやう》、知事、頭首等の處の供過に準備せよ。常に諸寮の行者を覺察して、頑鈍にして供過の前《すす》まざること有らんを慮《おもんぱか》れ。知事頭首再び行者を留むるが如きは、卽ち當に權宜隨順すべし、堅要に輪撥《りんはつ》すべからず。

典座は厨中に係つて粥飯を喫す、食する所《ところ》衆に異なることを得ざれ。二時の食辦じて、先望二僧堂一焚香禮拜訖、然後發食。

禪苑淸規云、供二養衆僧一故有二典座一。從レ古道心之師僧充來之職也、不肖之族未二曾居一レ職矣。昔日、大潙、夾山、無着、漸源等之宗師勤來矣。供養衆僧者、禪苑淸規云、僧無二凡聖一通二會十方一。然則十方之雲衆水衆、叢林之是凡是聖、等供養理合二精豐一。典座打得齋粥物料、一粒米、一莖菜、是典座手裏之感得也。是典座拳頭之功德也。調レ之以齋二于佛祖一、調レ之以供二于雲水一。不レ可下以二肉眼一見中其所生上、不レ可下以二凡慮一測中其所有上矣。天帝之福德、輪王之福德、未レ勝二典座之福德一。典座之所二打得一米菜、雖レ非三過現當之所二出生一、宛非三天地人所二從來一。擧手之處得、拈得之處親也。然則典座者、以レ道供二養道一之職、以レ心供二養心一之時也。所以每時供レ衆。故禪苑淸規云、爲二成道一故方受二此食一、所三以報二典座一也。所レ謂施者、受者、一等成道、故受二此食一也。教三受者離二於諸非一、無レ善二於典座所造之食一。所以如來許三摩訶迦葉受二僧中食一。乞食尙障道之例、間有レ之歟。測知、佛祖寺院之齋粥、僧中最上食也、所三以等二乞食之德一也。料二理齋粥一者、打二得翌日齋粥之料一、

先づ僧堂を望んで焚香禮拜し訖つて、然る後發食せよ。

禪苑清規に云く、衆僧を供養す故に典座有りと。古より道心の師僧充て來るの職なり、不肖の族《やから》は未だ曾て職に居らず。昔日、大潙、夾山、無着、漸源等の宗師《しうし》勤め來れり。供養衆僧とは、禪苑清規に云く、僧は凡聖と無く十方に通會《つうゑ》すと。然れば則ち十方の雲衆水衆、蕀林の是れ凡是れ聖、等しく供養して理すること精豐なる合《べ》し。典座の打得する齋粥の物料は、一粒米《りふべい》、一莖菜《きやうさい》、是れ典座手裏の感得なり。是れ典座拳頭の功德なり。之を調へて以て佛祖に齋し、之を調へて以て雲水に供す。肉眼を以て其の所生を見るべからず。凡慮を以て其の所有を測るべからず。天帝の福德、輪王《りんのう》の福德も、未だ典座の福德に勝らず。典座の打得する所の米菜は、過現當の出生する所に非ずと雖も、宛も天地人の從來する所に非ず。擧手の處に得、拈得の處に親し。然あれば則ち典座は、道を以て道を供養するの職なり、心を以て心を供養するの時なり。所以に每時に衆に供ず。故に禪苑清規に云く、成道の爲の故に方に此の食を受くるは、典座に報ずる所以なりと。所謂《いはゆる》施者、受者一等に成道す、故に此の食を受くるなり。受者をして諸非を離れしむるは、典座所造の食より善きは無し。所以に如來摩訶迦葉《まかかせう》に僧中の食を受けよと許したまふ。乞食は倘障道の例、間《まま》之有る歟。測り知る、佛祖寺院の齋粥は、僧中最上の食なり、乞食《こつじき》の德に等うする所以なりと。齋粥を料理するには、翌日齋粥の料を打得して、

護二惜之一如二眼睛一。保寧寺仁勇禪師曰、護二惜眼睛常住物一。今案、護二惜常住物一猶勝二於眼睛一。眼睛曾與二婆羅門一而退大矣。常住物未レ可レ與二外道一、所以不レ可二退道一也。敬重猶如二御饌之法一。料理之間、鹽梅油醤等不レ可二喫試一、不レ可二嘗試一、供二養三寶一之食之法也。喚レ米喚レ菜等、又以二尊崇之言一而喚レ之也。莫レ輒、莫レ踈。不レ可下以二麁惡語、雜穢語、戯論語一、而罵中詈於米菜飯羹等上也。禪苑淸規云、如レ打二物料幷齋粥味數一、幷預先與二庫司知事一商量。典座不レ可下任二自意一而行上。先預與二知事一可二商議一也。議定再三叮嚀不レ可二倉卒一。諸知事、不レ可下任二私意一而定上矣。但專二公心道心一而商議矣。既議定了、書二呈方丈、衆寮、頤堂、前資勤舊等之諸堂之嚴淨牌一。教二童行而書一レ之也。齋粥味數分曉顯レ之矣。然後料二理朝煮粥之務一。淘レ米擇レ菜等、自手親見、精勤誠心而作。不レ可三一念踈怠緩慢、一事管看、一事不二管看一。所以者何、善根山上分一塵也可レ積、功德海中分一滴也莫レ讓。三千威儀經云、教二人擇一レ米有二五事一。一者當三自量視二多少一。二者不レ得レ有レ草。三者擇二去鼠屎一。

○私、文龜本雅ニ作ル
○議、文龜本儀ニ作ル
○顯、文龜本題ニ作ル
○教人、文龜本ニナシ

之を護惜《こしやく》すること眼睛の如くせよ。保寧寺仁勇禪師曰く、眼睛なる常住物を護惜せよと。今案ずるに、常住物を護惜すること猶眼睛に勝れり。眼睛は曾つて婆羅門に與へて而も退大す。常住物は未だ外道に與ふべからず、所以に退道すべからざるなり。敬重すること猶御饌の法の如くせよ。料理の間、鹽梅油醤等喫試すべからず、甞試すべからず、三寶を供養するの食の法なり。米を喚び菜を喚ぶ等は、又尊崇の言を以て之を喚べ。輙《てふ》なること莫れ、踈《そ》なること莫れ。麁惡の語、雜穢《ざうゑ》の語、戯論の語を以て、而して米菜飯羹等を罵詈すべからず。禪苑淸規に云く、物料幷に齋粥の味數を打するが如きは、幷に預《ま》先《づ》庫司《くす》知事《ちじ》と商量せよと。典座自意に任せて行ずべからず。先づ預め知事と商議すべきなり。議定《ぎちやう》再三叮嚀にして倉卒なるべからず。諸の知事、私意に任せて定むべからず。但《ただ》公心道心を專らにして商議せよ。既に議定し了らば、方丈、衆寮、頤堂《いだう》、前資《ぜんし》勤舊《ごんきう》等の諸堂の嚴淨牌《ごんじやうはい》に書呈せよ。童行《ずんあん》をして之を書せしむ。齋粥の味數は分曉に之を顯《あらは》せ。然して後明朝煮粥の務《つとめ》を料理す。米を淘り菜を擇ぶ等、自ら手づから親しく見て、精勤誠心《しやうごんじやうしん》にして作せ。一念も踈怠緩慢にして、一事をば管看し、一事をば管看せざるべからず。所以は何《いか》ん、善根山上一塵も也た積むべく、功德海中一滴も也た讓ること莫れ。三千威儀經に云く、人をして米を擇ばしむるに五事有り。一には當に自ら量つて多少を視るべし。二には草有ることを得ざれ。三には鼠屎を擇び去れ。

四者不レ得レ令レ有レ穬。五者向二淨地一。禪苑清規云、六味不レ精三德不レ給、非三典座所二以奉一レ衆也。六味者、一苦、二醋、三甘、四辛、五鹹、六淡。三德者、一輕輭、二淨潔、三如法作。次淘レ米淘レ沙、看レ米看レ沙、審細如法。雪峰曾在二洞山一作二典座一。一日淘レ米次、洞山問、淘レ沙去米、淘レ米去沙。雪峰云、沙米一時去。洞山云、大衆喫二箇什麼一。雪峰覆二却盆一。洞山云、子佗後別見レ人去在。上古有道之古佛、猶自手精勤彌勤。後來晩進之庸流、豈徒緩怠慢怠者哉。若其如法精勤者、乃是今日之有道歟。先澡レ釜以容二齋粥料物一、手自照顧而須レ教二清淨一。三千威儀經云、教二人洮一レ米有二五事一。一者當レ用二堅器一。二者用二淨水一。三者五易レ水令レ淨。四者內著二屛處一。五者覆レ上令レ密。禪苑清規云、造食之時、須二親自照顧、自然精潔一。既以二米菜等一容二竈釜一訖、留レ心護持。莫レ使二老鼠等觸著、並諸色人見觸一。縱差二行者人工等一照顧、典座猶可二自護一矣。三千威儀經云、澡レ釜有二五事一。一者不レ得三持レ汁大衝二釜底一。

○穬、寬文本寬政本糠ニ作ル、今文龜本ニヨツテ改ム
○勤、寬文本勒ニ作ル、今寬政本ニヨツテ改ム
○洮、文龜本淨ニ作ル
○著、文龜本着ニ作ル

四には穢有らしむることを得ざれ。五には淨地に向へと。禪苑清規に云く、六味精《くはし》からず三德給《そなは》らざるは、典座の衆に奉《ぶ》する所以に非ずと。六味とは、一に苦《にがし》、二に醋《すし》、三に甘《あまし》、四に辛《からし》、五に鹹《しほはゆし》、六に淡《あはし》。三德とは、大經に云く、一に輕輭《きやうなん》、二に淨潔《じやうけつ》、三に如法作《によほふさ》なり。次に米を淘り沙を淘り、米を看沙を看るに、審細如法にせよ。雪峰曾て洞山に在つて典座と作る。一日米を淘る次《ついで》、洞山問ふ、沙を淘り去つて米か、米を淘り去つて沙か。雪峰云く、沙米一時に去る。洞山云く、大衆箇の什麽《なに》をか喫せん。雪峰盆を覆却す。洞山云く、子佗《なんじ》後別に人に見《まみ》え去ること在らんと。上古有道の古佛、猶自ら手づから精勤《しやうごん》して彌《いよいよ》勤む。後來晩進の庸流、豈徒に緩怠慢怠なる者ならんや。若し其れ如法に精勤せば、乃ち是れ今日の有道ならん歟。先づ釜を淘《あら》うて以て齋粥の料物を容れ、手づから自ら照顧して須らく清淨ならしむべし。三千威儀經に云く、人をして米を淅らしむるに五事有り。一には當に堅器を用ゆべし。二には淨水を用ゆ。三には五たび水を易へて淨からしむ。四には內れて屛處に著く。五には上を覆うて密ならしむ。禪苑清規に云く、造食の時、須らく親しく自ら照顧し、自然《じねん》に精潔にすべしと。既に米菜等を以て竈釜に容れ訖つて、心を留《とど》めて護持せよ。老鼠等をして觸著し、並に諸色の人をして見觸せしむること莫れ。縱ひ行者人工等を差して照顧せしむるとも、典座猶自ら護すべし。三千威儀經に云く、釜を淘《あら》ふに五事有り。一には汁《じふ》を持して大いに釜底を衝くことを得ざれ。

二者當レ使下蓋器受二汚水一出中棄之上。三者當レ滿レ水。四者淨二澡木蓋一覆レ上。五者日暮覆レ之令レ竪。今日齋時之所用調度須二打併一。所レ謂飯桶、羹桶、諸般盤器、調度什物、淨潔洗拭、安二高處一者安二于高處一、安二低處一者安二于低處一、高處高平低處低平。木杓、鐵杓、竹筴等類、一齊打併眞心護惜、輕手收放。又料二理明日齋料一。先擇二米裏有レ蟲也無一、擇二去綠豆一、除二去糟糠一、草砂同去、精誠擇了、内二在淨地一、窖二在其處一、次擇二明齋羹菜等一。三千威儀經云、擇レ菜有二五事一。一者當レ去レ根。二者當レ令レ等。三者不レ得レ令二青黃合一。四者當レ使二澡淨一。五者皆當レ令レ向レ火。知レ之乃得二布用一。擇レ米擇レ菜等時、行者諷經囘二向竈公一。所レ謂諷經者、安樂行品、金剛般若、普門品、楞嚴咒、大悲咒、金光明空品、永嘉證道歌、大爲警策、三祖信心銘等也。隨宜而諷經回二向竈公一也。回向云、上來諷二誦某經一。又云、上來諷誦功德、回二向當山竈公眞宰一、護レ法安レ人者。十方三世一切諸佛、諸尊菩薩摩訶薩、摩訶般若波羅蜜。請二堪能行者一作二諷經頭一。行者擇レ米擇レ菜等之處、典座親臨而照二顧之一。

○蓋、文龜本葢ニ作ル

○經、文龜本ニナシ
○回、文龜本廻ニ作ル

二には當に盞器をして汚水を受けて之を出し棄てしむべし。三には當に水を滿たすべし。四には木盞を淨滌して上に覆へ。五には日暮《にちぼ》に之を覆うて堅からしめよ。今日齋時の所用の調度は須らく打併《たへい》すべし。所謂飯桶《いはゆるはんつう》、羹桶《かうつう》、諸般の盤器、調度什物、淨潔に洗拭し、高處に安《お》く者は高處に安《お》き、低處に安《お》く者は低處に安《お》く、高處は高平に低處は低平に。木杓、鐵杓、竹筴《ちくきやう》等の類、一齊に打併して眞心に護惜し、輕手に收放せよ。又明日の齋料を料理せよ。先づ米裏に蟲有りや無きやを擇び、綠豆を擇び去り、糟糠を除き去り、草砂同じく去つて、精誠《せいせい》に擇び了り、淨地に內在し、其の處に窖在《かうざい》し、次に明齋の虀菜等を擇べ。三千威儀經に云く、菜を擇ぶに五事有り。一には當に根を去るべし。二には當に等ならしむべし。三には靑黃《せいくわう》をして合せしむることを得ざれ。四には當に澡《あら》ひ淨からしむべし。五には皆當に火に向はしむべし。之を知つて乃ち布《し》き用ふることを得と。米を擇び菜を擇ぶ等の時、行者諷經《あんじやふぎん》して竈公に囬向せよ。所謂《いはゆる》諷經とは、安樂行品《あんらくぎやうほん》、金剛般若《こんがうはんにや》、普門品《ふもんぼん》、楞嚴咒《りようごんしゆ》、大悲咒《だいひしゆ》、金光明空品《こんくわうみやうくうほん》、永嘉《ようか》の證道歌、大潙の警策、三祖の信心銘等なり。隨宜に諷經して竈公《さうこう》に回向するなり。回向に云く、上來某經を諷經す。又云く、上來諷經する功德は、當山竈公眞宰に回向す、法を護し人を安んぜんことを。十方三世《ぢはうさんし》一切諸佛《いししふ》、諸尊菩薩摩訶薩《しそんぶさもこさ》、摩訶般若波羅蜜《もこほじやはろみ》。堪能の行者を請して諷經頭《ふぎんぢう》と作す。行者米を擇び菜を擇ぶ等の處には、典座親しく臨んで之を照顧せよ。

典座就二庫司一打物料、不レ論二多少一、不レ管二麁細一、但是精誠辦備而已。切忌、作レ色口說二物料多少一矣。終日竟夜、精勤辦道。煮レ粥蒸レ飯、作レ羹理レ菜等時、典座莫レ離二諸處一。明眼親見不レ費二一粒一、不レ壞二一莖一。三千威儀經云、作レ羹有二五事一。一者當レ敎二如レ次內一レ物。二者當レ令レ熟。三者令二味調適一。四者當三自視令二淨潔一。五者已熟當下去二下火一覆上レ之。蒸レ飯作レ羹、或使二行者一或使二人工一、敎二佗燃一レ火。三千威儀經云、燃レ竈有二五事一。一者燃レ火不レ得レ横レ薪。二者不レ得レ燃二生薪一。三者不レ得三燃レ釜倒二逆薪一。四者不レ得二自以レ口吹レ火燃一。五者不レ得下持二熱湯一澆レ火滅上。蒸二了飯一、熟二了羹一、便收二于飯籮裏一、便收二于羹桶裡一、安二于檯盤上一、而如法尊二崇物色由來一、而見レ佛見レ祖、撞二着大潙一、磕二着石霜一而已。夫拈二一莖草一建二寶王刹一、拈二一微塵一轉二大法輪一。所以得二桶裏水鉢裏飯一、宛是食輪轉法輪轉也。安二檯盤上一、尊二崇之一後、時至焚レ香、向二飯羹檯盤一、及望二僧堂一展二坐具一九拜了、收二坐具一問訊叉手立、乃打二木魚一。發レ食時、

○竈ノ下、文龜本火ノ字アリ
○裏、文龜本裡ニ作ル
○時、文龜本叱ニ作ル

典座庫司《くす》に就いて打するの物料は、多少を論ぜず、麁細を管せず、但《ただ》是れ精誠《せいせい》に辨備するのみ。切に忌む、色《いろ》を作して口に物料の多少を説くことを。終日《ひめもす》竟夜《よもすがら》、精勤《しやうごん》に辨道す。粥を煮飯を蒸し、羹を作り菜を理する等の時、典座諸處を離るること莫れ。明眼《めいげん》に親しく見て一粒を費さざれ、一莖を壞《やぶ》らざれ。三千威儀經に云く、羹を作るに五事有り。一には當に次の如く物を内《い》れしむべし。二には當に熟せしむべし。三には味をして調適せしめよ。四には當に自ら視て淨潔ならしむべし。五には已に熟せば當に下の火を去《ひ》いて之を覆ふべしと。飯を蒸し羹を作るに、或は行者を使ひ或は人工を使つて、佗をして火を燃さしめよ。三千威儀經に云く、竈を燃すに五事有り。一には火を燃すに薪を横《よこた》ふることを得ざれ。二には生薪を燃すことを得ざれ。三には釜に燃すに薪を倒逆することを得ざれ。四には自ら口を以て火を吹き燃すことを得ざれ。五には熱湯を持つて火に澆《そそ》いで滅《け》すことを得ざれと。飯を蒸し了り、羹を熟し了りて、便ち飯羅裏に收め、便ち羹桶裡に收め、檯盤上に安《お》いて、而して如法に物色《もつしき》の由來を尊崇せば、佛に見《まみ》え祖に見え、大潙に撞着し、石霜に磕着《かつぢやく》せんのみ。夫れ一莖草を拈じて寶王刹を建て、一微塵を拈じて大法輪を轉ず。所以に桶裏水鉢裏飯を得る、宛も是れ食輪轉じ法輪轉ずるなり。檯盤上に安じて、之を尊崇して後、時至つて香を焚き、飯羹檯盤に向ひ、及び僧堂を望んで坐具を展べて九拜し了り、坐具を收めて問訊し叉手して立てば、乃ち木魚を打す。食を發するの時、

望二飯嚢一問訊送レ食也。典座隨二飯嚢後一而赴レ堂、若齋會稍大、典座亦共二行者一而行益矣。行益之時不レ搭二袈裟一、着レ絆而到二僧堂一也。尋常齋粥不レ可二必然一。典座辨食雖レ向レ麁末レ生二怠慢一、雖レ逢レ細彌有二精進一。所以得レ遂二一日夜之勤任一、乃應レ隨二喜、一日夜之功德一。自レ非レ蒙二大師釋尊之哀愍聽許一、澆季之遠方爭辨二備一日之僧齋一者乎。况既傳二聞如法之道術一乎。若不レ朝二宗三寶德海一、爭得レ如レ是乎。何況、一職一年。與レ時隨二喜于自己功德一。隨二喜于自己功德一、即隨二喜于諸佛之所有功德一也。隨二喜于諸佛之光明照二臨典座一也。寮僧之法、敬重爲レ宗之先言、常應レ措二其心一也。典座入二庫堂一、子細而詳參。

直歲。

直歲之職、凡係二院中一作務並主レ之。所レ爲二院門修造一、寮舍、門窓、牆壁、動用什物、逐レ時修換嚴飾。及提二擧碾磨、田園、庄舍、油房、後槽、鞍馬、船車、掃洒、栽種一。巡二護山門一、防二警賊盜一、差二遣人工一、輪二撥庄客一。並宜二公心勤力、知レ時別レ宜。如レ有二大修造、大作務一、並稟二住持人一矩劃、及與二同事一商議。不レ得二專用二己見一。

○後槽、文龜本寛文本役槽ニ作ル、今寛政本ニヨツテ改ム飯羹を望み問訊して食を送るなり。典座飯羹の後《しりへ》に隨つて堂に赴く、若し齋會稍《やや》大ならば、典座も亦行者と共に行益《あんいつ》す。行益の時は袈裟を搭けず、絆を着けて僧堂に到るなり。尋常《よのつね》の齋粥には必ず然るべからず。典座の辨食は麁に向ふと雖も未だ怠慢を生ぜず、細に逢ふと雖も彌《いよいよ》精進有り。所以に一日夜《にちや》の勤任《ごんにん》を遂ぐることを得ば、乃ち應に一日夜の功徳を隨喜すべし。大師釋尊の哀愍聽許を蒙るに非ざるよりは、澆季の遠方爭か一日の僧齋を辨備する者ならんや。況んや既に如法の道術を傳聞するをや。若し三寶の徳海に朝宗せずんば、爭か是の如くなるを得んや。何《いか》に況んや、一職一年をや。時と與《とも》に自己の功徳を隨喜せよ。自己の功徳を隨喜するは、卽ち諸佛の有らゆる功徳を隨喜するなり。諸佛の光明典座に照臨するを隨喜するなり。齋僧の法は、敬重を宗とすとの先言、常に應に其の心に措くべし。典座庫《く》堂《だう》に入《い》る、子細に詳參せよ。

直歲。

直歲の職、凡そ院中に係るの作務《さむ》は並に之を主《つかさど》る。院門の修造を爲す所は、寮舍、門窓、牆壁、動用の什物、時を逐うて修換し嚴飾せよ。及び碾磨、田園、庄舍、油房、後槽、鞍馬、船車、掃洒、栽種を提擧せよ。山門を巡護し、賊盜を防警し、人工《にんく》を差遣し、庄客を輪撥す。並に宜しく公心にして勤力《ごんりき》し、時を知り宜しきを別つべし。大修造、大作務有るが如きは、並に住持人に稟して矩劃し、及び同事と商議せよ。專ら己見を用ゆることを得ざれ。

直歳與二諸知事一、齊在二庫院一。然而常應下在二直歳司一、而照中顧于人工等之所作成否上。直歳司雖レ立二寺門之內一、當二東廊之外一而置レ之、教下斧聲不レ及二于僧堂、法堂、方丈、庫院等一矣。三千威儀經云、教二人破レ薪有二五事一。一者莫レ當レ道。二者先視二斧柄一令レ堅、三者不レ得レ使レ破下有二青草一薪上。四者不レ得三妄破二塔材一。五者積二著燥處一。諸寺置二漏刻於直歳司一、人工兩人知レ之。直歳巡二護山門一、彌謹彌節不レ可二懈怠一。修二換什物一、乃嚴乃飾。爲二百姓一、爲二火客一、以レ公爲レ心、以レ私莫レ心。清規云、爲二衆僧一作務故有二直歳一。然則衆僧雖レ未レ告、若有二舊損者一、直歳須レ修二換之一。清規云、安二處僧房一、護二惜什物一、所三以報二直歳一也。清規云、居處受用、不レ思二後人一非レ所三以報二直歳一也。然則直歳之務衆僧之務、衆僧之報直歳之報也。豈是世諦之流布而已哉。豈是途中之受用而已哉。前來數條皆是古佛之巴鼻、先聖之眼睛也。不レ可レ不二便于亘古亘今一、不レ可レ不二合于學道證道一。若孤二股肱一、必負二頂顙一。○有二何面目之在一、與二佛祖一之相見。

○有何以下六字、文龜本何面目之有在ニ作ル直歳《しつする》と諸知事とは、齊しく庫院《くゐん》に在り。然れども常に應に直歳司《しつするす》に在つて、而して人工等の所作の成否を照顧すべし。直歳司は寺門の內に立つと雖も、東廊の外に當つて之を置き、斧斲を爲して僧堂、法堂《はつたう》、方丈、庫院等に及ばざらしむ。三千威儀經に云く、人をして薪を破らしむるに五事有り。一には道に當ること莫れ。二には先づ斧の柄を視て堅からしめよ。三には青草有る薪を破らしむることを得ざれ。四には妄りに塔材を破ることを得ざれ。五には積んで燥處に着けと。諸寺漏刻を直歳司に置き、人工兩人之を知す。直歳は山門を巡護し、彌《いよいよ》謹み彌《いよいよ》節して懈怠すべからず。什物を修換し、乃ち嚴《ごん》に乃ち飾《しよく》せよ。百姓の爲、火客の爲、公を以て心と爲し、私を以て心とする莫れ。清規に云く、衆僧の爲に作務す故に直歳有りと。然れば則ち衆僧未だ告げずと雖も、若し舊損の者有れば、直歳《しつする》須らく之を修換すべし。清規に云く、僧房に安處し、什物を護惜するは、直歳に報ずる所以なりと。清規に云く、居處受用、後人を思はざるは、直歳に報ずる所以に非ずと。然れば則ち直歳の務は衆僧の務なり、衆僧の報は直歳の報なり。豈是れ世諦の流布のみならんや、豈是れ途中の受用のみならんや。

前來の數條は皆是れ古佛の巴鼻、先聖の眼睛なり。亘古亘今に不便なるべからず、學道證道に不合なるべからず。若し股肱に孤《そむ》かば、必ず頂顙に負《そむ》かん。何の面目の在る有つてか、佛祖と相見《しやうけん》せんや。

永平寺知事清規

于時寛元丙午夏六月十五日

○越宇永平開闢沙門道元撰

寛文七丁未歳吉日　三條菱屋町

ゐのをり林傳左衛門尉板行

○越宇以下十一字、永文龜本撰于越宇永平寺開闢沙門道元ニ作リ、次ニ旹文龜二壬戌年季春念二日、於于吉祥山永平寺鑁梅精舍東軒下、建撕和尚弟子前住遠孫比丘光周書之ノ識語アリ

永平寺知事清規

時に寛元丙午《ひのへうま》の夏六月十五日

越宇永平開闢沙門《しやもん》道元《だうげん》撰す

自二大雄肇作一而來、禪規日多矣。又有下元師之筆而竝二馳其間一者、曾自レ寓二城南興聖一、至レ住二越北永平一、所二垂範一之典座教訓、知事清規等之諸編也。中塵封霧隱、見稍稀、聞已鮮。逮三予來住二此山一、適遇二之於蠹簡裏一、宛如三陰晦長夜得二夜光之珠一。喜躍有レ餘。熟閲レ之、間有二文字素朴者一、此是國初之體也。有二章句不レ完者一、此是魚魯之差也。苟採二其華一而棄二其實一、則豈得下隨二遵先誡一、發中揚遺意上乎。故今繡レ梓以告二後來一。其爲二規訓一何第知事典座等。推而擴レ之、庶幾補二於緇衣一云。

寛文丁未孟夏四月佛誕生日

現住永平光紹謹跋

大雄肇めて作りてより而來《このかた》、禪規日に多し。又元師の筆して其の間に竝馳せし者、曾て城南興聖に寓してより、越北永平に住するに至るまで、垂範する所の典座教訓、知事清規等の諸編有り。中ごろ塵に封じ霧に隱れて、見ること稍稀《まれ》に、聞くこと已に鮮し。予來て此の山に住するに逮んで、適《たまたま》之を蠹簡裏に遇ふ、宛も陰晦長夜に夜光の珠を得たるが如し。喜躍餘り有り。熟《つらつら》之を閱するに、間《まま》文字の素朴なる者有り、此は是れ國初の體なり。章句の完《まった》からざる者《もの》有り、此は是れ魚魯の差なり。苟も其の華を採つて其の實を棄つるときんば、則ち豈先誡に隨遵し、遺意を發揚することを得んや。故に今梓に繡して以て後來に告ぐ。其の規訓と爲る何ぞ第《ただ》知事典座等のみならん。推して之を擴むれば、庶幾くは緇衣を補はんと云ふ。

寛文丁未《ひのとひつじ》孟夏四月佛誕生の日　　永平に現住する光紹謹んで跋す

註記

典座教訓

一六　典座――典は典次又は典知の義、ふりわけること、座は牀座の意、即ち衆僧の牀座を典次し付するをいふ。釋氏要覽巻下住持章主事四員に「典座、僧祇律云、典次付二床座一、此掌二僧九事之一一也」といひ、僧の九事中牀座を掌つたものであるが、後、衆僧の齋粥を司る役名となつた。

觀音導利興聖寶林禪寺――天福元年の春、道元禪師が山城深草に建立せられた寺院にして、觀音導利院は、その前身たる極樂寺の寺號であり、興聖寶林寺はこの時新に命名せられたものである。即ち舊跡を偲ぶ意味より新舊兩名を併せ用ひられたらしい。然し同寺は禪師の北越入山後間もなく燒失して永く廢絕に歸したが、德川の初め淀の城主永井尙政が萬安英種禪師を請して現在の京都府宇治町に再建した。

六知事――禪林の内部を統轄する役名にして、都寺・監寺・副寺・維那・典座・直歲の六役をいふ。

禪苑淸規――宋徽宗の崇寧二年（我が康和五年）長蘆宗賾禪師の著作したもので一に崇寧淸規といふ。是よりさき二百九十年前唐憲宗の代、百丈懷海禪師が初めて禪寺を開創し淸規を制定したが（古淸規といふ）それが湮滅に歸したので、玆に删定して十卷に纒めた。尙、この時宗賾は新添濾水法一卷を著してゐる。

一色之辨道――一色は餘念を雜へず一事に專注すること、辨道は佛道を成辨するの意にして、身心ともに打込んだ所謂不惜身命の修行ぶりをいふ。

潙山――百丈懷海禪師の法嗣靈祐禪師のこと。唐代宗大曆六年、福州長谿に生れ、出家の後、潭州潙山に住し、唐宣宗大中七年（西紀八五三）八十三歲にして寂す。勅諡を大圓禪師といふ。傳は潙山靈祐禪師語錄・宋高僧傳第十一・

景德傳燈錄第九等に見ゆ。

洞山――雲門文偃禪師の法嗣守初禪師のこと。襄州洞山に住し、宋の太宗淳化元年（西紀九九〇）七月寂す。宗慧大師といふ。紀傳及び語句等は禪林僧寶傳第八・景德傳燈錄第二十二・五燈會元第十五等に見ゆ。

食厨子――天子の御膳酒肴等を調辨する場所。職原鈔下卷に御厨子所《みづしどころ》と見ゆ。別當は內藏寮の頭を以て之に補す。

饌夫――國王の飲食膳羞を掌る役。

山僧――禪僧が自らを謙遜して呼ぶ名稱、拙僧といふも同じ。

前資・勤舊――前資は、資は弟子の意であるから、自分よりも前に佛門に歸投して人の弟子となつた者、即ち先輩をいひ、勤舊は、久しく叢林に在つて知事・頭首等の諸役を勤めた老宿をいふ。

齋時罷――齋時は午時の食事、罷は終つた時であるから、齋食直後のことをいふ。

都寺・監寺――都寺・監寺何れも山內一切の事務を總監する役。就中都寺は監寺の上にあつて一山の諸職を統御するを以て一に都總《つそう》ともいふ。勅脩百丈淸規卷下兩序章第六東序知事に「都監寺、古規惟設監院、後因寺廣衆多、添都寺以總庶務」と見え、本來は監寺のみなりしが、山內の寺務繁多なりしをもつて姑く分職設置したものである。所謂監寺と同一である。永平寺知事淸規には「古時監寺而已、近日稱都寺卽監寺也、稱副寺亦監寺也、近代寺院繁務、仍請兩三監寺也」と見えてゐる。今日は都寺は全く有名無實のものとなつてゐる。

打――調達すること。

保寧勇禪師――楊岐方會禪師の法嗣仁勇禪師のこと。四明竺氏の子、出家して雪竇明覺に參じ、後、方會に謁して心印を稟け、金陵の保寧山に住した。傳は五燈會元第十九に見ゆ。

御饌草料――天子供御の食糧。

生物・熟物――生物は未だ調理しない生の物をいひ、熟物は煮燒し調理し終つた食物をいふ。

一八

庫堂――庫裡のこと、通常庫院といつてゐる。

副司――監院の指揮を受けて、金錢の出納その他一寺の庶務を辨理する役。

維那――山内の事務を管掌し僧衆の綱紀を取締る役名。梵漢合成語で、維は綱維の略、那は梵語羯磨陀那 Karm-adāna（知事）の略である。

直歳――直は當直の義、毎歳當番をもつて幹事の職に當直せしをもつて名く。その職とするところは、普請・作務、その他の土木事業を擔任するのである。

方丈――方は四角、丈は一丈であるから、一丈四方の座敷の意で住持人の居室をいふ。その故事は維摩居士が僅か一丈四方の石室に三萬二千の獅子座を設けたといふことに據る。今は室の廣狹に拘らず方丈といひ、轉じてそれに居る人卽ち寺院の住持を呼ぶ敬稱となつてゐる。

衆寮――衆寮箴規のところにて註記す。

嚴淨牌――莊嚴清淨の牌の意で、塗り板・掲示板のことである。

六味――苦い、酢い、甘い、辛い、鹹い、淡い等の原味をいふ。

三德――輕輭（輕くやはらか）淨潔（きれい）如法（作法に契ふ）の三をいふ。

雪峯――德山宣鑑禪師の法嗣義存禪師のこと。唐僖宗乾符元年、福州象骨山雪峯に院を開き、この地に居ること四十餘年、門下常に千五百人を下らなかつたといはれ、後梁太祖開平二年（西紀九〇八）五月、八十七歳で寂した。曾て眞覺大師の號を受く。傳は宋高僧傳第十二・景德傳燈錄第十六・雪峯眞覺大師年譜等に見ゆ。

洞山――雲巖曇晟禪師の法嗣良价禪師のこと。姓は兪、會稽の人、出家して五洩の靈默、潙山の靈祐等に參じ、後雲巖に得法して、筠州洞山に法門を開き、懿宗の咸通十年（西紀八六九）六十三歳で寂した。悟本大師の號を受く。傳は宋高僧傳第十二・景德傳燈錄第十五等に見ゆ。

先來——古來といふに同じ。

絆——襷のこと。

二〇　諸色閑人——諸色はいろいろのといふこと。閑人は無用の者、ひま人をいふ。

粥時——朝食のこと。叢林では粥飯粥と稱して朝夕は粥を喫し、午時は飯を喫することを常例としてゐる。

打併——併は屛に通ず。蔽ひかくすの義、故に物をかたつけることである。

什物——什は十也・聚也・雜也といひ、多類又は多數の意にして、多くの器具といふことである。具さには常什物又は常住物と書し、寺院日常の用具を指す語となつてゐる。

高處高平低處低平——仰山慧寂禪師の語にして、高い處は高い儘で平等、低い處は低い儘で平等と、つまり差別と平等の相即せる樣を道破したものである。景德傳燈錄第十一袁州仰山慧寂禪師の章に「一日隨二潙山一開レ田、師問曰、遮頭得二恁麼低一那頭得二恁麼高一祐曰、水能平物但以水平、師曰、水也無憑、和尙但高處高平、低處低平、祐然レ之」と見えてゐる。

挾杓——挾はさしはさむの義にして菜箸をいひ、杓は杓子のことをいふ。

行者——釋氏要覽卷上出家の章に「行者、善見律云、有二善男子一欲二求出家一未レ得二衣鉢一欲下依二寺中一住上者、名二畔頭波羅沙一（未レ見二譯語一）今詳、若二此方行者一也」と見え、未得度者にして一寺に止住し、諸役の下に各種の事務に從ふもの、即ち雜務に從ふ給仕人等をいふ。然し今は菜頭・碗頭等の如き典座寮の下役一般を指してゐると見るべきである。

竈公——具さに竈公眞宰といひ、竈の守護神即ち火を主る神のことである。

庫司——副寺・知庫等の如き知事級の役を指してゐる。

打得——請取ること。

三更――更とは夜間時刻の替り目の義、昔、日没に漏刻を設け、その漏の盡きるまでを五分して、初更（戌刻・八時）二更（亥刻・十時）三更（子刻・十二時）四更（丑刻・二時）五更（寅刻・四時）と名けた。三更は夜十二時頃をいふ。

做粥――粥を作り朝食を辨備すること。

飯籮――竹製の飯器に名けたもので、多く夏時に使用す。

奴子――庫下の雇人・丁稚の如き、概して下働きをする者をいふ。

火客――火たき人足のこと。

飯頭・羹頭――飯頭は齋時の飯を主宰する役、羹頭は菜を主る役にして菜頭ともいふ。總じて典座の下にあつて働く者に名く。

二二 建二寶王刹一――寶王は佛、刹は伽藍の意で、立派な堂塔伽藍の備はつた寺院を建立すること。從容錄第四則の「世尊與レ衆行次、以レ手指レ地云、此處宜レ建二梵刹一、帝釋將二一莖草一、挿二於地上一云、建二梵刹一已竟、世尊微笑」といへる建梵刹の意に同じ。

轉二大法輪一――法門を擧揚し衆生のために拔苦與樂することの自由無礙なる活動を、轉輪聖王が世界を統御するに輪寶を運轉し、一切の邪法を碎破するに譬へたものである。

莆菜羹――莆は莆藿と熟字し、春季に發生する草木の芽葉等をいひ、羹はあつもの、汁の意で、俗にいふ菜つ葉汁の如き粗末な副食物をいふ。

頭乳羹――頭乳とは牛乳のこと、牛は一頭二頭と數へるから頭の字を加へたので、これに深い意味はない、つまり牛乳で作つた程の上味な食物といふ意である。佛教では上品上味なものを總べて牛乳に譬へるを例とし、醍醐味の如きはその最も優れたものとされてゐる。

退歩返照――廻光返照と同じ。即ち自已の心の客觀の事象に移りゆくを光の物を照すに譬へ、その光を廻して自已に返照し反省するをいふ。

打成一片――猿馬にも等しい動搖常なき差別の心を一處に專注して、日用光中ただその一事になりきつた樣子をいふ。即ち物我一體の風光に名けたものである。

一眼兩眼――一眼は一隻眼の意で高い見識をいひ、兩眼は圓かなる眼の意で一方に偏せざる正しい見方をいふ。

丈六身――佛身をいふ。釋尊當時の人は周尺にして身長八尺であつたが、佛はその倍量の一丈六尺あつたといふので丈六身と名けてゐる。佛德の殊勝なることを表顯したものである。

神通及變化――神通の神は神變不思議にして測度し得ざること、通は會通無礙にして自由なること、總じて超人的作用に名け、變化は機に臨んで何の澁滞もなく應變し得る妙用をいふ。即ち典座の活動の勝れたことを說いたものである。

那邊・這邊――支那の俗語にして、那邊はあちら、這邊はこちらの意。

朝暮請參――通常朝參暮請と熟字してゐる。請參とは、請は請益の意で師家に垂誨を請ひ利益を得ること、參はその法席に參投すること、總じて朝夕參禪問法に精勵するをいふ。

堂裏――僧堂の中。

單位――單は僧堂内の籍單の意で、雲水が自分の居處と定めてゐるところ、位は鉢位（食事の位置）被位（寢る位置）より來たもので、つまり一人の雲水の居處を指したものである。然し今はその單に掛搭してゐる雲水の人數を現はしてゐる。

二四　獨寮――叢林の第一座を經た久參の士の居る室、一に單寮ともいふ。

延壽――病僧を療養せしむる堂宇、具さに延壽堂といふ。往古は無常院或は涅槃堂とも稱した。

安老――老宿安息の意であつて、七八十歳の老僧にして猶掛搭してゐる者を此處に止住せしめ、一切の勤行を免じ粥飯を供することとしてゐる。

寮暇――暇を請うて暫時外出すること、その期間は十五日を以て限度としてゐる。然るに寛政本によると、この寮の字は參の誤寫ならんと頭註してゐるから、若し參暇の意であるとするならば、これは暫暇の者が、十五日を過ぎずして再び歸堂した場合をいふのであつて（若し寮暇が十五日を過ぎた時はその歸堂を參暇と稱せず、起單といつて再び掛搭の儀式を行ふを規則としてゐる）寮暇とは反對のこととなる。今は本文通り寮暇の意として置く。

旦過――旦過寮のこと、新掛搭のものや拜宿僧を暫時假宿せしめて置く寮舎である。

幾板――幾箇、幾人の意。寛政本及び古田本は枚の寫誤ならんと註してゐる。

皮袋――人間のこと、輕視した言葉である。

堂司――僧堂を指揮するものを維那といひ、その居室を堂司と稱したのであるが（今は維那寮といふ）それから轉じて維那を指して堂司と呼ぶやうになつた。

寮主――衆寮を司るものを寮元といひ、その寮元の下にあつて之を補佐する侍者の類を寮主或は副寮といふ。この二人は日夜衆寮を離れず、經案を巡視し、衣鉢を守護するを本務としてゐる。

寮首座――寮元のことであつて衆寮を司る役である。寮元は一に座元ともいひ、座元は僧堂座位の元首即ち首座のことであるから、それが衆寮をつかさどる意味に於て寮首座と名けたのである。

一粒米――一粒の米のことであるが、然し實は一粒米を借りて本來の面目、向上の第一義諦を提起したのである。

廬陵米――支那廬陵からとれる米のこと。廬陵は江西省吉安府附近に在る地名、土地肥沃にして上等の米を産すといふ。この語は青原行思禪師と一僧との問答から採つたもので、景德傳燈錄第五には「僧問、如何是佛法大意、師曰、廬陵米作麽價」と見えてゐる。

潙山僧・水牯牛――潙山僧は潙山靈祐禪師のこと、略傳は既に前に出だす。水牯牛は水牛の牡の意で、潙山が嘗て上堂の時衆に示して「老僧百年の後、山下に向つて一頭の水牯牛となり、左脇に潙山僧某甲と五字を書せん、此時喚んで潙山僧と作さば又是れ水牯牛、喚んで水牯牛と作さば又是れ潙山僧、呼んで什麽と作さば即ち得てん」といつたといふ故事である。景德傳燈錄第九に見ゆ。

一如二如――一・二は數を示したものでなく、假に付したのである。中心は如の字にある。如は眞實如常の義で不變不易を意味してゐる。即ち如實の徹底を言ひ表はした語である。

回物俵散――回物は回向の施物、俵散は分與すること、即ち回向の布施物を大衆に分與する意で、今日俗にいふ割布施のことである。

案上――擡槃即ち卓子樣の臺をいふ。

坐具――一に隨座衣・敷具といひ作禮の場合に敷くものである。通常は左手の袈裟の下に掛けるを例としてゐる。

僧堂――聖僧堂の略稱にして一に禪堂・雲堂ともいひ、僧衆の起臥し坐禪するところである。大さは七間四面に一間の外廊を付けるを普通とし、中央に聖僧即ち文殊菩薩を安置し、僧衆はその周圍の單上に起臥するのである。

聖胎長養――聖胎は佛の種子、長養は增長養成の意で、佛種子（菩提心）の育成に努力するをいふ。

退歩飜身――退いて自己の脚下を照顧し反省すること。

二六

國人――日本國人の意。

天童――支那明州慶元府に在る天童山景德寺のこと。

本府用典座――本府は慶元府のこと、用は何〻用といふ人の名で、諱の上の方を省いたのである。禪僧には古來諱の一字を省くことが行はれてゐる。故に慶元府の出身で何〻用といふ典座の職にをつた人といふ意味である。

超然齋――天童山にあつた堂宇の名稱で、一説に圜悟克勤禪師に參禪した趙令衿即ち超然居士が居住した跡だと傳へられてゐるが詳かでない。當時天童山には多數の堂宇があつて、道元禪師と同行した明全和尙の如きは了然寮に起臥せられたことが明全和尙戒牒奧書（道元禪師眞筆）に記載されてゐる。こんな事から超然齋は明全の居られたところだと見る人もあるが、それも單なる想像に過ぎない。

人工――人夫のこと。

恁地――支那の俗語にして「此の如し」といふこと。

嘉定十六年――南宋寧宗の年號にして我後堀河天皇の貞應二年に當る。道元禪師はこの夏四月上旬に明州慶元府の沿岸に著し、七月天童山に掛錫せらるるまで約三箇月を船裏に起臥して、支那禪林の風儀生活等を觀察せられた。

倭使頭――本邦人にして支那に渡るものが、その乘つた船の船長を推稱した語であるといはれてゐる。

倭椹――椹は桑の實又はきのこであると辭典に見えてゐるから、日本產の桑の實若くは菌でなければならぬが、問答中に麵汁（素麵の類）を作るとあるから、それから推察すると菌の方であらう。素麵に用ひる菌とすれば、勿論椎茸であるから、今は日本產の椎茸を指したものと思はれる。

阿育王山――通常育王山と稱し、支那浙江省寧波府鄞縣內にあり。寺を廣利禪寺と名け、五山の第五位に置かれてゐる。もとは鄮山と稱したが、晉の景帝太康二年（西紀二八一）僧慧達がこの山で舍利塔を發見した。これは曾て印度の阿育王が造立した八萬四千塔の一であるといふので、阿育王山と名けたといふことである。其後梁武帝普通三年（西紀五二二）に同處に木浮圖を建て、堂房を造り、阿育王寺と號した。初めは律院であつたが、宋眞宗の大中祥符元年（西紀一〇〇八）に廣利禪寺の額を賜ひ十方禪刹となつた。

權住孤雲裏――古來から讀方に異說があつて、寬政本は「孤雲裏に權住し」と讀み、寬文本は「權、孤雲裏に住し」と讀んでゐる。前者だとすれば、孤雲といふ寺若くは山に暫住した意味となり、後者だとすれば、權といふ人が孤雲に住したといふことになつて、意味は全然違つて來るのである。然し前後の文意からすれば、後者の讀方でなければ意味は通じない。卽ち今は阿育王山の典座が自らの來歷を述べてゐるのであるから「向來ほぼ諸方の叢林を遍歷したのであるが、先年權禪師が孤雲裏に住してをられたので、阿育王山に權師を訪ね得て掛搭した」と解釋しなければならぬ。それを若し「向來ほぼ諸方の叢林を遍歷し、先年孤雲裏に權住したが、育王を訪ね得て掛搭した」と見たのでは、全く意味が通じないのである。この場合はどうしても權を人名と見て、前の如く讀むが正しい。果して周印の佛祖宗派圖には、育王拙菴德光の法嗣に「育王孤雲道權」の名が見えてゐる。この道權は浙翁如琰・無際了派と法の兄弟であつて、嘗て道元禪師には、これ等の人人を師匠と仰がれたことがあつた。されば今の權は道權であることに相違なく、典座はこの道權禪師が育王山の孤雲に住してをられたので、それを訪ねて掛搭したものである。尙權禪師が德光禪師の資たることは、勅脩百丈淸規第五に「自㆔佛照和尙由㆓育王㆒赴㆓徑山㆒權孤雲爲㆓入院侍者㆒」と見えてゐるので明瞭である。以上の考證に關しては、嶽山史論第二十四章「道號平號と號諱名字の蠡管」に詳細なる記事が見えてゐる。

掛搭——掛・搭ともにかくる義にして、衲子が初めて叢林に入る時は衣鉢囊を僧堂の單位の鈎に掛けるを常としてゐる、この時、住持はその鈎に掛けられたるを見て雲衲の依住したことを知り、その止住を許すのである。それからして初めて叢林に入衆するを掛搭といふ。

胡亂——支那の俗語にして、みだらなること、怪しく疑はしきこととの場合に用ふ。

解夏——夏安居九十日の終つた時にして、一に解制とも稱してゐる。普通は七月十五日であつて、これを別に自恣の日と名けてゐる。

麵汁——素麵の類を煮込みにしたものらしく、今日の支那蕎麥或はワンタンに類するものならん。

雲衲——雲水のこと、破衣を纏うて修行に專念するより衲の字を加へた。

二八　不是了——總てが調はず、駄目になつてしまふこと。俗にいふ滅茶苦茶とか、臺なしになるとかいふこと。

古人話頭——古人が書きのこした古則公案或は垂示訓誡等にして後人修養の規範となるべき書册などをいふ。

不レ蹉ニ過問處一――問處とは問ふところそのままといふこと、蹉過はつまづき、やりそこなふことである。故に問うてゐるその脚下を履みはづさなかつたならばといふ意味になる。つまり狂犬が土塊を追ふやうに徒らに問話して、他に求覓することばかりが眞實底ではない、問話の直下に的處の存してゐることを了知し、その直下を空しく蹉跌經過せないやうにすることである。

掛錫――掛搭に同じ。雲衲が錫杖を壁に掛けて休む意から來たもので、僧堂に安居すること、或は寺院に居住することをいふ。

老子――修行の圓熟した老宿の意、尊敬の語である。

三〇　故――故實、いはれ、譯柄のこと。

偏界不ニ曾藏一――偏界卽ち全宇宙は何物も包み藏すことなく、ありの儘の姿であるといふこと。換言すれば宇宙の眞理は別地に存する風光ではなく、眼前に露堂堂する一切の萬象がその儘本來の面目の當體露現であるといふこと。

先師――遷化せし本師に對する敬稱。

全公――道元禪師と共に入宋した明全和尚のこと。もと叡山横川首楞嚴院の僧にして、楫井房明融阿闍梨の弟子であつたが、初め建仁寺の榮西禪師に參學し、後貞應二年宋に渡り、天童山に無際了派禪師の鉗鎚を受けて、寶慶元年(西紀一二二五)五月二十七日四十二歳を以て彼地に圓寂した。その入宋前、後高倉院太上天皇に菩薩戒を授け奉つた程であるから、道德の勝れた高僧であつた。

雪竇――智門光祚禪師の法嗣重顯禪師のこと。字は隱之、遂寧府李氏の子にして、普安院仁洗について出家し、智門に謁して開悟した。初め翠峯に住し、尋で明州雪竇山に開法し、翰林の才をもつて叢林に推奨せられたが、宋仁宗皇祐四年(西紀一〇五二)六月、七十二歳で示寂した。諡號を明覺大師といふ。その古則一百を集め、之に頌を付したことは有名であるが、この「雪竇頌古」は後世の碧巖の基本となつたものである。

頌――梵語伽陀（Gāthā）の譯、偈頌、略して頌といふ。佛德を讃歎し敎法の理を說くに用ひた韻文であつて、詩と同一形式のものである。叢林では單に偈とも稱し、古則を讃頌した時、それを頌古と名けてゐる。今の雪竇の頌は、雪竇明覺大師祖英集卷下「答忠禪者」の語である。

驪珠――莊子の「夫れ千金の珠は必ず九重の淵にして驪龍頷下に在り」からとつたもので、驪龍は純黑色の龍をいひ、その頷下に在る珠は世界稀有の物といはれてゐる。今は本來の面目、人人圓具の佛性に喩へたものである。

一味禪・五味禪――一味禪は醇乎として醇なる禪、卽ち如來淸淨禪にして、五味禪はその反對に種種雜多なる禪の混入してゐるをいふ。圭峰宗密禪師が禪源諸詮集都序卷上に於て判別した五種の禪卽ち外道・凡夫・小乘・大乘・最上乘禪等は所謂五味禪にして、最後の最上乘禪のみは一味禪である。この語については廬山歸宗寺智常禪師と、その法嗣高安大愚禪師とに次の如き問答がある。「大愚辭ニ歸宗一、宗云、儞向ニ甚處一去、愚云、諸方學ニ五味禪一去、宗云、我者裡有ニ一味禪一、爲レ甚不レ學、愚云、如何是和尙一味禪、宗便打、愚云、我會也、宗云、道來看、愚擬レ開レ口、宗又打」と虛堂和尙語錄第一顯孝語錄に見ゆ。

先聞現證――先聞は潙山・洞山等の如き先德方が典座の職に精勵せられた風聞、現證は入宋の際まのあたりに見た本府の用典座や阿育王山の典座等の立派な事實證據をいふ。

正的――佛祖正傳の的意、佛法の端的をいふ。

粥飯頭――粥飯のかしら卽ち住持長老のこと。

二時粥飯――朝の粥と晝の飯とをいふ。

四事供――飯食・衣服・臥具・醫藥の四つにして、一に四供養ともいふ。

二十年遺恩――佛陀は人壽百歲までも生きながらへらるべきであつたが、八十歲にして入滅せられ、殘り二十年の福分を末世の法孫に遺されたといふこと。

白毫光一分功德――白毫は佛陀三十二相の一、白毫相といふ。佛の眉間にある毛髮にして右に旋つて宛轉し、初生の時長さ五尺なりしが、成道の後一丈五尺となり、それより大光明を放ち無量の諸國を照したといふ。之を白毫光といふ。一分の功德とは佛藏經卷下了戒品第九に「舍利弗、如來滅後、白毫相中百億分、其中一分供ニ養舍利及諸弟子一」とあつて、白毫の中に具有する功德の一分を法孫に供養せられたといふのである。

有限之心――有所得の心卽ち報酬や果報を目當てとした心をいふ。

三二 漿水一鉢――大智度論第八に出てゐる因緣にして、眞實心・敬重心を以て佛に一鉢の漿水を供養せしより大果を感得したといふこと。乃ち、昔、佛が弟子阿難と共に舍婆提城から婆羅門城に向はれた時、婆羅門城の王が外道に屬してゐたために佛の來錫を嫌ひ、若し城下の者にして佛に食を與へ、佛と共に語る者には、五百金錢の罰金を課すとの制令を出した。佛城に入つて乞食せられたが、果して人皆門を閉ぢて施さなかつたので、佛は阿難と共に空鉢にして門を出られた。この時一家の老女あつて、破れたる瓦器に臭潘汁を盛りそれを門外に棄てんとしたが、佛の空鉢にして行かるるを見、心潛にそれを施さんと念じた。佛は老女の信敬淸淨なる心を察知せられ、鉢を伸べてその施食を受けられた。而して阿難に語つて言はれるには、この婢、施物の因緣により、十五劫中、天上人間に生れて福を受け、惡道に墮せず、後、男身を得て出家し、辟支佛と成り無餘涅槃に入るであらうと。

十號――佛の德相を中心に呼稱した別號であつて、如來・應供・正徧智・妙行足・善逝・世間解・無上師・調御丈夫・天人師・佛世尊の十をいふ。所詮佛の事を指したものである。

菴羅半果――阿育王經第五半菴摩勒施僧因緣品に出てゐる因緣にして、阿育王が臨終に際し四十千萬金を菩提寺たる雞寺に寄附せんとしたが、大臣等、太子に告げて、一切の國王は物をもつて力とするのであるから、徒に金を他に出さないやうにして欲しいといふことを主張したので、終に王の目的は達せられなかつた。乃で王は自分が日常使用してゐる黃金の食器を寄贈せんと考へたが、それもまた妨げられて思ひを果すことが出來なかつた。そこで最後に自分の手中にあつた半菴羅果を出し、傍臣の跋陀羅目阿に托して雞寺に送つた。衆僧は心よく之を受け、碎いて粉末とし、羹に入れて徧く衆僧に分付し食したといふことである。これは小物と雖も眞實心をもつて施さばその福徳の廣大なることを示したものである。菴羅果とは具さに菴摩羅果或は阿摩勒果といひ、西域地方に出來る Āmra 樹の果實にして、果中の極上品といはれてゐる。

記莂——修行者の後生に對する佛の豫言にして、多く善果報を得ることを豫言してゐる。

醍醐味——味の最極上なるに名けたもので、頭乳羹の項で説明したやうに、牛乳を精選したものは最も味のすぐれたものといはれ、その醍醐味となる順序は乳・酪・生蘇・熟蘇・醍醐の五段階を經るものであるとされてゐる。

比丘口如レ竈——竈が物の好惡長短を論ぜず一切のものを燃き盡すが如く、比丘も亦味の好惡をいふことなく、總てを平等に受けて憎愛取捨の念なきに譬へたものである。その出典は雜寶藏經第七迦旃延尊者の語に據つたものといはれ、昔印度の惡生王が迦旃延を請して供養するに、下等の麁食を與ふるも、上味の細食を與ふるも尊者は等しく食して充足し、何等好惡憎愛の念を表はさなかつた。乃で王がその故を尊者に問ふと「夫れ身口は譬へば竈の如し、旃檀も亦燒き、糞掃も亦燒く、身口も亦爾り、食に麁細なく飽足を限りとなす」といつた。王はこの語を聞き深く尊者の大德なるを知つたといふことである。

人天——六趣（地獄・餓鬼・畜生・修羅・人間・天上）の中の人間界と天上界をいふ。

耆年晩進——耆年は老年の尊宿、晩進は晩學後進をいふ。

僧宗——三寶の隨一たる僧寶の意にして、佛祖の兒孫全體を總括した語である。

十方——東西南北の四方と、その四方の間の維《すみ》と、天地の二方とを加へて十方といふ。總ての方面といふこと。

志氣——志操氣宇と熟字し、熱烈なる求道の精神を指していふ。

對面蹉過——對面はまのあたり、直ぐ目の前といふこと、蹉過はふみはづし、やりそこなふこと、卽ち一歩を誤ることによつて、面前の大道を蹉過し千里萬里の懸隔となるをいふ。

三四　百丈高祖之規繩——百丈は百丈山懷海禪師、高祖は禪師に對する敬稱、規繩は規矩準繩の意にして、百丈懷海禪師の制定せられた清規をいふ。抑も百丈懷海禪師（西紀八一四寂）は馬祖道一禪師の法嗣にして、初めて禪刹を創設し、大小乘の戒律を折衷してその制規を作られた、通常これを古清規と名けてゐる。而して百丈の寂後百九十一年を經て宋の景德元年（西紀一〇〇四）に楊億が序文を作つてこれを世に流行せしめたが、現今はこの序のみ殘つて古清規の本文は傳はらない。但し景德元年より一百年を經て宋の崇寧二年（西紀一一〇三）に長蘆宗賾禪師が前來傳はれる諸本の異同を删定し禪苑清規を出したので、今はこれによつて古清規の彿を想像することが出來る。

山僧歸國——宋より歸朝せられた時のことにして、安貞元年八月（二十八歲）をいふ。

建仁——榮西禪師の開創せられた京都建仁寺をいふ。

無頭腦無人情——無頭腦は無能力・無面目の意にして何等の心得もないこと、無人情は事態を解せざる意にして無禮無作法なるをいふ。

說向——命令し言ひつけること。

如㆔鄰家有㆓婦女㆒相似——典座教訓聞解では、處女は表に出て人に貌を見らるるを恥としてゐるやうに、典座も庫下に到つて炊事を見ることを恥とし瑕とすといふ風に解釋し、恥ぢる主體を婦女のこととしてゐるが、然し今は、隣家に婦女が居て、その婦女を、こちらから見ることは恥づかしいことであり、それは道人の瑕となるべきものであるといふやうに、恥ぢる主體を典座の方にもつて來て、婦女を庫下の炊事に當ててみる方がよいやうに思はれる。

一扃——扃は門のぢやう、とざし、門戶のこと、故に一室、一寮を構へてをることに名く。今は典座寮を指す。

兩節九拜——兩節は朝の粥時と日中の齋時とをいひ、九拜は食を僧堂に發する前、典座が袈裟を搭けて僧堂を望み焚香九拜すること。

童行——童子の行者といふことで、使ひ歩きをする雛僧を指す。年齡は七歲から十三歲までといはれ、食上の鳥を驅ふ位の能力しかないといふ點から一に驅烏の沙彌とも名けてゐる。

本分人――本分に契當した人、即ち道德の優れた眞實人をいふ。

行脟――脟は親也・當也といひ、行ひの道に親しく契當してゐる場合をいふ。

大宋國諸山諸寺――杭州徑山の萬壽寺・杭州北山の靈隱寺・明州太白山の天童景德寺・杭州南山の淨慈寺・明州阿育王山の廣利寺等、當時の五山を初めその他の諸寺をいふ。

頭首――六知事に次いで一山の樞要なる事務を管掌する役、即ち首座（大衆の首班）書記（記錄係）知藏（經藏圖書の主管）知客（外賓接待役）知浴（浴場監理）知殿（佛殿管理）等をいひ、知事と相對して兩班に列することとなつてゐる。而して知事を東序といふに對し、頭首を西序と名けてゐる。

一年之精勤――兩序の配役の一年交代なるをいふ。

三六

三般之住持――三般とは三通りといふこと、住持とは住持人の心術の意で、大衆に供養する住持人の心得に三通りあることをいつたものである。その三通りとは、一說に下文に說く喜心・老心・大心の三心のことであるといひ、また一說には直ぐ次に出て來る「已に他を利するが如く兼て自利を豐にし」「叢席を一興し高格を一新し」「肩を齊しうし頭を競ひ踵を繼ぎ蹤を重んず」のことであるといつてゐる。後說の方が當を得てゐるやうに思ふ。

叢席――叢林の法席の意であるが、所詮佛法・正法のことを指してゐる。

高格――歷代祖師の高邁なる風格の意、即ち勝れたる禪風をいふ。

古人云――古人は雪竇重顯禪師のこと、偈は雪竇明覺大師祖英集卷下「爲道日損」の項に見えてゐる。

靈臺――心性・靈性のこと。

知識――勝れたる先輩・朋友等に名けたものにして善知識といふ。之に三善知識あり、教授・同行・外護の三にして、教授知識とは我に聖言を宣傳し訓誨するをいひ、同行知識とは觀行を同修する者互に切瑳琢磨し、心を併せ志を齊しうすること一船に乗じたるが如く、互に敬重すること世尊を覩るが如くするをいひ、外護知識とは修行者を助け外侮あらば扞禦するをいふ。

愍子——窮子の意にして法華經信解品の長者窮子の譬喩からとつたものである。卽ち長者の一子が自らの迷妄から父を捨て財寶を棄てて他國に逃逝跉跰し、遂に長者の子たることを忘れた。圖らずも生家の門に食を乞うたるに、父一見して我が子なるを知り、直に入れて事情を語らんとせしが、却つて怖畏を生じて逃逝した。そこで下僕を遣して之を誘導し、家に入れて塵糞の始末をさせ、徐徐に諭して遂に本來長者の子たることを自覺せしめて家督を相續させたといふ因緣である。

大潙悟道——大潙は潙山靈祐禪師のこと、略傳は前に掲出した。悟道の因緣は知事淸規に見ゆ。

洞山麻三斤——洞山は雲門文偃禪師の法嗣洞山守初禪師のこと、麻三斤は守初が典座として庫下に在つて麻を秤つて居る時、一僧ありて「如何にあらんかこれ佛」と問うたに對し、守初が「麻三斤」と答へたといふ因緣、碧巖集第十二則に見ゆ。

握レ沙而爲レ寶——阿育王經第一生因緣品に見ゆる故事にして、釋尊が一日大路に到られたるに、二人の小兒が沙中に戲れてゐた。一は闍耶といひ、他は毘闍耶と名けた。時に闍耶が沙をもつて麨となし、捧げて佛鉢に內れ奉ると、毘闍耶はそれを隨喜し、合掌して偈を說いた。この時佛は弟子の阿難に向つて、この兒は我れ入涅槃の後百年、當に波吒利弗多城に生れ阿育王と名けて轉輪王となり、正法を信樂するであらうと告げられた。かくて佛は沙を取つて阿難に授與せられ、「汝牛糞を取りこの沙と和用して佛の經行の地に塗れ」と言はれた。

摸レ形而作レ禮——佛像を摸作して禮拜をなすことにして、佛說作佛形像經に見ゆる故事である。乃ち拘鹽惟國主優塡が佛に問ふに、如來の滅後佛の形像を作つて恭敬承事せんと欲す、當に何の福を得べきやと、佛の言はく、佛の形像を作るものは世世の生處眼目淨潔、面目端正、身體完好にして、死して後は第七の梵天に生るることを得、端正無比なりと仰せられたといふ。

天上――十界の中の天上界をいふ。十界とは地獄・餓鬼・畜生・修羅・人間・天上・聲聞・緣覺・菩薩・佛の十にして、これは人が成り得る境界とされてゐる。この中、初の六つを六凡といひ、後の四つを四聖といふ。四聖は苦樂超脫の世界であるが、六凡は苦樂差別し、天上は樂のみにして苦なく、人間は苦樂相半ばし、地獄等の四は苦のみにして樂なしといはれてゐる。さて天上界は、天人の住處にして果報人間よりも勝れ、その身淸淨にして塵垢なく、心中常に快樂を生じて一切意の如くならざるはなしと稱せられ、ただ果報の盡きんとする時、五衰の相を現ずるのみといはれるものである。

三寶――佛と法と僧の三にして、佛教成立上最重要なものであるから之を寶といふ。佛とは宇宙の眞理を體得せる修證圓滿の佛陀、法とはその佛陀の所說たる萬古不易の教法、僧とはその教法に隨つて修行精進する僧伽をいふ。

天帝――具さに天帝釋或は帝釋天ともいふ。梵に釋提桓因陀羅といひ、能天主と譯す。卽ち須彌山の頂上忉利天（三十三天）に居し、四天王及び餘の三十二天を統領し、佛法を擁護する神であるといふ。

三八 輪王――具さに轉輪聖王と稱し、須彌の四洲卽ち全世界を統御する大王であるといふ。

物外優閑――物外は世間の事物卽ち諸の緣より超絕してゐること、優閑は齷齪せず餘裕のあること。卽ち出家の生活を指していふ。

八難處――見佛聞法に關する八種の障難にして、一は在地獄の難、二は在畜生の難、三は在餓鬼の難（以上三處は苦しみ多くして聞法に障難あり）四は在北州の難、五は在長壽天の難（以上の二處は樂しみ多くして却つて聞法に障難あり）六は佛前佛後の難（二佛の中間にして見佛聞法することを得ず）七は世智辯聰の難（世智あるが爲に却つて聞法することを得ず）八は盲聾瘖啞の難（不具の故に見佛聞法することを得ず）等をいふ。

曠大劫――時間の悠久なるをいふ。卽ち大劫とは劫に小劫・中劫・大劫の三段階ありて、小劫は人壽八萬歲より百年毎に一歳を減じて人壽十歳にいたり、更に十歳よりかくの如く增して人壽八萬歳にいたるとの一增一減の間をいひ、而して二十小劫を一中劫、四中劫を一大劫と稱し、この一大劫を名けて賸といふのである。

四〇　兩——量目文目をいふ。

鈞——量目三十斤をいふ。一斤は十六兩（百六十文目）であるから鈞は四百八十兩即ち四貫八百文目に當る。

銖——量目にして兩の二十四分の一、即ち約四分餘をいふ。

夾山之典座……度ニ大原一——大原は大原孚上座のことにして、初め揚州光孝寺に在つて涅槃經を講じた時、一禪者の雪に阻まれて聽講するものがあつた。上座は三因佛性、三德法身のところに至つて廣く法身の妙理を談じたが、何事か禪者の失笑するを耳にした。講罷んで禪者を請し、茶を喫せしめ且つ「某甲素志狹劣、文に依て義を解す、適〻笑はるるを蒙る、且つ望むらくは教へられんことを」といつた。禪者曰く「實に座主（大原）の法身を識らざることを笑ふ」と。上座曰く「此の如く解說す、何れの處か不是なる」禪者曰く「請ふ座主更に說くこと一遍せよ」と、座主即ち「法身の理は猶太虛の若し、竪に三際を窮め横に十方に亙る、八極に彌綸して二儀を包括す、緣に隨ひ感に赴いて周徧せざることなし」と說いた。禪者曰く「座主の說不是にはあらず、祇是れ法身量邊の事を說いて實に未だ法身を識らざることあり」座主曰く「既に然も是の如し、禪德當に我爲に說くべし」と。斯くいつて禪者の言に隨つて講を輟め、旬日室内に端坐靜慮し、初夜より五更にいたる時、鼓角の聲を聞いて遂に忽然契悟したといふ因緣、五燈會元第七雪峰存禪師の章に見ゆ。茲に夾山の典座とは、或はこの禪者を指してゐるのではないかと思はれる。

大潙禪師不レ書ニ大字一云々——大潙は大潙山の靈祐禪師のこと。一莖菜は潙山が百丈懷海禪師の會下に居つた時、百丈が師と共に山に入つて作務をした。その時百丈が、還つて火を將ち得て來れといつたので、潙山は將ち得て來ると答へた。すると百丈は甚麼の處にかあると問うたので、潙山は一枝の枯柴を拈起し、三吹して百丈に度與し、その首肯を得たといふ因緣。禪林類聚第十四に見ゆ。

百草頭上――從容錄第四則の頌に「百草頭上無邊春、信レ手拈來用得親」の語があるが、今は事事物物、左之右之、喫茶喫飯等、日用光中の總てを指していふ。

嘉禎三――嘉禎は四條天皇の年號、禪師三十八歳の時にして、山城宇治郡深草興聖寺の開創後五年目である。

辨道法

四二　大佛寺――越前永平寺の前身にして、道元禪師には北越入山後、一時吉峰寺や禪師峯等に法筵を開かれたるも、寛元二年七月、波多野義重の寄進によつてこの寺が建立せられたので、同月十八日開堂供養を營まれた。時に禪師四十五歳であつた。目下その遺跡と稱するものが、今の永平寺より溪間の山道を上ること約五十丁奥に存してゐるが、文獻的徵證に乏しいので一般の注意を惹かないけれど、必ずしも否定出來ない點がある。

叢林――衆僧が一所に和合し修行する道場。その和合の狀態が恰も大樹の叢生して、よく調和してゐるが如くなるに名く。

脫落身心――脫は解脫にして一切の纒縛を離るるをいひ、落は廓落にして百般の障礙を離れ拘束せらるるなきをいふ。卽ち身心の慾望を捨離して自由と淸淨とを獲得した境界に名く。

朕兆已前――朕・兆何れもきざしといふ意味にして、吉凶未だ光さざる前卽ち無始已前といふことである。

公案――公は公府、案は案牘にして、政府が發布した公文書の如きもの、卽ち天下の法則、規範の歸處の如きをいふ。換言すれば、古今に通じて謬あらず中外に施して悖らざる大道法則に名く。

黃昏坐禪――四時《しじ》坐禪の一にして昏鐘以後の坐禪に名く。

雲堂――僧堂・禪堂の別名。天下の雲衲が參集し坐禪するを以て雲堂といふ。その圖樣を校訂冠註永平元禪師淸規所載のものによつて示せば大體次の如くである。

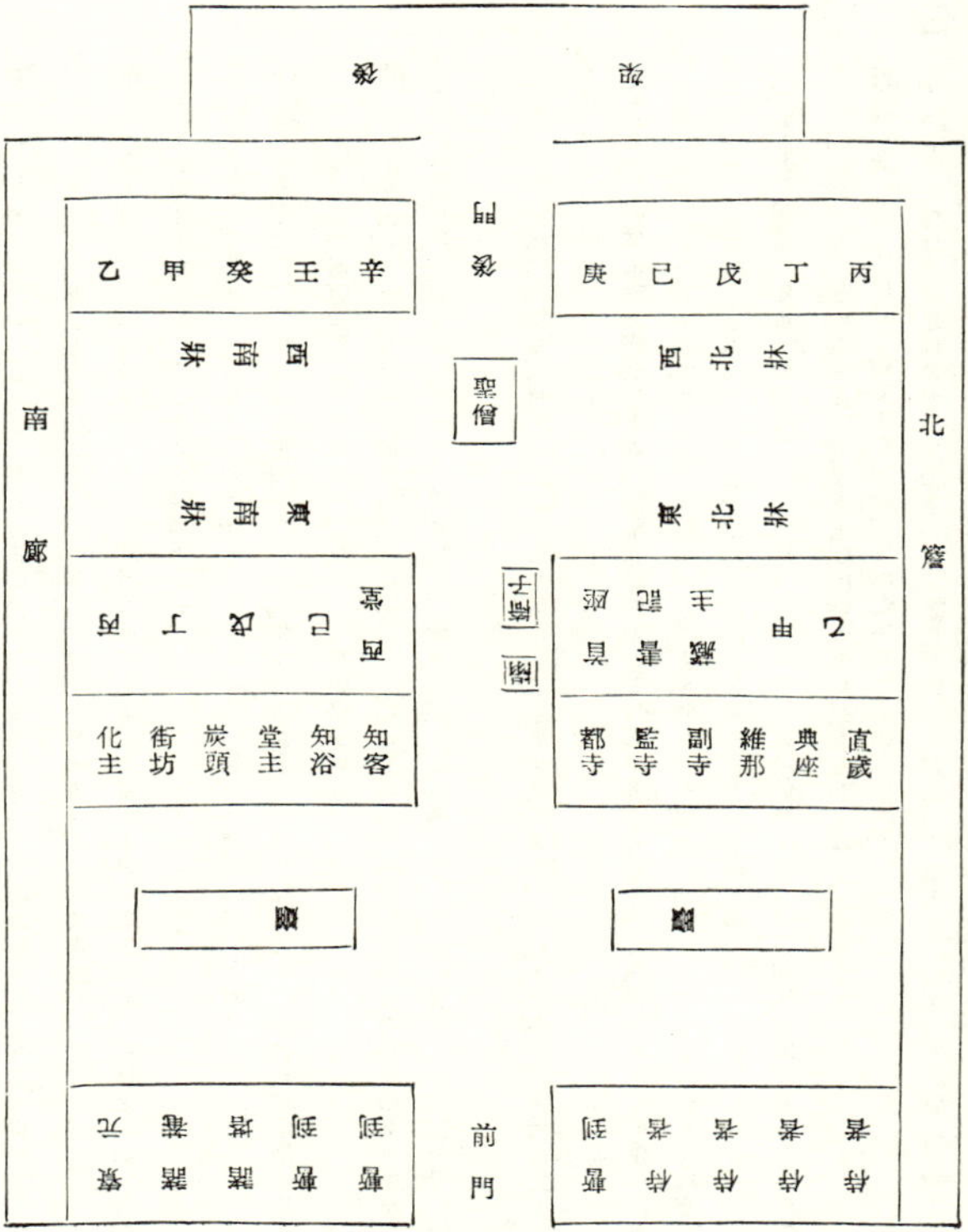
南廊
北廊
辛 壬 癸 甲 乙
丙 丁 戊 己 庚
聖僧
知客 知浴 堂主 炭頭 街坊 化主
直歳 典座 維那 副寺 監寺 都寺
前門

被位――被は夜具のこと、故に寢る位置場處を指して被位といふ。今は坐禪起臥する場處全體に名けたのであるから、つまり單位或は鉢位とも見ればよい。僧堂に於ける各自の籍單のことである。

聖僧――僧堂の中央に安置せる本尊に名けたものにして、或は文殊菩薩を安じ、或は憍陳如・賓頭盧・摩訶迦葉等を安置する場合もあるが、多くは文殊菩薩である。

首座――一會大衆の首班として第一座を占むるもので、座元・首衆等の別名がある。

面壁――壁に向つて坐することであるが、僧堂では事實壁になつてはゐない、故に自己所屬の籍單に面つて坐することである。この面壁に對し、牀緣に向つて坐するを對坐といふ。

前門之北頰――前門は僧堂前面の入口にして、北頰は向つて右側即ち住持人の椅子のある方をいふ。一に主階とも名け住持人の通行路となつてゐる。之に對して南頰は向つて左側であつて一に賓階といひ、大衆一般の出入口となつてゐる。

問訊――本來の意味は、他人の起居安否を問ひ訊ねることであるが、それから轉じて長者に對し合掌低頭曲躬する禮をいふ。

叉手――合掌に次ぐ禮法である、手を相錯ゆることであつて、その方法に種種あるが、通常は左手の拇指を中に入れて拳を作り、之を右手の五指をもつて掩ひ、そのまゝ臂を張つて胸に當てるの法である。これに寒時と熱時の別があつて、熱時には叉手を衣袖の外に出し、寒時には內に入れることになつてゐる。

巡堂――僧堂の中を一周巡廻することにして、その方法に住持・首座・維那等の別がある。乃ち住持の巡堂は上間より下間にいたり、首座以下は下間より上間にいたるを通則としてゐる。

順轉レ身――右に身を轉ずるを順轉、左に轉ずるを逆轉といふ。

四四　跏趺――跏は本來足扁のない加であつて、重也と註し、趺は足上也と註して足の甲をいふ。故に跏趺とは兩足の甲を加《かさ》ね坐することである。作法の詳細は下に出す。

侍者――師長或は住持の左右に常隨し、その命に順うて給士補佐する役をいふ。これに五種の別あつて五侍者といふ。卽ち一に燒香侍者、二に書狀侍者、三に請客侍者、四に衣鉢侍者、五に湯藥侍者等をいふ。今は燒香侍者を指してゐる。

後夜坐禪――曉天の坐禪にして、初夜卽ち黃昏の坐禪に對した語である。

一點二點三點――昔は日沒より夜明けまでを五等分して五更と名けてゐた、そのことは、典座敎訓「三更」の項で說明したが、この更は大體今の二時間に該當するのであつて、往昔は之を更に三等分して上刻・正刻・下刻と名け、この上・正・下を一點、二點、三點といつた。故に一點は大體今の四十分間に相當してゐる。從つて初更の一點といへば戌の上刻であり、その二點といへば正刻、三點といへば下刻である。而して、この更を報ずるには太鼓をもつてし、一更には一打し、二更には二打してゐる。また點を報ずるには小鐘をもつてし、一點には一打し、二點には二打することとなつてゐる。叢林に於てはこの時刻を計るため特に香司の役を置き、之が常香盤に香を焚いてその時を報じたものである。

被巾――複紗、俗にいふ風呂敷様のものである。袈裟を裹むに用ふ。

函櫃――僧堂に於て大衆の衣服等を容れる戸棚のことにして、各單牀緣の反對側卽ち壁側の方に設けられてゐる。巾約三尺、高さ四尺、奧行二尺餘にして、それが二段に仕切られ、上段はケンドンに、下段は戸無しの押込みとなつて布切が下げられてゐる。而して袈裟は上段のケンドンの中に收め、寢具や衣服は下段に入れることになつてゐるが、この上段の方を指して函櫃といふ。

聖僧侍者――僧堂の本尊たる聖僧に奉侍する役で一に侍聖と稱してゐる。勅脩百丈淸規卷下には「聖僧侍者、不㆓立班㆒、在㆓衆後㆒行道、堂外粥飯、貴㆑有㆓道心㆒、齋粥二時上供、鳴㆓下堂椎㆒朝夕交㆓點被位㆒」と見えてゐる。

新戒――新に戒法を受け出家得度したものの意にして、普通は十三歳を以て法定年齢とせられ、これ等は僧堂外單の下間に坐するを例としてゐる。

被――寢衣或は臥褥とも稱し、寢る時身を蔽ふ臥具の類である。長さは一身有半といふから現今の毛布樣のものに似てゐる。

四六　床緣――僧堂内各單の外緣にある板敷のことで、普通にめくらじきといひ、幅一尺位のもの、展鉢の時飯臺の用に供することとなつてゐる。

衫裙――衫は偏衫、裙は裙子である。前者は掩腋衣卽ち上衣であり、後者は內衣卽ち腰衣である。昔はこれを別別に著用したが、中世以來この兩者を直ちに綴り合せて用ひ、之を直裰と名けてゐる。今は打眠衣卽ち打眠直裰のことであらう。

枕子――寢具の一たる枕のこと、子は助字である。昔、禪林にては折り疊み式になつたものを用ひてゐた。

礙㆓蒲團㆒而坐禪――礙は俗にいふつき纏うて離れざる意であるから、今は蒲團を離れず、それを布いて坐禪することである。

怒氣――殊更に溜息を荒くして嫌忌の素振を見せること。

帽被――帽は包むの意で身體を包み被うてゐるもの卽ち夜具の類をいふ。

後架――大衆が洗面するところにして、僧堂の後方照堂の西にある。正法眼藏洗面には「雲堂の洗面處は後架なり、後架は照堂の西なり、その屋圖つたはれり」と見えてゐる。

手巾――長い手拭樣のもので、長さは並幅一丈二尺位、色は鼠色に染めた布切である。之を竪に二つに折り、また眞中から二本に折つて臂に掛け、その半分で顏をふき半分で手を拭うことになつてゐる。正法眼藏洗面には「手巾は一幅の布ながさ一丈二尺なり、その色しろかるべからず、しろきは制す（中略）手巾をふたつに折りて、左の臂にあたりてその上にかく、手巾は半分は面をのごひ、半分にては手をのごふ」と見えてゐる。

四八　上間・下間——僧堂内部の名稱にして、聖僧を中心に向つて右側全部を上間といひ、その左側全部を下間と名けてゐる。大體僧堂は東向きになつてゐるから正面前門の方に在る座牀を總て東北牀、東南牀といひ、裏面後門の方に在るのを西北牀、西南牀といつてゐる。それで上間は北側であるから東北牀と西北牀であり、下間は南側であるから東南牀と西南牀とである。尙、僧堂を前堂と後堂に別ける場合があつて、今の前門の側の東北牀、東南牀を前堂といひ、後門の側の西北牀、西南牀を後堂と名けてゐる。

照堂・槁亭——照堂は僧堂の背後即ち後架に行く路の天窓のつけてあるところをいふ。槁亭は校訂冠註永平元禪師淸規に「蓋云二井樓一乎」と見え、井戸屋形のことのやうに記してゐる。即ち後架（洗面架）附近の内部構造に名けたものであらう。

楊枝——齒を掃除する具にして、もとは柳の枝をもつて作つたことから斯く名けた。正法眼藏洗面には楊枝の大さに就て「楊枝のながさ或は四指、或は八指、或は十二指、或は十六指なり。摩訶僧祇律第三十四云、齒木應レ量用、極長十六指、極短四指、しるべし四指よりも短くすべからず、十六指よりもながき、量に應せず、ふとさは手小指大なり、しかいへども、それより細きさまたげなし、そのかたち手小指形なり、一端はふとく、一端はほそし、ふときはしを微細にかむなり」と記してゐる。

五〇　屛處——屛はまがき、ついたてにして、或部分を陰すことを意味してゐる。故に物の小蔭、人に見えぬところを屛處といふ。

公界——公の世界即ち公共・共同といふ意味である。禪林では常什といつてゐる。

盆——今は洗面器を指す。

直裰――「衫裙」の項で說明したやうに現今の衣《ころも》を直裰といふ。但し茲では打眠直裰卽ち打眠衣を指してゐるので、寢る時に着る衣である。然し現今は左樣なものを用ひず、ただ內衣と稱して普通の着物卽ち寢卷を用ゐるを例としてゐる。

日裏者――日中に著用するものをいふ。

五二　窖在――窖はあなぐらであるから、窖在は物を藏置することである。今は函櫃の下の戸帳の中へ收めることをいふ。

露白――裸體になること。

開靜――古來二義あつて、一は開は開放卽ちゆるすの意、靜は靜慮卽ち坐禪のこと、故に坐禪を止めて座を離ることであるとされ、一は開は開覺、靜は靜睡にして衆僧の安眠を警覺することであるとされてゐる。前者は現今曹洞宗の行持規範に用ひられてゐるところであつて、後夜の坐禪を止むるに當り、板等を鳴して之を報じてゐる。禪林象器箋には「開靜、謂大衆自二四更一點一入レ堂坐禪、到レ此放禪、故曰二開靜一」と見えてゐる。次に後者は同じく禪林象器箋に無著道忠師が「余謂、開靜者開二覺靜睡一也、開言發覺、靜是睡眠之婉辭也」と記し、瑩山清規を例證としてゐる。然しこれは道忠師の讀み間違ひであつて、瑩山清規も亦前者と同樣である。ところでこの開靜にまた小開靜（一に開小靜又は小靜といふ）と大開靜（一に開大靜又は大靜といふ）の區別があつて。小開靜は厨前の雲版を鳴らすこと二會するをいひ、大開靜は厨前の雲版の第三會と共に諸堂前の版を一齊に鳴らすことをいふ。その時刻等に就ては、瑩山清規に「五更四點後、庫前版鳴三會、名二小開靜一、行者齊起也、卯時將レ終、五更五點後、鼓版擊動、長打三會也、名二大開靜一、大衆摺レ被摺レ單包レ被、巾安二被上一、覆レ被後著レ襪了、頂二戴袈裟一、合掌誦レ偈云云」と記してゐる。卽ち小開靜に於て行者一齊に坐を起つて各自の職に就き、大開靜に於て大衆一同坐を起つのである。

收レ單――單は通常自分の坐禪起臥する籍單全部を總稱した言葉になつてゐるが、今は收めとあるから恐らく眠單卽ち敷蒲團の類を指したものであらう。

雲版——僧衆に粥飯の時刻を報ずる場合に打ち鳴らす器具であつて、通常叢林の齋堂又は厨前に掛けられてゐる。靑銅の板金を雲形に鑄造したもので、形に就て雲版といふ。

奥頭——頭の字は助字にして單に奥といふこと、卽ち函櫃の下眠單の入れてあるその奥をさしたものである。

五四 解脱服——袈裟の異名であつて、その由來に二義がある。一は煩惱を解脱し自由の境地に逍遙する佛弟子の著する衣服といふ意味と、一は著用の功德によつて一切の二見三障等の繫縛より解脱することが出來る法服といふ意味とがある。

無相——相あつて相なき絶對的存在といふ意味。

福田衣——袈裟の異名であつて、その由來に三義がある。一は著用の功德によつて他の供養を受け身命を支へる福德ある衣服といふ意味と、一は之を著用すれば無漏の慧苗を增長せしめる功德があるといふ意味と、一は袈裟の條相は世の畦畔に等しいといふ意味とである。

以去——以後といふこと。

早晨坐禪——四時《しじ》坐禪の一にして朝粥後の坐禪をいふ。通常「粥後の坐」と名けてゐる。

坐禪牌——「坐禪」と書いた木札にして、坐禪を告知するためのものである。大さは横一尺以上縱二尺以上のもので、長方形に出來てゐる。僧堂によつてその大さを異にしてゐる。

五六 楫手——叉手の義である。

長連床——多人數同座する床、通常法堂や僧堂にこれを置き、讀誦坐禪等の用に供す。

火鈑——今の雲版のこと、飯の火熟せるを報ずるを以て名く。

堂司供過行者——堂司は維那の別名、供過行者は供頭行者と同一にして、堂司の下にあつて送供卽ち食物等を運ぶことを司る。通常これ等を略して堂行といつてゐる。

放參――住持人に何か事があり、また臨時の祈禱を修行するやうな場合、晩參卽ち夜參を放免するをいふ。この時は放參鐘と稱し、堂司行者が住持の命を稟けて僧堂の鐘を鳴らすこと三下するを例としてゐる。今日は多く大衆一同の曉天の坐禪を放免する場合に此の語を使用してゐる。

晡時――一に晡下ともいふ、昔の未申の刻にして、今の午後二時から四時までをいふ。玆に晡時坐禪といふは、卽ち四時《しじ》坐禪の一である。

衩衣――一に「サイエ」ともいふ。衩は袒と同じで、衣のかたぬぐことである。故に衩衣は一に衩袒ともいひ、本來は褻服《はだぎ》のことといはれてゐる。それが後には袈裟を掛けることを略し摺んだままを左の臂に掛けることに用ひるやうになつた。故に一には卸《シャ》衣とも書いてゐる。肩に在るべき衣を卸し下すといふ意味から來たものである。ともかく搭袈裟を略した形である。

蒲團――禪林俗に坐蒲《ざふ》と稱し、經一尺二寸、圍三尺六寸の圓形蒲團である。中にパンヤと稱するものを容れる。これは趺座の下に全く敷くには非ずして只臀部の下にのみ敷くにとどめてゐる。正法眼藏坐禪儀に「蒲團は全跏にしくにはあらず、跏趺のなかばよりうしろにしくなり、しかあれば累足のしたは坐蓐にあたれり、脊骨のしたは蒲團にてあるなり、これ佛佛祖祖の坐禪のとき坐する法なり」と見え、また坐禪用心記に「蒲團は經亘一尺二寸、周圍三尺六寸、全く趺坐を支ふるに非ず、趺跏の半よりして而して後は背骨の下に至る」と見ゆ。

五八　結跏趺坐・半跏趺坐――姑く面山師の普勸坐禪儀聞解によつて按ずるに、結跏趺坐は兩足の甲を結び加《かさ》ねて坐することであり、半跏趺坐は結ばずに加ねるだけである。この坐法には經典によつて說を異にし、或は四種或は五種の區別があるが、通常說かるるものは降魔坐と吉祥坐である。降魔坐の法は、先づ右足を以て左の胜を押し、次に左足を以て右の胜を押へ、手印は左手を右手の上に置く仕方であつて、吉祥坐はこの反對の方法である。以上は結跏趺坐であるが、半跏趺坐の場合は、單に右足を上にし、印は左手を上にするを降魔坐といひ、吉祥坐はその反對である。本書にいふ結跏趺坐の法は、實に降魔坐を指すものであり、また半跏趺坐中、足の坐り方は吉祥坐を指し、手の置き方は降魔坐の印であるといふことが出來る。

擧體數欠——擧體は總身、欠は欠氣にして太息すること、故に總身の力を入れ數回氣息を吐くことである。

兀兀——不動の貌をいふ。

詳緩——詳は安穩保養の義、緩はゆるやかであるから、靜に落ちついた樣子をいふ。

六〇 看讀床——衆寮に於て各自が佛典祖錄を看讀する籍單をいふ。

北簷——僧堂北側の軒《のき》、廂のことである、今は北側の外廊に名けたもので僧堂に向つて右の方をいふ。

堂頭——住持人のこと、卽ち住持人は僧堂の頭となつてゐるから斯く名けた。

前堂簾——前堂は僧堂を東西に二分してその東に當る方をいふ、卽ち前門の側である。簾とは前門の入口に掛けてある帳簾のこと。

如㆓揖食法㆒——身を左右に轉ぜず但だ叉手を擎げて當面に低頭する法をいふ。

案頭位——案は看讀に使用する机のこと、故に各自持分の机による場處といふ意味で、衆寮に於ける看讀位卽ち籍單のことをいふ。

喫湯——現今の夕粥卽ち藥石のことである。往時は米粉を湯に溶かし米湯として夕食に之を喫したことから斯く名けた。

赴粥飯法

六四 永平寺——現今福井縣吉田郡志比谷村に在り。寬元元年七月道元禪師には越前に下向せられ、最初吉峰寺・禪師峯等に留錫せられたが、同二年七月傘松峯大佛寺が出來たので之に入寺せられ、尋で同四年六月十五日吉祥山永平寺と改稱せられた。禪師の入滅建長五年にいたるまで約十年間の說法示衆の道場であつた。世代は禪師の後、上足懷弉禪師が之を董し、爾後三代義介・四代義演・五代義雲を經て現在六十九世に及んでゐる。

經曰、若能於レ食等者云々——維摩詰所說經卷上弟子品第三（鳩摩羅什譯）の文である。

等者——後に「等者非二等均等量之等一」とあるが如く、單に相等しいといふ意味ではなく、實に「そのものに成りきる」といふことである。つまり一法（食）に究盡し、それのみの三昧に徹底することを意味したものである。

諸法——一切の萬法卽ち山川草木、人畜家屋、日月星辰、牆壁瓦礫等の森羅萬象をいふ。

法性——諸法の本性、萬有の實體の義であつて、一切諸法本有の絕對性に名けたものである。

眞如——眞は眞實にして虛妄ならず、如は如常にして改變せず、實に時空を超越したる不虛妄不改變の平等の理體に名けたものである。

一心——唯一心性卽ち絕對的な宇宙心をいふ。眞如法性と同義語である。

菩提——梵語 Bōdhi の音譯、道或は覺といふ。

名等義等——楞伽阿跋多羅寶經第三（求那跋陀羅譯）「爾時、大慧菩薩……云何四等、謂字等語等法身等、是名二四等一、以二四種等一故、如來應供等正覺、於二大衆中一唱二如レ是言一、云何字等、若字稱レ我爲レ佛彼字亦稱二一切諸佛一」云々の取意の文である。

馬祖——南嶽懷讓禪師の法嗣馬祖道一禪師のこと、漢州什邡の人にして姓は馬氏であつたので、通常馬祖と稱した。唐の德宗貞元四年（西紀七八八）二月、八十歲で寂す。憲宗元和八年（西紀八一三）大寂禪師と諡された。傳は景德傳燈錄第六・五燈會元第三等に見ゆ。

法界——法は一切差別の萬法、界はこの萬法を包含する無邊の世界、つまり無限の宇宙を指したものである。

正等覺――正は正しき中道觀、等は二邊を雙照するの用にして、この二つをもつて覺卽ち悟の內容を示したものである。正等覺は實に佛の無漏眞智にして一切の萬有を正直に觀照し、これを非有非空と觀、また事卽理と證し、差別卽平等と照破するものである。

本末究竟等――本は根本にして萬有平等の立場、末は枝末にして諸法差別の姿、究竟は所詮の意にしてとどのつまりといふこと。故に本も末も畢竟すれば二面なく、實にこれ「等」であるといふ意味である。

唯佛與佛乃能究盡――ただ佛と佛とのみが究め盡してゐる境界にして、餘人の與り知るべきところでないといふこと。

諸法實相――宇宙間一切の萬有（諸法）はそのままが眞實の相《すがた》（實相）であるといふ意味、卽ち柳綠花紅、雨竹風松がそのまま法身の妙相であるといふこと。

實相性體力作因緣――法華經方便品所說の十如是（如是相・如是性・如是體・如是力・如是作・如是因・如是緣・如是果・如是報・如是本末究竟等）の語を引用せられたもので、初めの實の一字で如是の意味を表はし、相以下の七字で十如是全體を明らかにしてゐる。そこで十如是とは諸法に含藏する普遍の屬性を十種に分類し、その一つ一つが如是の當體であるといつて、「諸法實相」の教理を强調したものである。

法喜禪悅――法喜は聞法歡喜、禪悅は坐禪悅樂の意で、全身心が佛性になりきり、感激と感謝に滿足の生活を送ること。

六六　粥時・齋時――粥時は朝食、齋時は晝食をいふ。

城隍――隍は水なき池、からぼりのこと、故に四周隍塹の城といふ意味で、城下卽ち都會をいつたものである。

六八　一鉢許地――一鉢卽ち應量器一つを置き得る位の廣さといふことで、大體五六寸程度をいふ。

知客・浴主・堂主――知客は賓客を接待する役、浴主は浴場の主管、堂主は延壽堂などを主る役をいふ。

木魚——俗に梆《はう》と呼んでゐるもので、龍頭魚身の形をなしてゐる。叢林では僧堂の露地又は齋堂に之をつるして齋粥の時に打つを規式としてゐる。

下鉢——鉢は鉢多羅（pātra）の略、應器或は應量器と譯す、比丘の用ふる食器である。下はおろすことで、鉤に掛けてある應量器をはづすことである。

安詳——しづかといふこと、面山師は普勸坐禪儀聞解に安穩保養の義としてゐる。

掛搭單——掛搭の名札のあるところ、卽ち籍單である。

七〇 槌砧——齋粥その他告知警報等の場合に用ふる道具。槌は一に椎とも書き、つちのことである。八角の柱狀で兩端が少少細く、長さは約四寸位に作られてゐる。砧はちんといひ、槌打によつて響を發するものである。八角圓錐形、徑七八寸程の柱を丈一尺五寸、乃至三四尺位に切つたもので、その大さは槌と相應して作られるが例となつてゐる。

複袱子——袱紗のこと、子は單なる助字である。

展鉢——鉢盂を展開するの意で、受食の用意をすることである。

複帕——鉢盂を包んである複紗のこと。

鉢拭——鉢を拭ふふきんのこと、木綿巾の麻布を長さ一尺二寸位に切つたもの。

頭鐼——鐼子（小鉢）に對する言葉であつて、應量器の中には大體四箇の小椀が順に重ねてある。その中で第一の大きいのを頭鐼或は第一鐼と稱し、次に第二鐼、第三鐼と名け、之に汁羹を受けるのである。第四のものは鐼とはいはず通常之を鉢揲《はつてつ》と名け、應量器の底にあててその顚倒を防ぐ用に供してゐる。それで頭鐼は應量器に次ぐものであるから一に之を次鉢ともいひ、頭鐼以下を總じて什器とも名けてゐる。

匙筯袋——俗にいふ箸袋のことで、之に匙、筯、刷等の小品を容れるを常としてゐる。

七二 淨巾——膝かけの布巾《きれ》で、袈裟を汚さぬ爲に使用するものである。故に蓋膝巾とも膝巾とも名けてゐる。大さは一巾の布を二尺位に切つたもので普通鼠色に染められてゐる。

鉢單——食事の時、鉢を置く敷物で普通のお膳に相當するものである。大さは横一尺、縱八寸位にして、厚紙に漆を塗つて作り、之を縱に三重、横に三重、都合九つに折つて、自由に疊めるやうにしてある。

單緣——鉢單のはしをいふ。

三鉢——鉢盂と頭鐼と第二鐼の三つをいふ。

鉢刷——通常ただ刷《せつ》と呼び、鉢鐼を洗ふ道具である。巾五分、長さ筯に等しい薄板で、先に布が縫ひつけてある。

上肩——左肩の方をいふ。

出生——生飯《さは》を出す意味で、これは餓鬼に施與することから來たものである。その作法等は後に出てゐる。

鉢盂巾——鉢拭《ふきん》に同じ。

行香——手香爐に香を焚いて僧堂内を巡行すること。

踞爐——手香爐を捧げたまま露地へ膝で立ち低頭すること。卽ち踞跪の姿勢をとるのである。

稽首——最も重き禮であつて首を地に至るまで屈し拜するをいふ。

薄伽梵——梵語 Bhagavat であつて、婆伽婆とも音寫してゐる。佛陀に對する尊稱にして、古來六義（自在・熾盛・端嚴・名稱・吉祥・尊貴）を含んでゐるので飜譯せず、原語のまま用ひることとなつてゐる。然し通常は世尊と譯し、衆德成滿の義を表はしてゐる。

修多羅——梵に Sūtra といひ、素呾纜・修妬路とも音寫してゐる。綫・條等の義を有し、契經或は直說と譯してゐる。佛所說の教法に對する總稱である。

菩薩僧——菩薩は菩提薩埵の略、覺有情、高士などと譯す。卽ち利他を先きとせる大乘勝根の人に名く。今は佛在世以來大乘佛教の精神に生きて來られた眞箇の祖師を總稱したものである。

跣——條陳、申立ての義である。

七四 清淨法身毘盧舍那佛……摩訶般若波羅蜜——古來十佛名と稱し、佛法僧の三寶の名を擧してその照鑑を仰ぐのである。毎日粥飯の二時に唱へるから、食時の十念といはれてゐる。ところで十佛と稱しても實は十一名になつてゐるが、これは十は滿數を示したもので、一一の數そのものに拘はつた語ではない。然し正法眼藏安居の卷所載の佛名は「大乘妙法蓮華經」の一を除いて完全な十佛名になり、また大乘普賢菩薩が大聖普賢菩薩となつてゐる。この相異の正否に就ては、輕輕に斷定することは出來ないが、普賢菩薩の大乘は不合理であつて、之には大聖か又は大行を冠すべきが當然である。增冠傍註永平元禪師淸規は「大行者、天子崩御之稱也、故忌焉者乎」と憶測してゐるが、これは一種のとらはれであつて、大行が必ずしも天子崩御の稱とは限つてゐない。昔から文殊を大聖といへば普賢は大行といふことになつてゐる。故に若し大乘が不合理だとすれば大行とすべきであらうと思ふ。

塡設——塡は鎭に同じく定めるの意であるから定設といふも同じである。

施食——一切衆生に施食する意の讃歎文及び咒願文を唱ふることをいふ。

七六 喝食——具さに喝食行者といひ、食を喝する役にして通常小僧の勤めるを例としてゐる。その作法は、齋時の行食には香飯香汁と喝し、また菜の時は香菜その他再進等、一一喝し、大衆をして受食の用意をなさしめるものである。

施財——施財の偈文の意である。これは施主があつて、特に財物を布施した時、その功德を讃歎するために唱へるものである。

檀波羅蜜——具さに檀那波羅蜜多（Dānapālamita）といふ。六波羅蜜の一。檀那は布施、波羅蜜多は度或は到彼岸と譯す。布施は涅槃の彼岸に到るべき行法の一なるをもつて名く。

舁桶——桶は汁桶にも通ずるが、今は飯桶を指してゐる。飯桶は大きくて二人で持つことになつてゐるので舁の字を加へたのである。

七八 抄撥——抄はすくふ、かすめとること、撥ははらひ散らすこと。

揖食——受けたる食に對して揖し敬意を表すること。

貪等爲レ宗——貪等は貪瞋痴の三毒を擧げたもので、この三つが防心離過の根本（宗）となるものだといふことである。即ち我等は動もすると上味（善味）に於て貪を起し、下味（惡味）に於て瞋を起し、中味に於て痴を起すからである。

八〇 出觀——五觀の觀念から出ること、即ち觀念をやめることである。

鉢揲——一に鉢支といひ、又は單に揲《てつ》ともいふ。應量器には絲底がないから、之を支へる爲に設けた小さい木皿のことである。鐼子の中の第四鐼が之に當てられてゐる。

八二 窣都婆形——窣都婆は梵語 Stūpa の音寫、方墳・圓塚・高顯處等と譯す。窣都婆形とは飯を應量器の上に土饅頭の如く高く盛り上げた形をいふ。

八四 上下——上間・下間を略した言葉で上間の人も下間の人もといふこと。

再請——一に再進とも書く、大衆が一鉢の食を喫し終ると、喝食行者が再進と喝し、而して淨人が再び食を給仕することになつてゐる。

呑津——津は液汁、つばきのこと、即ち食の配給をまちかねて唾液を呑むことである。

風屑——頭のふけのこと。

挑牙——齒間にはさまつた物を挑ること。

八六 斷心——決斷心のこと、即ちこれにて充分と知足の觀念をいだくをいふ。

八八 略提——一時ばかり提げてゐること。

鉢水未折——折の字について昔から浙もしくは淅の誤りでなからうかといふ說があるが、それでは意味の通じない點がある。然し校訂冠註永平元禪師清規には「此文未折折盞捨字寫誤」といひ、棄てる意味に解してゐる、この方が正しいと思ふ。卽ち洗鉢の水を棄てないうちにといふことである。

折鉢水桶――洗鉢の水をあける桶で徑五寸程の片手桶になつてゐる。今日叢林では折水器と名けてゐる。

九〇 處世界梵――梵は梵唄の略、處世界は「處世界如虛空、如蓮華不著水、心清淨超於彼、稽首禮無上尊」の六言四句の偈文のことである。

用祥僧正――京都建仁寺の開山榮西禪師は台密蓮華流の系統を承けて葉上流なる一流を開いたので、世に葉上僧正と稱した。玆に用祥とあるは恐らく葉上の寫誤であらうといはれてゐる。溪嵐拾葉集第九、禪宗教家同異事の條にも、榮西禪師を用淨房・用上房などと記してゐるから、確に葉上を音寫したものと思はれる。然しまた榮西の讀方に就て之を「ようさい」と讀むが古風に契つてゐるから、若し用祥が榮西のことだとすれば、それは榮西の音を宛字で書いたとも見られる。何れにしても用祥僧正は榮西禪師に相違ないのである。

大坐湯――四節の時、住持又は庫司が、特に大衆のために設ける茶湯の式をいふ。之に對し、夏中執役の者少數に茶湯を進ずるを小坐湯といふ。

九二 齋主――齋を設けた供養の主、卽ち施主のこと。

盞橐――盞はさかづき、橐は增冠傍註永平元禪師清規に「托子也」といつてゐるから、つまり杯の如き茶碗類を載せて運ぶ臺のことである。

在寶慶記――寶慶記は道元禪師在宋中の記錄にして、その本師如淨禪師との問答が記されてゐる。建長五年（道元禪師入寂の年）十二月、弟子懷弉が永平寺の方丈に於て書寫したもので、現今その原本が豐橋市全久院に傳來してゐる。ところでこの「在寶慶記」の四字について校訂冠註永平元禪師清規は後人の妄添なりといひ、また增冠傍註永平元禪師清規は小註の本文に混入したものであらうといつてゐるが、その何れであるか不明である。然しともかく赴粥飯法成立當初になかつたことは事實である。何となれば寶慶記なる書名は禪師の寂後に於て命名せられたものだからである。

吉祥山永平寺衆寮箴規

九四 衆寮——衆は和合衆、寮は寮舍である。雲衲が粥後の看讀、齋後の喫茶、或は臨時の行茶等を行ふ場所である。構造は僧堂と大差なく、その大さも僧堂に相應して作られてゐる。例へば僧堂四板の時は衆寮も四板、僧堂が十二板なれば衆寮も十二板となつてゐる。本尊には觀音を安じ、寮主が居つて、總てを監督することとなつてゐる。圖表すれば次の如くである。(二三八頁に出す)

梵網經——二卷、具さに梵網經盧舍那佛說菩薩心地戒品第十と稱し、後秦の鳩摩羅什が譯したもので戒法を說いた書物である。

瓔珞經——二卷、具さに菩薩瓔珞本業經と稱し、略して瓔珞本業經或は瓔珞經・本業經等といふ。姚秦竺佛念の譯である。今は下卷所收の大衆受學品第七を指すのであつて、同品には菩薩の受持すべき三聚淨戒・十重禁戒等が說いてある。

三千威儀經——二卷、大比丘三千威儀と稱し、後漢安世高の譯したものである。內容は小乘の戒律を記したもので、その三千威儀の名稱に就ては、比丘日常の條規二百五十戒を行住坐臥の四威儀に配して之を一千とし、更にそれを三世に配して三千威儀としたと說明されてゐるが、ともかくも種種なる戒律條規を格定した經典である。

古教照心——古教は古佛曩祖の教訓、照心とはその教訓をもつて鑑とし、自己の心を照して邪念妄想を矯正するをいふ。

先師——遷化した師匠のことにして、今は天童如淨禪師を指す。

遺教經——一卷、具さに佛垂般涅槃略說教誡經といひ、姚秦鳩摩羅什の譯である。釋尊最後の教誡たる八大人覺の

衆寮狀樣之圖

衆寮

觀音

上間

下間

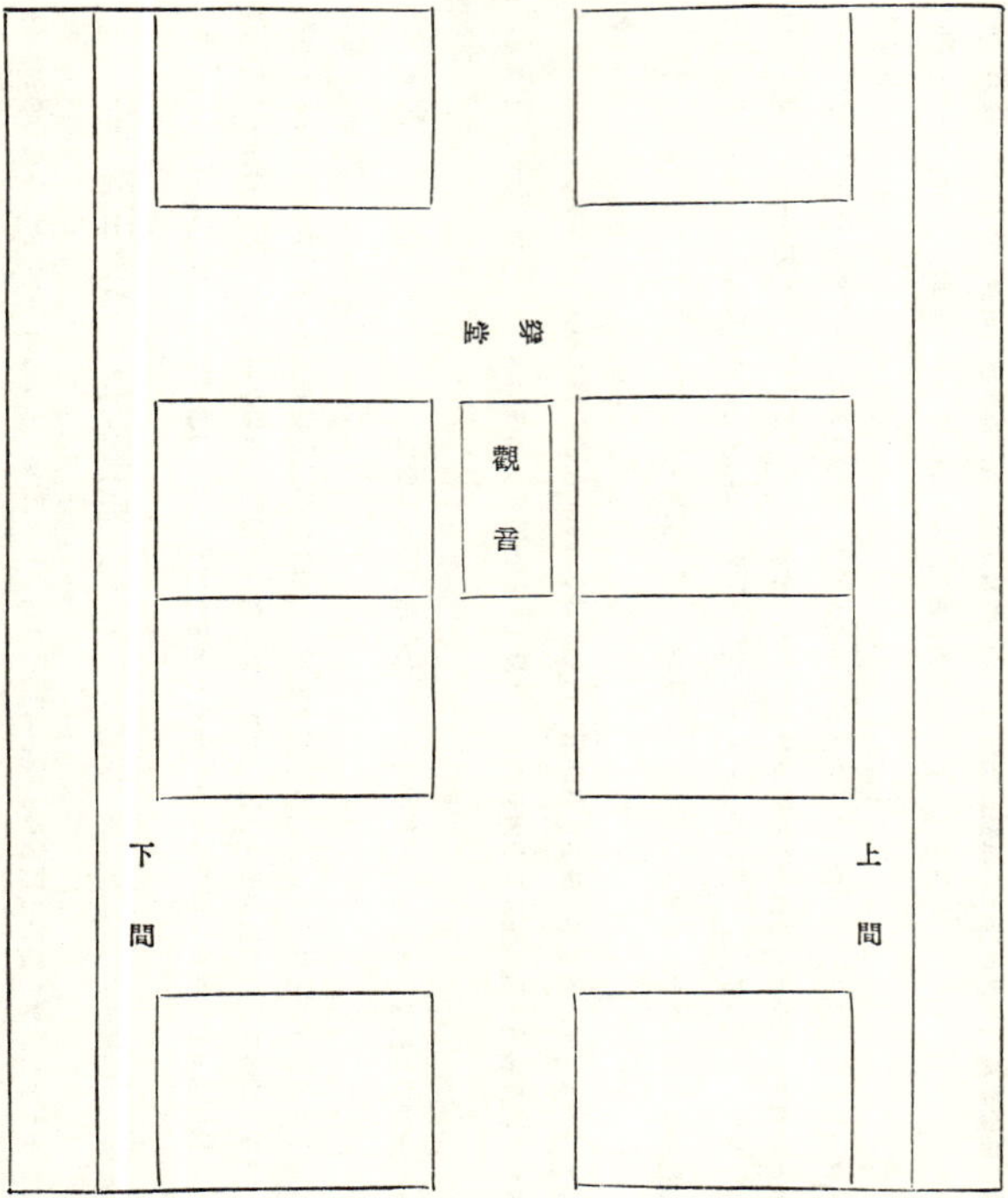

法門が說かれてゐる。

厚殖善根之良友——殖は植の意であつて、夙生に厚く善法の根蒂を植ゑ、その功德によつて現在出家學道の清衆の境界を得てゐる良き友達といふこと。

住持三寶——三種三寶（一體三寶・現前三寶・住持三寶）の一にして、住持とは止住護持の意、三寶とは佛と法と僧の三にして、これ等は尊貴すべきものなるが故に寶といふ。卽ち佛寶とは今日本尊として尊崇してゐる佛像をいひ、法寶とは讀誦される經卷をいひ、僧寶とは剃髮染衣の姿をしてゐる僧侶のことをいふ。これは何れも佛教を護持し斷絕せしめざるが故に住持三寶といふ。つまり形の上に實際はたらいてゐる三寶に名けたものである。

黃龍南和尙——慈明楚圓禪師の法嗣慧南禪師のこと。信州玉山縣の人にして姓は章、十九歲の時落髮受具し、廬山の歸宗寺その他に知識を訪ね、三十五歲の時、衡嶽の福嚴に楚圓に謁して大事を了畢した。後、隆興府黃龍山に化門を敷き、神宗熙寧二年（西紀一〇六九）三月、六十八歲で示寂し、普覺禪師と諡された。禪宗五家七宗中の黃龍一派の始祖とされてゐる。傳は禪林僧寶傳第二十二・五燈會元第十七等に見ゆ。今の法語は衆寮箴規聞解によるに黃檗山開化寺結夏上堂の語の末句であるといはれてゐる。

九夏同居——僧衆が九旬の間結夏し、居住を同じうするをいふ。

九六 四念住——四念處とも稱し、心の置きどころとしての四つの觀念をいふ。卽ち心を無常と念じ、受は苦と念じ、身は不淨と念じ、法は無我と念ずるのである。然るに若し心受身法のとの四を常樂淨我と反對に思惟する場合は、之を凡夫の四顚倒と名けて排斥するのである。

三歸依——佛法僧の三寶に歸依すること。

案頭——案は淨案にして看讀に用ふる机のこと、故に各自の机場をいふ。

九八 石頭和尙——青原行思禪師の法嗣、諱を希遷といひ、得法の後、衡山南嶽寺に住し、大石上に庵を結んで坐禪したので、時人呼んで石頭和尚といふ。江西の大寂即ち馬祖道一と相並んでその名高く、江湖の二甘露門と稱せられ、唐德宗の貞元六年（西紀七九〇）十二月、九十一歲を以て寂し、無際大師と諡せられた。著作としては參同契・草庵歌等が知られてゐる。今の文は參同契の末尾に見えてゐる。

盲目比丘——釋尊十大弟子の一人たる阿㝹樓駄（Aniruddha）のこと。阿那律尊者ともいひ、天眼第一といはれてゐる。その盲目となつたのは、佛の說法を聽きつつ眠つたので、佛より叱責を受け、遂に徹宵眠らず修道に精勵した結果失明したといはれてゐる。

牛呞比丘——釋尊の弟子中解律第一といはれた憍梵波提（Gavāmpati）のこと。その牛呞といはれる所以は、過去世に於て沙門を輕弄した惡報により牛の如き反芻的習癖があつて、常に嚥下した食物を再び出して食したといふことである。呞は康熙字典に牛嚥（かむ）の義と見えてゐる。

像末之澆運——佛法の住世する樣子を三時期に分けて正像末と稱し、通常正法は佛滅後五百年間、像（似の義）法は正法の後一千年間、末法は像法の後一萬年間とされてゐる。今はその中の二つを擧げて佛法の衰微したことを示したものである。澆運は澆は薄の義であつて法運のうすらいだことをいふ。

四河入レ海無ニ復本名一云々——增一阿含經第二十一（僧伽提婆譯）の文にして、同書には「爾時四大河入レ海已、無ニ復本名字一、但名爲レ海、此亦如レ是有ニ四姓一、之何爲レ四、刹利婆羅門長者居士種、於ニ如來所一、剃ニ除鬚髮一、著ニ三法衣一、出家學道無ニ復本姓一、但言ニ沙門釋迦子一」と見え、四河（印度の大河、恆河 Gangā 信度 Sindhu 縛芻 Vakṣu 徙多 Sītā をいふ）が海に入れば何れの河の水といふ區別のなくなるが如く、四姓（古代印度の四階級、刹帝利、Kṣatriya, 婆羅門 Brāhmaṇa, 毘舍 Vaiśya, 首陀 Sūdra をいふ）も亦出家すれば同じく釋氏にして、その間に階級的差別はないといふことである。

一〇〇 觸禮——種種の異說があるが、然し一般には觸は速と音通であるから速禮の義であるとし、それは坐具を展べず、たためるままを四つ折にして置き、その上に頭を低れて額の坐具に觸れる禮法であるとしてゐる。

穿歩——穿は穴を通ずる義であるから道ならぬところを無理に通行することである。

迦葉尊者——具さに摩訶迦葉（Mahākās'yapa）と稱し、釋尊の十大弟子中その上首に在つて頭陀第一といはれた人。釋尊の衣鉢を相傳し、印度傳燈の第一祖と尊稱されてゐる。

瓶沙王——具さに頻婆娑羅（Eimbisāra）といふ。中印度摩揭陀國の王、釋尊に歸依し、迦蘭陀に竹林精舍を建立寄進し、後太子阿闍世の爲に獄中に殺されたといふ。

糞掃爲レ衣——不淨又は弊破のため塚間に放棄せられた布帛を拾ひ集めて綴つた袈裟のこと。これは人の執著を離れたものであるから清淨とされてゐる。

一〇二　大曉禪師——六祖大鑑慧能禪師の法嗣令韜禪師のこと。吉州の人で、姓は張氏、慧能に就て出家し、能の寂後は塔主となり、唐の開元四年玄宗の詔により闕に招かれたが疾と稱して起たず、また上元元年肅宗傳法衣の供養に入朝の詔が降つたが、これまた疾を以て辭した。後、九十五歳で寂し、大曉禪師と謚された。傳は景德傳燈錄第五に見ゆ。今の禪師の語といふのは、是より先、開元十年の八月三日の夜半、張滿（汝州梁縣の者）なるものが、新羅の僧金大悲から頼まれ、六祖の首を取つて海東に持ち歸らんとしたが、遂に官に捕へられた。韶州に送り、その處斷について大曉禪師に問うた。此時禪師は「若し國法を以て論ぜば、理は須らく誅すべし、但し以みるに佛教は慈悲にして寃親平等なり、況や彼求めて供養せんと欲す、罪恕すべし」といつた。官之を聞き佛門の廣大なるに感じ、遂に之を赦したといふことであるが、この寃親平等の語であらうと思はれる。詳細は流布本六祖壇經附錄六祖大師緣起外紀に見ゆ。

惡律儀之器　律儀は戒律威儀の略、惡は律儀の反對であるから、今は反律儀の器といふ意味で、殺生などをする器類をいふ。

五辛——大蒜《おほひる》、茖葱《やまびる》、慈葱《あさつき》、蘭葱《ねびる》、興渠《くれのをも》（和名類聚鈔）等の如き一種の臭氣を有し、人の情欲を昂奮せしむるやうな種類の草をいふ。梵網經盧舍那佛說菩薩心地戒品第十卷下には「若佛子不レ得レ食ニ五辛一、大蒜、茖葱、慈葱、蘭葱、興渠是五種、一切食中不レ得レ食、若故食者犯ニ輕垢罪一」と見ゆ。

葷茹――葷は臭き菜、茹は食ふ義であるから、總て臭みのある食物をいふ。

把針架――縫物をする場所である。洗衣の處とともに衆寮背後の後架に設けられてゐる。

一〇四 公界――公は公共、界は限界で、公の場所即ち一個人で私し得ざるところをいふ。

寶治三年正月――寶治三年は後深草天皇の年號、三月十八日改元して建長元年といふ、禪師五十歲の時にして、北越入山後七年目にあたつてゐる。

對大己五夏闍梨法

一〇六 大己――自己よりも法臘の長大なる人といふ意味で、先輩のことをいふ。

五夏闍梨――五夏は、夏九旬の結制安居を五回修了した人に名け、闍梨は、具さに阿闍梨（Ācārya）と稱し、教授・正行と譯す、學德共に勝れ他の師範たり得る人格者に對する敬稱。故に年臘高き稽古の高士を五夏の闍梨といふ。

帶ニ袈裟紐一――帶は結束の意で、紐を帶するとは、袈裟を搭けることである。

通肩――袈裟を搭ける法に二種あつて、偏袒右肩法と通兩肩法とがある。前者は普通の搭け方であるが、後者は一に通肩法ともいひ、兩肩に通じて搭け、兩端の紐を前で結んで胸を覆ふ仕方である。之は佛祖が爲人度生の時に用ふる方法とされてゐる。

鐵鉀地獄――鉀は甲に同じく鎧のことである。鐵の鎧を身に著けたるが如く、身動きのならぬ苦しみの場所をいふ。

邪脚倚立――足をゆがめ、物によりかかつて立つこと。

事師法——師に事へる法にして、馬鳴の事師法（宋日稱等譯）には五十頌、教誡新學比丘行護律儀（道宣述）には五十一條、根本說一切有部毘奈耶雜事第三十五には「請世尊曰、弟子事師所有行法」として各種の事師法が記されてゐるが、今は大小乘の事師法全體を指したのである。

一〇八 和尙——梵語鄔波馱耶（Upādhyāya）の訛略にして烏社・殟社・和社・鶻社・和上とも書く。譯して親教・依止・力生といふ。就中力生の譯が多く用ひられ、高德の僧に名けらるることとなつた。その力生の意は、師には資の法身の慧命を生成增長せしめる力があるからだといはれてゐる。

甘露白法——甘露は最極の美味にして如來實相の法門に喩へ、白法は善法に名けたものである。故に如來實相の善法といふことである。

取二上分一——最上の理分を取るの意にして、理窟を言ふことである。

一一二 彈指——指を彈くことにして、その方法は、拇指を外に出して五指を握り、拇指で食指を抑へて之を彈く法である。之に警醒（睡者を覺醒せしめる）・警覺（戶外にて入室を内に報ずる）・去穢（東司の附近にて鳴らし不淨をはらふ意を表す）の三義がある。今は警覺彈指である。

門頰——門（入口）の左右の隅をいふ。

賓堦・主堦——堦は階に同じ、故に階段の正面中央を主堦と名け、之を住持の通路とし、左右の兩側を賓堦即ち下座の通路としてゐる。叢林では主を上位とし、賓を下位とするを例としてゐる。

一一四 共非二大己一——同等の資格といふこと。卽ち五夏と五夏、十夏と十夏の大己が相對した時には、そこに兩鏡相對して影像なきが如く、寸毫の優劣差別はない、全く同格のものである。

無レ有二窮盡一——どこまでいつても大己は盡きることのないといふこと。卽ち乍入叢林の初夏に大已のあることは勿論であるが、更に佛果位の如き最極果にいたつても大已はあると、つまり修證の無窮なることを示したものである。

一一六　寛元甲辰年――寛元は後嵯峨天皇の年號にして甲辰は二年である。道元禪師四十五歳にあたり、北越入山後二年目である。

吉峯精舍――寛元元年七月北越入山の最初に錫を留められた古寺で、現今は福井縣吉田郡上志比村に在る。禪師は中頃一時禪師峰に移錫せられたが、間もなく歸寺して寛元二年七月大佛寺の建立せらるるまで約一箇年在住せられたところである。

日本國越前永平寺知事清規

一一八　知事――知はつかさどるの意、禪林内部の諸事を知る役。詳しくは知僧事といふべきで、僧事を知り、僧物を守護し、僧衆を供養する等の重責に堪へうる人に名く。之に都寺・監寺・副寺・維那・典座・直歳の六種あつて、六知事と稱し、兩班の東序に列することとなつてゐる。

難陀――佛弟子に二人の難陀があつて一を牧牛難陀といひ、一を孫陀羅難陀といつた、今は後者の孫陀羅難陀を指してゐる。卽ち釋尊の異母弟に當り、父は淨飯王であるが、母は摩訶波闍波提夫人であつた。常に妻の艷麗なるに溺れ、出家を喜ばなかつたが、佛の方便的誘導によつて遂に佛道に歸入したといふ。

阿羅漢――梵に Arhan と稱し、應供・殺賊・無生と譯す。小乘修行者の最高理想とするところにして、之に到達すれば、一切の供養に應じ得るの資格を具へ、また一切煩惱の賊を殺し、再び迷界に生ぜざる極果を獲得するといふ。故に之を無學果とも稱し、學として學ばざるなき絕對の境地と名けられてゐる。

胎藏經――大寶積經卷第五十六佛說入胎藏會第十四之一（義淨譯）の文である。

迦毘羅城――梵に Kapila-vastu と稱し、劫比羅伐窣堵、迦維羅衞とも書き、略して迦毘羅、迦維ともいふ。釋尊が誕生せられた故城にして、現今の Nepal. Tarai 地方に當つてゐる。

世尊――梵に Bhagavat 卽ち婆伽梵と書す。佛陀は一切の功德を圓備した世間第一の存在であるから、その德を敬稱した語である。如來十號（如來・應供・正徧智・明行足・善逝・世間解・無上士・調御丈夫・天人師・佛世尊）の一にして、此處では直に釋尊のことを指してゐる。

塗額――化粧した顏のこと。

阿難――梵に Ānanda（阿難陀）と稱し、略して阿難といふ。佛十大弟子の一人にして多聞第一といはれ、俗系では釋尊の從弟に當つてゐる。

閻浮提王――閻浮提は梵に Tambu-dvipa（閻浮提鞞波）と稱し、又瞻部洲ともいふ。須彌四洲の一にして南部に位してゐるから、南閻浮又は南瞻部ともいつてゐる。つまり此の世界のことである。王はこれを統御する主宰者に名けたものである。

撿挍――撿は巡察、挍は考・比校の意であるから、諸事を撿察考校するをいふ。

一二〇

失落――紛失遺落の意。

鹿子母園――鹿子母は一に鹿母ともいひ、印度鴦伽國の長者の女である。名を毘舍佉といつたが、長じて中印度舍衞城の長者鹿子に嫁し、夫鹿子より母の如しと稱讚せられたので、世に字して鹿子母と稱した。その園といふのは、鹿子母講堂の在つた一苑にして、この講堂は今の鹿子母が百八十萬金を出して舍衞城の東に建て佛に布施したものである。その爲に東園精舍ともいはれてゐる。

香醉山――大雪山の北にあつて山中諸の香氣がただよひ、人これを嗅げば皆醉ふといふ不可思議な山とされてゐる。

三十三天――梵に Trāyastriṃśa（怛唎耶怛唎奢天）略して忉利天といふ。三十三天はその譯名である。欲界六天中の第二に當り、須彌山の頂上にあつて中央に喜見といふ大城がある。その大さは八萬由旬といはれ帝釋天の所居である。而してこの城の四方に各五百由旬の峯があつて、それぞれに八天がある。それで四八三十二天となり、之に中央の喜見城天を加へて三十三天となる。

歡喜園――一に喜林苑・歌舞苑ともいひ、帝釋四苑の一である、乃ち帝釋天の居城たる喜見城の北方にあるといはれ、極妙の境界にして諸天の共に遊戯するところと稱せられてゐる。

梵行――梵は清淨・寂靜の義にして、離欲清淨の行をいふ。

逝多林――逝多は梵語、制多・祇陀とも書す、中印度舍衞國の太子の名にして、之が須達長者と相諮つて園林と堂宇とを釋尊に寄進したから、それから逝多林或は祇園精舍と名けるにいたつた。

一二三 捺落迦――地獄の梵名にして那落迦又は那羅柯（Naraka）とも書し、苦具或は苦器と譯す。

治人――罪人のこと。

獄卒――地獄の士卒卽ち番人のこと。

胎相――胎內の樣子卽ち吾人が十二緣起する相狀をいふ。

剎帝利――梵に Kṣatriya 卽ち印度民族四階級（婆羅門・剎帝利・吠舍・首陀羅）の一にして土田主と譯す。王族及び武士階級のことをいふ。

淨飯王――梵に Suddhodana といふ。釋尊の實父にして中印度迦毘羅衞國の城主である。初め摩訶摩耶を妃として釋尊を設け、その妃の死後また妹の摩訶波闍波提を納れて妃とし難陀を生んだ。故に釋尊と難陀とは異母兄弟に當つてゐる。

一二四 大潙――潭州潙山の靈祐禪師のこと、傳は典座敎訓「大潙禪師」の項に註記す。大は潙山に住せる他の祖師と區別するために付けたのである。

院主――監寺或は監院のことをいふ。住持の代理として寺院內一切の事務を監督總理する役である。

曹山――洞山良价禪師の法嗣曹山本寂禪師のこと。泉州莆田の人、少にして儒を學び、十九歳の時福州靈石に往つて出家し、二十五歳登壇受戒の後、洞山に謁し、尋で撫州曹山及び荷玉山等に法筵を開き、唐の昭宗天復元年（西紀九〇一）六月、六十二歳を以て寂す。元證大師と諡せらる。今の語要は「曹山大師語錄」に見ゆ。

法眼――羅漢桂琛禪師の法嗣法眼文益禪師のこと。餘抗の人、姓は魯氏、桂琛に得法して後、撫州の崇壽院、金陵の報恩院、建康の清涼寺等に法筵を開き、後周世宗の顯德五年（西紀九五八）閏七月、七十四歳で寂した。大智藏大導師・大法眼禪師等と諡せられ、語錄「十規論」一卷が傳つてゐる。その宗旨は法眼宗或は淸涼宗と稱せられ、支那禪宗五家の一派を形成してゐる。

發二明大事一――大事は一大事因緣にして最も肝要大切なこと、發明はそれを悟ることである。

玄則禪師――法眼禪師の法嗣にして滑州衛南の人、初め青峰（一本に志圓とあり）に參じ、後法眼の會に投じ、三年にして大事を發明し、尋で金陵の報恩院に法眼の宗風を擧揚した。行歷語要等は景德傳燈錄第二十五に見ゆ。

會――江湖多數の禪客が相會する道場の意にして、それには必ず有德の師家が中心となつてゐるものである。

後生――後學晩進といふこと。

青峰――青峰と稱するもの靑原下樂普元安の門下に青峰傳楚あり（景德傳燈錄第二十）傳楚の下に青峰淸免あり（同上第二十三）、また石門慧徹の下に青峰義誠（五燈會元第十四）等があるが、此處にいふ青峰とは別人であるらしく、今の丙丁童子云々の問答はその何れにも見えてゐない。ところで、景德傳燈錄第二十五金陵報恩院玄則禪師の傳に「初問青峰」としてその下に「有本云白兆」と割書してゐるから、今、同書第十七安州白兆山竺乾院志圓の傳を見るに、果して「丙丁童子來求火」の問答が見えてゐる。されば傳燈に青峰と記してゐても實際は志圓の方が正しいのであつて、「有本云白兆」といふ方を採るべきであらう。今この知事清規に道元禪師は青峰との問答のやうに記してをられるが、これは傳燈第二十五玄則禪師の傳をそのまま用ひられて、「有本云白兆」の語に注意せられなかつた結果であらうと思ふ。

若し禪師が之に著目せられたならば、恐らく青峰とせず志圓とせられたに相違ない。志圓は安州笠乾院に住し、顯教大師と稱せられた人である。

丙丁童子——丙はひのえ、丁はひのとであるから、つまり二字で火といふことを言つたものである。童子は面白く言はんが爲の擬人稱である。故に強ていへば火の神といふことであらう。

一二六　不是——不可、卽ちだめといふこと。

楊岐會禪師——慈明楚圓禪師の法嗣楊岐方會禪師のこと。袁州宜春、冷氏の出身にして、瑞州九峰に出家し、後石霜楚圓に就て得法した。袁州楊岐山・潭州雲蓋山等に歴住し、宋の仁宗皇祐元年（西紀一〇四九）に寂す。臨濟楊岐派の祖と仰がれてゐる。傳は五燈會元第十九に見ゆ。

慈明——汾陽善昭禪師の法嗣慈明楚圓禪師のこと。全州清湘、李氏の出身にして、二十二歳の時湘山穩靜寺に出家し、汾陽に師事すること約十年にしてその正脈を繼ぎ、初め潭州道吾に住し、後石霜山崇勝寺、南嶽福巖寺等に移り、大に宗風を振起して宋の仁宗康定元年（西紀一〇四〇）正月、五十四歳を以て寂す。慈明は禪師號である。傳は五燈會元第十二に見ゆ。

咨參——師家に向つて咨問參得すること。

慈明婆——禪道に一隻眼を有せし一老婆の俗稱にして、慈明楚圓と道交濃かなりしより斯く呼んだらしい。

扭住——扭はつかめ、おさふの意であるから、攫まへて動きのとれぬやうにすること。

嚲避——嚲は康煕字典に、「音妥、龐厚也、垂下也」と註してゐるから、曲躬低頭の如き慇懃なる樣子をいつたものであらう。故に嚲避は貴人に對するが如き謙遜の態度を以て他に路を讓る有樣に名けたものである。

撾鼓——撾はうつの意、故に鼓を打ち鳴らすことである。

一二八　一轉語——一言にして他を轉機せしむる程の力ある語句といふ意味と、また進退谷まりたる處にいたつて、自由に身を轉ずる一語といふ意味との二義がある。

陞座――高座に陞り說法示衆することであつて、上堂をいふ場合と、普說を指す場合とがある。上堂は住持が法堂に上つて法門を演說することであり、普說は同じく演說するのであるが、特に諸經論を叅渉し、古今を該覽し證成する場合をいふ。

汾陽――首山省念禪師の法嗣、諱を善昭といふ。太原の人、俗姓は兪氏、得法の後汾陽太子院に住し、門を越えざること三十年、終に宋仁宗の天聖二年（西紀一〇二四）七十八歲を以て寂した。

晚叅――晚間に於ける小叅にして、朝叅に對する語である。叅には大叅と小叅とあつて、前者は住持が法堂に上り專ら自己の宗旨を擧揚する儀式をいひ、後者は住持が方丈に於て一山の大衆に家訓を垂れる儀式をいふ。

三八念誦――每旬三と八との兩日に修する念誦のことであつて、月に六回行ふを本格としてゐる。然るに今時は多く、上八・中八・下八の三日に行ひ、上八・中八は特に帝道の遐昌と法輪の常轉とを祝禱し、下八には大衆をして生死事大無常迅速を觀ぜしむることとなつてゐる。詳しきは勅脩百丈淸規卷上住持章第五に見ゆ。

寶智大師――洞山良价禪師の法嗣華嚴休靜禪師の諡號である。初め樂普（一に洛浦に作る）に在つて維那となり、尋で洞山に就て得法し、福州東山の華嚴寺に住した。後、後唐莊宗の召により輦下に入つて玄風を闡き、その徒常に三百に及んだといはれてゐる。かくて河朔の平陽に遊化して示寂し、その舍利は晉州・房州・終南山逍遙園・終南山華嚴寺の四浮圖に收められたといふ。景德傳燈錄第十七に見ゆ。

白槌――槌を打つて告白すること。

普請――普く大衆に作務を請ふといふ意味で、大掃除其他多人數を要する作務の場合に、一山の大衆を動員することに用ひてゐる。

非細――細は些細、非はその反對であるから、大といふ意味である。

長老——年臘高き人に對する敬稱にして一寺の住持をいふ。

一三〇 竹菴士珪禪師——成都史氏の子にして、初め大慈宗雅に就て楞嚴を學び、後、龍門の佛眼清遠に從って得悟し、政和の末、和の天寧寺に住した。かくて歴名刹に遷ったが、南宋高宗の紹興十六年（西紀一一四六）七月十八日に示寂した。傳は五燈會元第二十・續傳燈錄第二十九等に見ゆ。

五祖山演和尚——五祖山は蘄州にあり、演和尚は白雲守端禪師の法嗣法演禪師のこと。得法の後、この五祖山に開法し、徽宗の崇寧三年（西紀一一〇四）に寂す。

神足——智德抜群能く大衆の所依となる者の意にして、優れた弟子に名く。

鼓山——士珪禪師の寂後、靈骨を「鼓山」に收め塔を建てたことから推稱した語である。五燈會元第二十に見ゆ。

拈古頌古——拈古は古則を拈提することにして、古人の機緣語句をとり出し、之を自己の識見によって評唱開示すること。頌古は古則を讃頌するの意であって、古人の公案を同じく自己の見識により韻文で讃頌賦詠することである。

百丈——典座教訓「百丈高祖之規繩」の註記に出だす。

經曰——大般涅槃經卷第二十八師子吼菩薩品第十一之二（曇無讖譯）に、「欲レ見二佛性一、應三當觀二察時節形色一、是故我說二一切衆生悉有佛性一」と見ゆる取意の文である。

祖師云——祖師は印度傳燈の第五祖提多迦尊者を指し、その語句とは第六祖彌遮迦に對する付法藏の偈にして「通二達本法心一、無レ法無二非法一、悟了同二未悟一、無心亦無法」といふのである。景德傳燈錄第一に見えてゐる。

一三一 司馬頭陀——景德傳燈錄第九潙山靈祐禪師の章によると、馬祖道一禪師の隨身にして「參禪の外、人倫の鑑を蘊ね、兼ねて地理を窮む」とある、即ち在俗の禪者にして人相地相等にも精通してゐた人らしく、諸方に寺院を創剏し、禪風の擧揚につとめた。頭陀は衣食住に貪著せず、清淨に佛道を修行する行者の意である。

華林和尚——馬祖道一禪師の法嗣にして潭州華林に住したるより斯く名く。善覺禪師といふ。機緣語句は景德傳燈錄第八・五燈會元第三等に見ゆ。

入室——一に開室ともいふ、師家が學人をその室に入れて之を勘辨し策勵し、法門の樞要を授けることである。

木楔——增冠傍註永平元禪師清規は、「木履也、木提也、木檄也」と註し、補註傍解永平元禪師清規は「傳燈抄云、今蘇州有二一地一、名二木楔市一、所レ產好浮餅也、山日、木作二浮餅一日本餅也、文、舊冠爲二木履一非也」といつてゐる。然し康熙字典では、楔《トッ》は榤《セン》に同じといひ、榤は「玉篇、果名似レ柰而酸」「荆揚異物志、榤子南越丹陽諸郡山中皆有レ之、其實如レ梨、冬熟味酢」と記してゐるから、履でも餅でもなく恐らく果物のことであらう。

輸却——增冠傍註永平元禪師清規は負墮の義としてゐる、故に負けることである。

李景讓——唐代の人、李燈の孫にあたる。字を後已といひ、宣宗に仕へ、累官して太子少保となり、卒して（七十二歲）太子太保を贈られ且つ孝と謚せられた。性格淸素寡欲にして門に雜賓なく、廉潔の士といはれてゐる。傳は舊唐書第百八十七下・新唐書第百七十七等に見えてゐる。

裴公休——裴休のことにして字を公美といひ、河東聞喜の人である。新安の守たりし時黃檗に參じ、後、官を辭めて嶺南黃檗山の大安精舍に入り、參禪に努めたが、遂に大事を了畢して禪門著名の居士となつた。曾て黃檗の語要を集めて編首に序し、また圭峰の禪源諸詮集・原人論等にも序を附した。その著發願文は弘く世に行はれた。傳記は五燈會元第四に見えてゐる。

一三四

漸源仲興禪師——道吾圓智禪師の法嗣。曾て道吾の鉗槌を受けて後、村院に隱れ、年を經ること三年、一日童子の觀音經を誦むを聞いて大省し、道吾の提撕の親切なりしを知り、師兄石霜慶諸に就て懺悔し印可を得たといふ。潭州漸源山に住して化門を布いた。機緣語句は景德傳燈錄第十四・五燈會元第五等に見ゆ。

道吾——藥山惟儼禪師の法嗣、諱は宗智或は圓智といふ。豫章張氏の子である。得法の後潭州道吾山に宗要を說き、唐文宗太和九年（西紀八三五）九月、六十七歲を以て寂す。修一大師と謚された。

主事——知事・頭首の如き上役をいふ。

無着尊者——仰山慧寂禪師の法嗣無著文喜禪師のこと。嘉禾語溪、朱氏の出身にして、會昌沙汰の法難に一時還俗して韜晦したが、咸通三年洪州觀音院に仰山に參じて了悟し、後、湖州仁王院に住し、また錢王に請せられて浙の龍泉を董し、紫衣并に無著禪師の號を賜ひ、昭宗光化三年（西紀九〇〇）十月、八十歳にして寂す。傳は景德傳燈錄第十二・五燈會元第九等に見ゆ。

五臺山——支那山西省代州五臺縣の東北に在る山、一に清涼山といふ。大方廣佛華嚴經卷第四十五諸菩薩住處品第三十二（實叉難陀譯）の「東北方有レ處、名ニ清涼山一、從昔已來、諸菩薩衆、於レ中止住、現有ニ菩薩一、名ニ文殊師利一」に合致するとして、六朝時代より文殊菩薩應現の靈地として尊崇されてゐる。

釋迦老子——老子は敬稱にして釋迦を尊稱した言葉である、釋尊といふに同じ。

葉縣歸省和尙——首山省念禪師の法嗣。冀州賈氏の子、易州保壽院に出家し、後遊方して首山に參じ、得法して汝州葉縣廣教院に化門を敷いた。機緣語句は五燈會元第十一に見ゆ。

浮山法遠禪師——葉縣歸省禪師の法嗣。鄭州沈氏の人、出家の後、汾陽善昭・葉縣歸省等に歷參して印可を受け、嘗て達觀曇頴等七八人の者と蜀に遊んだ。偶ま橫逆に遭うたが、幸に智をもつて脫したといふ。衆、師が吏事に通曉してゐたので、之を遠錄公と呼んだといふことである。後、舒州浮山に法門を揚げ、宋英宗治平四年（西紀一〇六七）二月、七十七歳で寂す。機緣語句は、五燈會元第十二・感山雲臥紀談第一等に見ゆ。

天衣山義懷禪師——雪竇重顯禪師の法嗣。溫州樂淸の人、姓は陳氏、京師景德寺に依つて童行となり、後、金鑾の善、葉縣の省等に就て印可を受け、而して姑蘇にいたり重顯に翠峰に見えて得法した。かくて天衣山を初め七處に化を布き、仁宗嘉祐五年（西紀一〇六〇）七十二歳で寂す。振宗禪師と諡られた。傳は五燈會元第十六・釋氏稽古略第四等に見ゆ。

一三六　五味粥――五穀を混じ雑炊にした粥、後世、臘月八日釋尊成道の朝に用ふることとなつたので、一に「臘八粥」ともいひ、又紅糟《グンザウ》とも稱してゐる。

天饌人饌――饌は飯食、供へ物のこと、故に天饌は天人供養の食物、人饌は人間供養の食物をいふ。正法眼藏行持には、天饌を「天廚送食」と記してゐる。

玄侶――參玄の僧侶の意、卽ち雲水をいふ。

一三八　夾山――船子德誠禪師の法嗣夾山善會禪師のこと。廣州峴亭、廖氏の子にして、潤州鶴林に住し、道吾の勸發によつて船子に見え大事を了畢した。唐咸通十一年、灃州夾山に入り、之に止住すること二十年、唐僖宗中和元年（西紀八八一）十一月、七十七歳を以て寂す。傳明大師と諡せられた。傳は景德傳燈錄第十五・五燈會元第五・釋氏稽古略第三等に見ゆ。

大陽山道楷禪師――投子義青禪師の法嗣芙蓉道楷禪師のこと。沂州崔氏の子にして京師術臺寺に得度し、後、白雲山海會寺に投子に見えて大事を了した。郢州大陽山・隨州大洪山に法筵を布き、また京師の十方淨因禪院・天寧寺等に住し、紫衣及び定照禪師の號を賜つた。然し之を固辭したので刑に逢つて淄州に移された。一年にして勅許を得、芙蓉湖上に庵を結び、徽宗の政和七年華嚴教寺の額を賜つた。重和元年（西紀一一一八）七十六歳にして寂した。その宗風に特色があつたので祇園の正儀として尊重されてゐる。傳は禪林僧寶傳第十七・五燈會元第十四等に見ゆ。

投子――大陽警玄禪師の法嗣投子義青禪師のこと。青社の人、姓は李、七歳にして同地妙相寺に脫塵し、洛中に入つて華嚴の講席に列して省悟した。後、浮山法遠に謁して得法し、大陽警玄の頂相、皮履、直裰等を受けて曹洞の宗風を纘承し、神宗の元豐六年（西紀一〇八三）五月、五十三歳にして寂す。傳は投子義青禪師語錄第二・禪林僧寶傳第十七等に見ゆ。

不敢――「どういたしまして」といふ謙遜した挨拶語である。

放閑去――赦免の貌で「どうかそのままにして御勘免下さい」といふ位の意味である。
作家――その道に老練なる作者といふ意味で、正師家たるべき立派な人を指していふ。
華亭――船子德誠禪師のこと。嘗て華亭呉江に一小舟を浮べ說法したことから斯く名けた。
藥山――石頭希遷禪師の法嗣藥山惟儼禪師のこと。絳州韓氏の子にして十七歳の時潮陽西山の慧照に就て出家し、大曆八年業を衡嶽希操に受け、後、石頭に得法して澧州藥山に化門を布き、唐文宗太和二年（西紀八二八）十二月寂した。諡號を弘道大師といふ。傳は宋高僧傳第十七・隆興佛教編年通論第二十四・景德傳燈錄第十四等に見ゆ。

一四〇　漳州保福本權禪師――臨漳の人、性質直にして道に勇なる宗匠であつたといふ。機緣語句は五燈會元第十七に見ゆ。
晦堂――黃龍慧南禪師の法嗣晦堂祖心禪師のこと。南雄始興、鄔氏の子にして、初め雲峰文悅に參じ、後、黃龍慧南に謁し、澧州石霜にいたつて得悟した。宋哲宗元符三年（西紀一一〇〇）十一月、七十六歳にして寂し、寶覺禪師と諡せられた。傳は五燈會元第十七・禪林僧寶傳第二十三等に見ゆ。
山谷黃太史――黃庭堅のことにして、山谷は自ら稱した道號である。官に仕へたるより太史といふ。字は魯直といひ、洪州分寧の人、北京國子監教授、校書郎、祕書丞提點明道官兼國史編修官等の職に就いた。一日、圓通秀禪師に見えて鉗鎚を受け、それより酒色を斷つて專ら禪に心を傾け、黃龍山に祖心に參じて得悟した。晚年徽宗より吏部員外郎に召されたが、辭して起たず、相國趙挺之と隙あつて宣州及び永州に徙り、徽宗の崇寧四年（西紀一一〇五）六十一歳にして卒した。
趙州――南泉普願禪師の弟子、名は從諗と稱し、曹州郝鄉の人、幼にして本州の扈通院に出家し、未だ納戒せざるに便ち池陽に抵り南泉に謁して得法した。齡八十の時、趙州城東觀音院に住し、枯淡の風儀を擧げ、唐の昭宗乾寧四年（西紀八九七）十一月、壽百二十歳で示寂し、後に眞際大師と諡せられた。傳は趙州眞際禪師行狀・宋高僧傳第十一・

景德傳燈錄第十等に見ゆ。

南泉――馬祖道一禪師の法嗣南泉普願禪師。鄭州の人にして姓を王氏と稱したので、通稱王老師といふ。池州南泉山に開演し、止住すること三十餘年、唐の文宗太和八年（西紀八三四）十二月、八十七歳で寂す。

雪峰・洞山――典座教訓の項に註記す。

一四二 德山――龍潭崇信禪師の法嗣、德山宣鑑禪師のこと。劍南の人、俗姓は周氏、得法の後、武陵の太守薛延望の請によつて鼎州德山の古德禪院に住し、唐懿宗の咸通六年（西紀八六五）十二月、八十六歳を以て寂す。常に金剛經を講ぜしを以て世人呼んで周金剛といつた。傳は宋高僧傳第十二・景德傳燈錄第十五・五燈會元第七等に見ゆ。

石霜山慶諸禪師――道吾圓智禪師の法嗣。廬陵新淦の人、姓は陳氏、得法の後、潭州石霜山に開演し、止住すること二十年、僖宗光啓四年（西紀八八八）二月、八十二歳を以て寂す。傳は景德傳燈錄第十五・五燈會元第五等に見ゆ。

灌谿志閑禪師――臨濟義玄禪師の法嗣、魏府舘陶の人、姓は史氏、幼にして相巖の披剃を受け、臨濟・末山等に參じて得法し、昭宗乾寧二年（西紀八九五）五月寂す。傳は景德傳燈錄第十二・五燈會元第十一等に見ゆ、

末山了然尼――高安大愚禪師の法嗣、筠州末山に法門を興揚す。機緣語句は景德傳燈錄第十一・五燈會元第四等に見ゆ。

一四四 飽䬲䬲――䬲は餉に同じく牛飽の意であるから、飽䬲䬲は食物充足の貌にして、腹一ぱいに飲食したことをいふ。

白布衫中衣――衫は褊衫、上衣のこと、中衣は内衣のことで、つまり白い麻布で作つた肩衣のやうなものである。

龍天土地――龍天は佛法を守護する神、即ち龍天護法善神をいひ、土地は寺院の封境を守護する神、即ち土地神をいふ。

供過――具さに供過行者或は供頭行者と稱し、物の給仕をする下役をいふ。

天童古佛――道元禪師の本師たる支那天童山の如淨禪師のこと。古佛は尊稱である。

西蜀老普――蜀は三國時代の國名にして具さに蜀漢といひ、今の四川省に當る。老普は老は尊稱であつて、普は何ゝ普といふ人の諱の上字を省いたものである。この省略には尊敬の意味が含まれてゐる。

白雲山海會守端和尚――楊岐方會禪師の法嗣守端禪師のこと。衡陽葛氏の子にして茶陵郁に從つて出家し、後楊岐に參じて法を得、尋で承天・圓通・龍門・興化・海會等に宗風を擧揚し、宋神宗熙寧五年（西紀一〇七二）四十八歳を以て寂す。傳は五燈會元第十九・佛祖歷代通載第十九・釋氏稽古略第四等に見ゆ。

糠麩錢――糠《ぬか》や麩《ふすま》（小麥の屑皮）を賣つて得た金錢。

解典出息――解は釋散、典は守主の意、故に守主する糠麩錢を釋散して世人に貸與し、利息を出さしめること。

開供――事業を開張して所要の入費を供給すること。

鬪諜――鬪は間の字の刀誤ならんといはれてゐるから、鬪諜は間諜即ち反間中傷の意であらう。

禪和――和は和合僧の略、故に禪僧、雲水のことをいふ。古來禪和子などの慣用語もある。

喏喏――喏は諾に同じ、故にはいはいと應諾する樣子をいふ。

交割――交は交參の意にして新舊の人が相互に交參すること、割は分割にして公物と私物とを分けること、つまり新舊交替事務引繼ぎをすることである。

圓通法秀禪師――天衣義懷禪師の法嗣。秦州隴城辛氏の子、十九歳にして出家し、義懷に得法の後、龍舒の四面山、長蘆の法雲寺等に住し、神宗に說法して圓通の號を賜ひ、宋哲宗の元祐五年（西紀一〇九〇）八月入寂した。傳は禪林僧寶傳第二十六・五燈會元第十六等に見ゆ。

座元――僧堂座位の元首といふ意味で、首座のことをいふ。別に第一座ともいふ。

一四八 臨濟院惠照大師――黄檗希運禪師の法嗣。諱は義玄、支那臨濟宗の開祖である。曹州南華の人にして、得法の後、鎭州城の東南滹沱河の畔に臨濟禪院を構へ、唐の懿宗咸通七年（西紀八六六）四月寂す。惠照大師は諡號である。傳は宋高僧傳第十二・景德傳燈錄第十二・五燈會元第十一等に見ゆ。

黄檗――百丈懷海禪師の法嗣黄檗希運禪師。閩の人、幼にして黄檗山に出家し、後、百丈に得法し、相國裴休の請により宛陵の禪院に入り、舊山を愛して之を黄檗と名けた。唐の宣宗大中四年（西紀八五〇）八月寂し、斷際禪師の諡號を受く。傳は景德傳燈錄第九・隆興佛教編年通論第二十六・釋氏稽古略第三等に見ゆ。

仰山――潙山靈祐禪師の法嗣仰山慧寂禪師のこと。韶州懷化の人、姓は葉氏、十七歲の時南華寺通禪師に就て出家し、初め耽源に謁し、後潙山に參じて得法し、乾符六年袁州仰山に遷り、唐昭宗大順二年（西紀八九一）七十七歲を以て寂す、智通大師と諡された。傳は佛祖統紀第四十三・景德傳燈錄第十一等に見ゆ。

一五〇 津梁――要津棟梁と熟字し、最も肝要なところといふ意。

監收――監院に屬して寺院の收入を監督する役、卽ち今日の知庫の如きをいふ。

感副寺――黄龍慧南禪師の法嗣慈感禪師のこと。潼川杜氏の子にして、黄龍の下で副寺を勤め、後、南嶽福嚴寺に化門を擧げた。世に感鐵面と綽名されてゐる。機緣語句は五燈會元第十七に見ゆ。

化侍者――晦堂祖心禪師の法嗣にして隆興府雙嶺に法筵を布いた人である。侍者は黄檗に隨侍してゐた時の役名、機緣語句は五燈會元第十七に見ゆ。

秀莊主――黄龍慧南禪師の法嗣懷秀禪師のこと。信州應氏の子にして、黄龍に得法の後、潭州潙山に化門を擧げた。莊主は田地の界至を視、莊舍を修理し、農務を提督する役。機緣語句等は五燈會元第十七に見ゆ。

靈源――晦堂祖心禪師の法嗣靈源惟淸禪師のこと。隆興府陳氏の子、晦堂に得法の後、哲宗元祐七年、張商英より豫章觀音院に住せんことを勸められたが、之を辭し、同府黄龍山に法門を擧揚し、徽宗の政和七年（西紀一一一七）九月寂した。紀傳並に機緣語句は禪林僧寶傳第三十・五燈會元第十七等に見ゆ。

飛兎騄耳——飛兎も騄耳も共に駿馬のことである。就中騄耳は穆王八駿の一といはれてゐる。史記東方朔の傳に見えてゐる。寛文本飛宏驌耳に作れども、今斯く改む。

土貌野格——土民の容貌、野人の格好といふ意にして、風彩、人格ともに卑しい人物のことをいふ。

豐屋——大きい立派な家屋をいふ。

師翁——法の祖父、一に師祖ともいふ。今は五祖法演の祖父即ち楊岐方會禪師を指す。

減劫——增劫の反對にして、人壽八萬歳が、百年毎に一歳を減じて十歳にいたる時をいふ。典座教訓「曠大劫」の項に註記す。

一五二

做手脚——做は作であるから手足の作用はたらきのことをいふ。

尸子——尸佼の著にして二十篇あり。佼は衞鞅の師にして、鞅の死後逃れて蜀に入つたといはれてゐる。

黃帝・堯・舜——何れも支那上代古帝王の稱にして、黃帝・顓頊・帝嚳・堯・舜をもつて五帝と名けてゐる。

総章——辭源に「大寢西堂南偏、謂總成萬物而章明也」と見えてゐる。

明堂——往昔、王者が諸侯を朝參せしめし殿堂のこと、これより朝廷を稱して明堂といふ。

合宮——佩文韻府に「東京賦註、黃帝明堂以レ草蓋レ之、名曰二合宮一」と見えてゐる。故に黃帝の明堂の名である。

白法・黑業——白法は清淨の善法、黑業は染汚の不善法をいふ。

樹功——土木の功を樹立するの意で大造營を行ふことである。

官中應副——官署からの命令質問に對する應答をいふ。

參辭・謝賀——參は上堂小參、辭は文辭にして公文書のこと。謝は他人に對する謝禮、賀は同じく祝賀等、各般の用務をいふ。

一五四

僧集――法要のために僧衆を集めること。
行香――巡堂燒香、出班上香、その他官人・施主等の寺に來つて香を行《ひ》くことを總稱して行香といふ。
打油舂磨――打油は油を作ること、舂磨は米を搗き粉をひくこと。
冬齋――冬至に秉拂を行ひ、この時都寺が大衆に馳走する齋のことをいふ、つまり冬至の供養である。この日住持は上堂を行ふを例とし、これを冬至上堂と名けてゐる。
年齋――開爐・元宵・佛祖忌・國忌等の四節に行ふ齋である。この時は秉拂を行ひ、都寺の齋があつて、住持が兩班を請し上堂するを例としてゐる。
解夏齋・結夏齋――解夏と結夏の兩時に頭首が秉拂を行ひ、之に對して都寺が齋を辨ずることであつて、結夏の時のを特に夏齋と名け、この日は住持が都寺の齋を謝する上堂を行ふを例としてゐる。
炙茄會――炙茄《せききや》は一に「しやくきや」とも呼び、釋迦に音通するから或は釋迦會のことだらうといふ說があるが、明瞭でない。禪林象器箋第九叢規門には「炙茄會、蓋炙レ茄開レ筵也」と見え、茄子を燒き供養する會のこととしてゐるが、これも適說ではない。大體茄は荷と同字で蓮の莖などをいふのである。五祖演禪師語錄次住海會語錄（參學景淳集）には、炙茄會上堂の語があつて、「六月三伏天、火雲布ニ郊野一、松間臨レ水坐、解レ帶同歡躍、毳侶弄ニ荷花一、賓明傾ニ玉斝一、（中略）白雲會有レ約、願結ニ青蓮社一」と見えてゐる。即ち荷花を弄し、青蓮社を結ばんとあるから、之はどうしても蓮を炙《あ》ぶる行持であらうと思ふ。
開爐・閉爐――開爐は僧堂の爐開きにして、昔は陰曆十月一日をもつて行つた。閉爐はその反對で爐を閉ぢることとで舊の二月一日に行つたものである。
臘八――十二月八日の釋尊成道會のこと。
生刱――生は未熟、刱ははじめの意であるから、つまり前例のないやうな不慣な事柄をいふ。

街坊化主――市中に出て施主に勸財し常住の缺乏を補益する役。單に街坊といひ、また化主ともいふ。

一五六　般若頭・華嚴頭――洞上僧堂清規行法鈔第五には「共に某經卷を掌る」役と記してゐる。

大齋會――恒規及び臨時の大供養會などをいふ。

行益行者――禪林象器箋執務門に「行者行《ヒク》ㇾ食也、益者益《マス》ㇾ食也、行猶㆓付與㆒也」と見えてゐるから、行益は粥飯の給侍をすること、故に淨人（衆僧の爲に給仕する者）のことを指して行益の行者といふ。

一五八　調達――梵 Devadatta, 提婆達多、提婆達、調達と音譯す。斛飯王の子にして釋尊の從弟に當る。生來名利の念強く、釋尊の威勢を嫉み、五百の比丘を糾合して一派を別立したが、その睡眠中、舍利弗、目犍連の神通力によってこれ等の衆が皆歸佛した。そこで提婆は憤慨し、終に五逆罪を犯したといふ。增一阿含經第四十七放牛品第四十九今分品（瞿曇僧伽提婆譯）に見ゆ。

外道――外道は佛法外の外道と、附佛法の外道と、學佛法の外道の三種あり、今はその中の佛法外の外道を指す。即ち印度の九十六種の外道を初め孔老等の諸教を總じて外道といつた。

古佛――有道の祖師に對する敬稱である。

大龍――大海の眞龍といふ意味で、眞實の參學人を指した語である。

入息不待出息之觀――無常を觀ずることをいふ。

專專然・顓顓然――專專然は純一無雜なること、顓顓然は敬仰隨順なるをいふ。

一六〇　經卷知識――經卷は佛陀の教說、知識は修道の善友、故に修行の師範となるべき對象に名けたものである。

闡提――梵の Icchantika 即ち一闡提又は一闡提伽の略である。斷善根或は信不具等と譯す、佛となるべき資性のないものをいふ。

黃龍南禪師――慈明楚圓禪師の法嗣黃龍の慧南禪師のこと。信州玉山縣章氏の子、十九歳の時出家し、廬山の歸宗寺・棲賢寺・蘄州三角山等に知識を訪ね、三十五歳の時慈明に就て得法した。後、隆興府黄龍寺に住して法門を擧揚し、法席昌んにして遂に黄龍の一派を成すにいたつた。宋の神宗熙寧二年（西紀一〇六九）三月、六十八歳にして寂した。傳は禪林僧寶傳第二十二・五燈會元第十七・釋氏稽古略第四等に見ゆ。

僧伽難提尊者——Sanghanandi 印度傳燈第十七代の祖師にして、室羅閥城寶莊嚴王の子である、十九歳の時王宮を出でて石窟に燕寂すること十年、遂に羅睺羅多に得法し、支那前漢昭帝十三年丁未（西紀前七四）樹下に於て歸寂した。傳は景德傳燈錄第二に見ゆ。

雙林——娑羅雙樹の略名にして、釋尊入滅の場所である。波羅尼斯國拘尸那揭羅城外、跋陀河の畔にある。

四倒——四顚倒の意で、凡夫の間違つた見解を四方面から說いたものである。即ち不淨なるべき身を清淨と觀じ、苦なるべき受を樂と觀じ、無常なるべき心を常住と觀じ、無我なるべき法を有我と執著するをいふ。

三毒——貪慾・瞋恚・愚痴の三にして、これは出世の善心を破ぶる根本であるから毒に喩へたのである。

一六二

東京觀音院巖俊禪師——邢臺の人、姓は廉氏、徧く祖席に參じ、投子に得法して後、東京に到り、雅信内典の歸依を得て、その施與する觀音院に住し、且つ後周世宗より紫衣と淨戒大師の號とを賜ひ、宋太祖乾德四年（西紀九六六）三月、八十五歳を以て寂した。傳は景德傳燈錄第十五に見ゆ。

投子山大同禪師——翠微無學禪師の法嗣。舒州懷寧の人、姓は劉氏、翠微に得法の後、舒州桐城縣投子山に結庵し、これに住すること三十年、後梁の末帝乾化四年（西紀九一四）九十六歳を以て寂す。傳は宋高僧傳第十三・景德傳燈錄第十五等に見ゆ。

營二覆頂一——頂を覆ふこと、即ち庵を結ぶの意にして、一寺の住持となるをいふ。

明教禪師——洞山曉聰禪師の法嗣佛日契嵩禪師のこと。藤州鐔津李氏の子にして、洞山に得法の後、永安精舍に住し、宋神宗熙寧五年（西紀一〇七二）六月寂した。曾て原教論十餘萬言を作つて儒釋一貫の說を唱へ、また嘉祐七年には仁宗より、その撰進するところの傳法正宗記・輔教編等の入藏勅許を得、且つ明教の號を賜つた。傳は五燈會元第十五・佛祖統紀第四十五等に見ゆ。

大覺禪師懷璉和尙——潙潭懷澄の法嗣育王の懷璉禪師。福建漳州龍溪陳氏の子、潙潭の法席に得法し、これに師事すること十餘年、皇祐二年汴京の十方淨因禪院を董し、尋で治平三年、四明阿育王山に到り、哲宗の元祐五年（西紀一〇九〇）八十二歳を以て寂す。傳は釋氏稽古略第四・佛祖統紀第四十五等に見ゆ。

包公——宋代の人、名を包拯、字を希仁といひ、廬陵の人である。開封の知となり、包侍御として知られ、後、樞密副使となる。卒して禮部尙書を贈られ、孝肅と謚せられた。

寺觀——寺は佛教の寺院、觀は道教の廟堂をいふ。

一六四　禪林寶訓——四卷、一に禪門寶訓ともいふ。初め妙喜、竹庵等が江西雲門に於て共集したのであるが、後淳熙年間東吳沙門淨善が、それを更に重集し三百餘篇に纏めた。黃龍より以下佛照・簡堂にいたる諸老の垂訓遺語が收載されてゐる。今の西湖廣記の文は、同書第一卷に見えてゐる。

髻珠——轉輪聖王が髻の中に收めてゐる珠のことで、それは唯一無二の重寶であるといふ、王は諸國を討伐するに當り、諸兵の中で最も功勞のあるものにはこの明珠を與ふるといふことをいつた。これからして世の中で最も尊重すべきものといふ意味をあらはす爲にこの譬喩を用ひたのである。

疎廣——漢代の人、字を仲翁といひ、東海蘭陵の出身、太子大傅となり、淸廉をもつて聞えてゐる。傳は前漢書第七十一、雋疏于薛平彭傳第四十一に見ゆ。

呂氏春秋——秦の呂不韋の著、不韋は莊襄王に仕へて相國になつたが、後、始皇の十二年、罪を得て蜀郡に謫せられ自害した。

許由——支那上古堯帝時代の高士にして、帝の招きに應ぜず箕山に隱棲し、淸節を全うした人といはれてゐる。

須達長者・祇陀太子——須達（Sudatta）は釋尊時代舍衞城の一富豪にして、常に貧人を救濟したから給孤獨と稱せられた。祇陀（Jeta）は同じく釋尊時代舍衞城主波斯匿王の太子であつて、自己所有の林園即ち祇陀林をもつて釋尊に奉獻し、須達は之に精舍を建てて佛に寄進したといふことである。

一六六　給孤——祇樹給孤獨園の略、即ち祇園精舍のことである。

檀越——檀越は梵語 Dānapati の音寫にして施主と譯す、他に物を施す人のこと。即ち寺院を建立し或は寺院に物質上の外護をなす人、今日の檀家・信徒等をいふ。

戒定智慧——戒は身口意に犯すところの惡を防止すること、定は想念の散亂を止め心を一境に專注すること、慧は眞理を悟ることをいふ。この三は學佛道の根本基調をなすものであるから、之を三學と稱してゐる。

龍樹祖師——梵に Nāgārjuna といひ、龍樹はその音寫である、龍猛或は龍勝と譯す。佛滅後六七百年頃南印度に生れ、印度傳燈第十四代の祖師となつた。大乘佛教の興隆につとめ、大智度論・十住毘婆沙論等多數の著書を出したので、後世第二の釋尊と尊崇せられ、また八宗の祖師とも稱せられてゐる。

南謨——梵に Namas 或は Namo といひ、南無《なむ》・納莫《のうまく》・曩謨《のうまく》等はその音寫である。歸命・歸敬等と譯し、衆生が佛に向つて專心歸依敬順することである。

一六八　正命——正命食の略、正しき生活振りをいふ。

莊子曰——莊子は八卷、蒙の莊周の著である。一に南華眞經といふ。今の文は莊子外篇騈拇第八に見えてゐる。

沉休文——沈約、字は休文、梁の人である。呉郡武康の出身にして、官に仕へて尙書僕射となつた。常に飯酒嗜欲を滅じて道に耽り、懺悔文・述僧中食論・千僧會願文等を著したので、死後「隱」と諡された。傳は佛法金湯編第四に見え、その撰作は多く廣弘明集（唐道宣撰）中に收められてゐる。

一七〇　嘉會——嘉は嘉悅、會は會合の意、故に立派な人人の集りといふことである。

漢書——百二十卷、後漢班固の撰、その妹班昭が補作したといはれてゐる。前漢の歷史を書いたものである。

成帝——前漢の孝武帝にして第十一主に當る。建始元年（西紀前三二）より綏和二年（同七）まで二十六年間の在位であつた。

墨子——十五卷、墨翟の著、墨翟は孔後孟前の人といはれてゐる。

三公——天子を補弼する三重役にして、時代によつてその名稱を異にしてゐる。周代では太師・太傅・太保、漢代では大司徒・大司空・大司馬、唐代では大尉・司徒・司空と名けてゐる。

一七四

供衆安衆——供衆は大衆に生活資料を供給すること、安衆は大衆が安心して修行の出來るやうにすること。

法演・法遠——何れも前に掲出した五祖法演・浮山法遠等の諸師をいふ。

諸方辨事——諸方の大山に於て已に知事等を勤めて來た舊參底の人人をいふ。

退院長老——一寺住持の職を退いた尊宿。

住持帖——住持となつた時の辭令書。

開堂疏——新住持が開堂の時に陳白する文辭をいふ。

賚次——戒臘或は法臘等の年次をいふ。

三板頭——一に板首ともいひ、僧堂各板の首席を指す。三板頭はその中の首座・西堂・後堂の各位をいふ。

氈席——僧堂の單には、冬期寒さを防ぐために毛氈を敷く場合がある。現今でも佛殿の長連牀に毛氈を敷く。それからして籍單のことを斯く稱するやうになつた。

涼簾・暖簾——涼簾は夏用のもので竹で作り、暖簾は冬用のもので厚地の木綿をもつて簾面を覆ひ風氣を防ぐやうに作られてゐる。

結夏戒臘牌——結夏は結制のこと、戒臘牌はその結制に集まれる衆僧の位次配役を作圖したものであるが、その位次が戒臘即ち得度を受けた年代順に列べられてをるところから斯く名けた。

按位牀帳——按位は各自の被位、牀帳は蚊帳である。

使令行者——延壽堂で使はれる行者であつて、看護人のことをいふ。

一七六

殿主——佛殿をつかさどる役にして一に知殿といふ。即ち殿内の香燈を掌り、塵埃を拂拭し、几案を嚴潔にするを仕事としてゐる。

錢物浩汗——校訂冠註永平元禪師清規に「浩汗渺茫貌、猶レ言ニ錢物散撒一」と見えてゐるから、賽物等の撒ばつてゐることである。

聖僧錢——聖僧の賽錢であらうといはれてゐる。

大僧帳——五夏・十夏の如き大僧の官位などを記載してある帳簿のこと。今は官位ある程の耆年宿老の身分に關することといふ意味である。

脚色——脚は行脚、色は物色であるから、履歴行狀等を記した書類をいふ。

祠部——寺社奉行の如き僧侶を管轄する役所をいふ。

供帳錢物——供帳は官所へ差出す僧籍簿のこと、錢物は免丁《めんちん》錢のことである。往時は歳毎に供帳して免丁錢を官に納めたものである。然らば免丁錢とは何であるかといふに、丁は丁役の意で國役に服すことである、僧侶はそれが免除されてゐたから、その代りに一定の税金を納付した、それが免丁錢である。而してその場合免丁の理由を記した書付が交附されるが、それを免丁由と名けてゐる。

繳判公憑——繳判は校訂冠註永平元禪師清規に「繳音皎、光師云、今按猶レ言ニ明白判斷一乎」と見えてゐるから、公正な判斷といふこと。公憑は公府の憑驗の意で、昔の公驗、度牒に類するものである。故に朝廷より正式に受けたる僧籍認可書とでもいふべきものである。

鹵莽――康熙字典に輕脫苟且の義とあるから、物事を粗忽疎略に扱ふをいふ。

津送――津の字に就ては異說がある、增冠傍註永平元禪師清規は「引也」といひ、柩車を引く意味であるといつてゐる。また一說には「發也」といひ、また無著道忠師は人の去ることであつて、譬へば舟の津を發するに人が之を送るやうなものである、故に津字は送亡の名に局るべきでないといつてゐる。併し、今は津はわたすの義、即ち此岸より彼岸に渡し送るの意味から送亡のことに名けたものと思ふ。

一七八 本寮――衆寮のこと。

煎點――煎煮煎熟の食物をもつて點心することである。然るに別義には煎茶を點ずることといひ、また茶を煎じ菓子を點ずることであるともいふ。されど五燈會元芙蓉楷禪師の章に「新到相見茶湯而已、更不二煎點一」とあれば、單に茶を煎じるだけのことではない。無著道忠師も「凡進二茶湯一時、可レ有二煎食果糍等之供一、喫畢方進二茶湯一矣、茶湯外別有二煎點一、以二芙蓉章一可レ爲レ證焉、故舊說言下但點二煎茶一爲中煎點上者非也」といつてゐる。恐らくこれが正しいであらう。今日曹洞宗では、新知事が大衆に就任の披露をする時の饗を煎點といひ、茶を煎じ菓子を點ずるを例としてゐるから、寧ろ第三說に近いのである。

直堂――僧堂に當直する意味で、普請等の場合僧堂内に殘留し、大衆の衣鉢等を看視する役をいふ。その當直の順番は、上間第二位の被位からはじめて次第に下に輪轉し、終て復た初めにもどることとなつてゐる。

目連――目犍連の略にして、具さに目犍羅夜那（Maudgalyāyana）といふ。佛十大弟子の一人にして神通第一と稱せられた。その維那となつたのは、竹林精舍に釋尊に會うた時のことである。

一八〇 提擧――拈提擧示の意にして物を指圖すること。

火燭――明瞭の義にして、曖昧でなくはつきりさせることをいふ。

逐施抽換――逐施は逐次に施設し、抽換はぬきかへることである。即ち舊損のものと新調のものとを取りかへてゆくことである。

靈利――伶俐に同じく、氣の利いて利巧なことをいふ。

一八四　眼睛曾與二波羅門一而退大矣――大智度論卷第十二に見ゆる故事にして、舍利弗が因地の修行の時、一の乞人からその眼を強要されて之に施したが、乞人は之を臭しとして舍利弗の面前で唾して地上に投げ棄て、脚をもつて蹋みにじつてしまつた。この時舍利弗は、此の如き弊人は最早度し難いと思惟し、忍辱の行を捨て、遂に自調解脫の小乘行に轉向したといふことである。退大はこの菩薩道を退いたことをいふのである。

頤堂――頤は養ふの義、故に老年の尊宿を安養させる堂宇のことである。

一八六　持レ汁――汁杓を持つことである。

一八八　安樂行品――具さに妙法蓮華經安樂行品といふ。法華經七卷二十八品の中（鳩摩羅什譯）第五卷第十四品に收められてゐる。

金剛般若――具さに金剛般若波羅蜜經といひ、略して金剛般若經、金剛經ともいふ。

普門品――具さに妙法蓮華經觀世音菩薩普門品といふ。法華經七卷二十八品中（鳩摩羅什譯）第七卷第二十五品に收められてゐる。

楞嚴咒――具さに大佛頂滿行首楞嚴陀羅尼といふ。

大悲咒――具さに千手千眼觀世音菩薩廣大圓滿無礙大悲心陀羅尼といふ。

金光明空品――金光明經中の一品であつて、本經には北涼曇無讖譯のものと、唐義淨譯のものとがある。前者は四卷十九品にして單に金光明經といひ、後者は十卷三十一品にして金光明最勝王經といふ。尙、この外に隋沙門寶貴が、義淨譯に合せて譯したものに合部金光明經八卷二十四品がある。今用ふる空品は義淨の單譯であつて、同經卷第一に收められてゐる。詳しくは金光明經空品第五と見えてゐる。

永嘉證道歌——一卷、唐永嘉玄覺禪師（玄宗の開元元年十月十七日寂）の著。

大潙警策——一卷、唐潙山靈祐禪師の著。通常潙山の警策といつてゐる。

信心銘——一卷、支那禪宗の第三祖鑑智僧璨禪師（隋煬帝大業二年寂）の著。

一九〇 桶裏水鉢裏飯——雲門文偃禪師の法語から依用せられたもので、一僧が「如何是塵塵三昧」と問うたのに對し、雲門が「鉢裏飯桶裏水」と答へてゐる。五燈會元第十五に見えてゐる。宗意は鉢裏の飯も桶裏の水も塵塵三昧以外のものではないといふことをいつたものである。

食輪轉法輪轉——輪は摧破の義にして一切の邪魔を摧破すること、故に食輪轉とは食事の上に佛法の眞意義を認め、之によつて生活の向上の保たれることをいつたものである。されば若し眞箇に食輪が轉ぜられたならば、それが卽ち法輪を轉ずることであるといふ、食輪法輪の相卽を說いた言葉である。

一九二 澆季之遠方——澆季は末世の意であるから時間的隔りをいひ、遠方は佛生國を離れた土地の意で、空間的隔りをいつたものである。

後槽——東司卽ち便所のことだといひ、或はまた便所の背後にある糞尿溜のことだともいふ。增冠傍註永平元禪師清規は「淨頭所用、故名二後槽一」といつてゐるから後說が妥當であらう。

庄客——田舍の人といふことであるが、今は寺中に居る日雇人足等をいふ。

一九四 漏刻——水時計のこと。

世諦之流布而已哉——世間に流布してゐるやうなありふれた並々の仕事ではなく、實に佛祖向上の行履であり、空劫以前の消息であるといふこと。

途中之受用而已哉——單に修行途中のはたらきといふだけでなく、實にそれが本家鄕を離れざる活作略であるといふこと。

巴鼻——二說あつて、一は俗に言ふとらまへどころといふこと、卽ち物の急所といふ意味。一は巴は尾であり、鼻は初であるから、本來始終といふことであるといはれてゐる。今は何れでも意味は通るが、大體前者の意に解した方が適當であらう。

解　説

一

本書は道元禪師が統率してをられた僧團の內部機構と僧衆日用の威儀とを定められたもので、禪師の著作中もつとも重き位置を占むるものである。內容は「典座教訓」「辨道法」「赴粥飯法」「吉祥山永平寺衆寮箴規」「對大己五夏闍梨法」「日本國越前永平寺知事清規」の六部から成つてゐるが、これは禪師の滅後四百十四年卽ち寬文七年に永平寺三十世光紹智堂師が一巻の書册に編纂し「日域曹洞初祖道元禪師清規」と名けて刊行せられたがためで、本來は六部各別に存してゐたものである。卽ち奥書の示すがごとく「典座教訓」は嘉禎三年春山城興聖寺における記錄であり、「對大己五夏闍梨法」は寬元二年三月二十一日越前吉峰寺における示衆であり、また「知事清規」は寬元四年六月十五日、「衆寮箴規」は寶治三年正月、いづれも永平寺における著作であり、その他「辨道法」は大佛寺に、「赴粥飯法」はまた永平寺にと、それぞれ單獨に纏められたものである。その一一の傳承に關してはもとより明かでないけれども、古くから永平寺に傳寫されて來たらしく、光紹師の跋文にも、師が同寺に住持せられるやうになつてから、それ等を蠹簡裏に得たと識してある。今日も同寺には十五世光周師が文龜二年三月二十二日に寫された「知事清規」と、同じく三月二十六日の奧書ある典座教訓とが傳はつてゐるが、これ等はみな光紹師上梓の際の底本となつたものである。

二

そこで以上六部の內容に關して一應の解說を加へるに、先づ第一の「典座教訓」は、その題號の示すがごとく六知事の一たる典座の心得を敎訓せられたものであつて、禪苑淸規第三「典座」の章を布衍せられたものと思はれる。乃ちこの職事は一色の辨道にして古來道心の師僧・發心の高士等が擔當し來つたもので、所詮喜心・老心・大心の三心をもつて心要とするといふのである。從來叢林において盛んに用ひられ、屢〻單獨に開版せられるとともに、注解書のごときも可なり多數に存してゐる。次に第二の「辨道法」は、道業を成辨するの作法卽ち禪堂內における坐禪修行の要諦と威儀とを規定したもので、初めに動靜はすべて大衆に一如すべきことを提撕し、尋で黃昏・後夜・早晨・晡時の四時の坐禪につき住持・侍者及び僧衆一同の行法が明かにせられてゐる。中について睡臥・起床・洗面・摺被・搭袈裟・襞袈裟その他放參等の作法に闕しては、細大漏さず、綿密な訓誡が垂れられてゐる。第三の「赴粥飯法」は、粥飯に赴くの法にして、禪堂における食事の作法を書かれたものである。初めに食と法とは平等一如にしてこの作法の忽諸にすべからざることを示し、次に入堂・上牀・下鉢・展鉢・首座施食・喝食・行食・受食・洗鉢・下堂等、粥時・齋時の作法幷に粥後の放參等が次第を追うて書き示されてゐる。恐らく禪苑淸規第一「赴粥飯」の章に準據せられたものと推察せられる。第四の「衆寮箴規」は、衆寮における僧衆の古教照心について垂誡せられたものであつて、凡そ二十八の條章から成つてゐる。初めに淸規の重ずべきことと百丈淸規に一如すべきこととを說き、次に僧衆和合の必然的道理を勸誡し、尋で看經・應對その他寮內における諸般の用心を細かに說かれてゐる。正法眼藏重雲堂式にも比すべき切實な敎訓が結集されてゐる。第五の「對大己五夏闍梨法」は、自己よりも年臘高き五夏十夏の長上に對する乍入叢林者の威儀作法を列示せられたもので、全篇六十二條から成つてゐる。その資料となつたものは、直接には南山道宣の敎誡新學比丘行護律儀收載の對大已五夏闍梨法（二十二條）及び事師法（五十一條）、入衆法（十二條）等であり、間接には馬鳴集の事師法五十頌等であらうと思ふ。特に敎誡新學比丘行護律儀二十二條の如きは、ほとんど全部が採用せられてをるので、一見禪師の眞作であるかを疑はしむるほどであるが、併し緒言においても述べたやうに、禪師においては法に對して大小乘の區別を立てられず、すべてを一味の佛法として扱つてをられるのであるから、あらゆるものを採つて清淨大海衆の理想實現に資せられたのである。故にこの卷の末尾にも「實是大乘極致也」といはれ、一般教相家の判釋とは全然異なつた立場をとつてをられる。最後に第六の「知事清規」は、永平寺における六知事の用心を示されたもので、その組織は全體二段の形式からなつてゐる。乃ち第一段は、古來の尊宿が知事に就役して大事を發明せし勝躅を掲げ、而して知事には古來有道の士の充當されし實例を示し、且つ禪師がそれ等の一一に對して詳細なる批判を加へられてゐる。第二段は、監院・維那・典座・直歲の四知事に關し、最初に一一禪苑清規第三所載の原文を擧げ、それに對して禪師自ら各種の文籍を引いて解釋が施されてゐる。全體書名の示すがごとく六知事を對象としての著作であるけれども、その內容には「諸小頭首有道例」として、有道の士の頭首について大悟した機緣語句等までが列擧せられてゐる。

三

次に本書の開版を顧みるに、全篇の上梓は前敍のごとく寛文七年であるが、その一部は既に早くから單校されてゐたのであつて、今日寛文四年四月、九鼎大初師が書肆西村又右衞門から發刊した「永平衆寮箴規」一卷が傳はつてゐる。元祿年間德巖養存師が「衆寮箴規然犀」を書いた場合も、この寛文四年版を使用してゐるが、禪師の清規類の刊行としては早い時代に屬するものである。ところで今の光紹師の寛文七年版のことであるが、これは實際のところ二回にわたつて行はれたやうである。卽ち典座敎訓より對大已五夏闍梨法までが一回に、而して知事清規だけは全然別の度に行はれたと觀られる。書肆はいづれも京都三條菱屋町ぬ屋林傳左衞門尉であるが、その刊記が兩册別別に鐫梓されてゐることと、而してその記入の仕方が前者は一行書になつて三條菱屋町の五字がなく、後者は三行割書になつてゐる點から觀察して、その上版の時を異にしてゐることが判明する。而も本文の字體の上からいつて、いづれも活字をもつて仕立てられたものらしく、その字の大きさが不揃ひであつたり、また一行の字詰がところによつて違つてゐたりするのは、それが活字本の證據であると思ふ。さてこの寛文本で吾人の注意をひくことは、「對大已五夏闍梨法」を獨立のものとせず、衆寮箴規の一部として扱つてゐることである。それは卷頭の目次に揭載してゐないばかりでなく、內容の編輯形式においても、この兩者を同一「衆寮箴規」の見出しの下に一括してゐることである。これはもつとも前揭寛文四年本の體裁がそのやうになつてをるからで、この七年本はそれを踏襲したのだといへば、一應首肯出來ないことはないが、然し光紹師の考へでは、どうも對大已法を衆寮箴規の附囑と觀てをられたらしい。前にも述べたごとく、對大已法は「敎誡新學比丘行護律儀」中の條項を參酌し六十二條に纒めたのであるから、道元禪師の他の撰著とは稍趣きを異にし、禪師獨特のものと見るに聊か躊躇する點がある。光紹師が若しこの點に留意して今のやうな扱ひをしたのだとすれば、師の編輯は一定の見識の下に行はれてゐるといつても差支がない。

かくて本書はこの光紹師の開版後、百二十八年を經て寛政六年に、永平寺五十世玄透卽中師が、當時宗門の少壯學者として令名のあつた穩達師に委囑して之を校訂重刊せしめられてゐる。今日流布の「校訂冠註永平淸規」二册は、實にこの重刊本を指してゐるのであるが、「凡例」によるに、穩達師は一二の道友と相詢り、舊刊の字畫の誤謬、句讀の錯亂等を訂正し、特に字義・音義の明了ならざるもの、事略の分曉ならざるものは、本文の上層若くは傍側に標揭或は細書して、一一それに註解を施したと記してゐる。尙、參考に資せんがため、特に辨道法の末に「僧堂四板被位之圖」一樣、赴粥飯法の末に「僧堂鉢位十二版首之圖」一樣、衆寮箴規の末に「衆寮十二板圖」一樣を附加し、僧堂・衆寮等の正型的樣式を揭示した。

この後本書は各篇が個別的に刊行された外、全篇を通じてのものは一時杜絕し、明治以後において著しく盛んとなつた。乃ち個別的のものとしては、明和九年九月に面山瑞方師が衆寮箴規を「吉祥山永平寺寮中淸規」と題して京都風月莊左衞門から發刊し（龜鏡文・參同契・寶鏡三昧が併せ上梓されてゐる）また文政十年三月惟一允師が梅華堂藏版として「永平辨道法」「永平赴粥飯法」一册を出してゐる。いづれも袖珍本の型式に仕立て、携帶の便をはかつたものである。これ等は個別的刊行の類であるが、次に全篇の刊行を概觀するに、明治十六年山腰天鏡師が曩の寛政本を校訂出版し、四十二年には弘津説三師が承陽大師聖教全集第三巻の中に收め、昭和五年には道元禪師全集及び曹洞宗全書宗源部等に編入せられてゐる。尚、今年三月には永久岳水師が教科書用として東京代代木書院より發刊した。

四

以上は本書素本の刊行について概覽したのであるが、次にその註解書類を一瞥するに、古くは内容の一部分を註釋單校したものが多く、その全卷を通じての末書は、前叙の「校訂冠註永平清規」を嚆矢として大體明治以後に多く現はれてゐる。

先づ内容一部の註解書を刊行の年代順に擧ぐれば左の如くである。

永平衆寮箴規然犀	一册	元祿十四年撰 江戸中野孫三郎刊	德巖養存述
略述赴粥飯法	一册	寛延元年撰 寫本	本光瞎道述
吉祥山永平寺衆寮箴規聞解	二册	寛延元年撰 京都風月莊左衞門	面山瑞方講
衆寮箴規求寂參	一册	明和二年撰 東京捴持寺刊	本光瞎道述

典座教訓聞解	一册	明和四年撰　京都柳枝軒刊	面山瑞方講
新板頭書永平衆寮箴規	一册	明治十三年補刻　京都出雲寺刊	未詳
標註傍解永平衆寮箴規	一册	明治十四年撰　津梁社刊	古田梵仙解
增冠傍註永平衆寮箴規	一册	明治十六年撰　京都出雲寺刊	古田梵仙註
冠註衆寮箴規校本	一册	明治十九年撰　東京鴻盟社刊	大內靑巒註
補註傍解永平衆寮箴規	一册	明治二十年撰　東西兩京同志書房刊	町元呑空編
典座教訓抄講話	一册	昭和二年撰　東京蘆田書店刊	忽滑谷快天述
典座教訓新釋	一册	昭和九年撰　東京光融館刊	田中俊英釋
炊事教訓講話附典座教訓通解	一册	昭和十一年撰　東京糧友會刊	井舟萬全著
家庭禪典座教訓赴粥飯法新釋	一册	昭和十一年撰　東京鴻盟社刊	中根環堂著

右において衆寮箴規と典座教訓の兩篇が如何に多く歡迎されたかを知ることが出來る。殊に衆寮箴規においては必ず「對大已五夏闍梨法」が併せ註せられてをり、本光師の求寂參のごときは宗蹟の龜鏡文をさへ添へてゐる。これ等はいづれも禪林の內部肅正の必要から斯くも多數の發刊をみたのであるが、近頃は寧ろ一般社會人の教養に資せんがため屢〻公刊をみるにいたつた。卽ち忽滑谷快天師の典座教訓抄講話以下はほとんどその要求に應ぜんがためのものである。

次に全巻を通じての註解を擧ぐるに、

校訂冠註永平清規	二册	寛政六年校 京都柳枝軒刊	穩達校訂冠註
增冠傍註永平元禪師清規	二册	明治十六年撰 京都出雲寺東京森江刊	古田梵仙註
補註傍解永平元禪師清規	二册	明治二十年撰 京都小川東京森江刊	町元吞空編
永平大清規辨解	二册	明治二十年撰 京都出雲寺刊	町元吞空編
永平元禪師清規講義	一册	大正六年撰 東京光融館刊	茂木無文述
大清規聽講筆錄	一册	大正六年講 寫本	若生國榮講
和註永平元禪師清規	一册	昭和七年撰 東京鴻盟社刊	小松原國乘註
永平大清規通解	一册	昭和十一年撰 東京鴻盟社刊	安藤文英解

右のごとく種類としては多數に存してゐるが、註解の內容はいづれも大同小異であつて、初めの校訂冠註及び後の增冠傍註・補註傍解等を典據にこれを解說したものが多い。

五

上來述べたところによつて本書の成立經過とその內容及び書寫・編輯・刊行・註解の大概を知り得たのであるが、尙、本書が今日の盛行をみるにいたつたのには、曹洞宗先輩の尠からぬ苦心の存してゐることを知らねばならぬ。それは玄透師が「校訂冠註永平清規」を上梓し、それを叢林に履修せしめんとした時、越前永平寺と加賀大乘寺との間に政治的論爭の惹起されたことである。抑も玄透師は、當時宗內に明規《みんき》の影響をうけて之に雷同するものがあらはれ、甚だしきは一途の新軌模をさへ倡へて宗祖道元禪師の清規あることを忘却してゐるのを慨歎し、これを是正せんとして今の清規を校訂上梓したのであつた。その事は同書卷頭の「凡例」と「祖規復古雜稿」(玄透著)中の某長老に與ふるの書に詳記されてゐる。師は寬政六年五月今の清規を刊行するとともに、翌七年夏武藏龍穩寺より永平寺に晉住し、而して八月進んで官衙に書を呈し、祖山の行法をして宗祖質樸の古規に復せしめ、且つ永平下諸禪刹における日用の行持をして純ら祖山の制にならはしめられんことを歎願した。ところで玄透師が「凡例」において指摘してゐる祖訓を蠹損し、弊規を愚信してゐる徒輩とは一體何人を指してゐるかといふに、敍上の某長老に與ふるの書に「或亦有二面譴者一曰、禪定老祖者、世稱二洞上中興一、而今現行之規、是他所立之法則也、公若不レ率二由之一、則負恩之罪何以免乎、予謂レ之曰、吁、胡不レ旌二別淑慝一之至二於斯一也、月祖置而不レ論、假使雖三兒孫英俊盈二于海內一、苟係二我永祖之胤一而屛二棄永祖大規一、別倡二一途之新軌模一則吾必舍レ彼而從二永祖一而已」といひ、山城禪定寺開山月舟宗胡師を擧げて、それが洞上の中興であるにも拘らず、その定められたところの清規は全く他門所立のもの（當時流行の黄檗清規を指す）と同一であると斷じ、而して、末流兒孫またその家風を繼承して憚るところがないといつて、暗に加賀大乘寺を非難してゐるのである。由來大乘寺は月舟宗胡・卍山道白兩師資このかたその末裔が歷代の住持を襲ひ、ここに蔚然と清規が勃興して、世に所謂規矩大乘の通稱をさへ生ずるにいたつた。その本源をなすものは、實に卍山師の大成したる「椙樹林清規」（一に松壽林指南簿といふ）二卷であつて、行持に關する篇目の多いことと、內容の整つてゐることとは、實に永平・瑩山兩清規以來の大作であるといふことが出來る。享保十八年、大乘寺當住三州白龍師は、卍山の法嗣としてかかる貴重な謄本の舊損するを懼れ、これを修理して卷頭に序を加へ、「夫此本之存也、可レ謂叢林之慧命也、而月卍二老面目尙在也、豈可レ不二尊且重一乎、獨見二舊損一命レ工裝褙、以爲二萬世之鎭一」といつてゐる。卽ち三州師のこの萬世の鎭めとなすといふ椙樹林清規擁護の精神は、この後永く法孫を指導し、椙樹林の名をして天下に轟かしめたのである。時に玄透師は寛政七年十月、その校訂にかかる「冠註永平清規」と直書一通とを大乘寺當住無學愚禪師に寄せて古規の履修を要求した。愚禪は事の重大なるに驚き直ちに返書を出すことを躊躇したが、永平寺よりは使僧をもつて再三督促があつたので、ここに兩者の衝突を來たし、同九年愚禪は老病を理由として大乘寺を退かんとした。この時永平寺は、大乘寺の無住を口實にその年冬結制の鬪會を命じたのであるが、大乘寺としては、月舟・卍山の二老以來歴史あるこの法會を中絕せしむるに忍びず、同年九月近門の住持を動員して永平寺に陳辨し、その諒解につとめ、遂に翌十年三月、甲斐龍華院滿圭祐天師が愚禪と替るに及んで、一應危急を救ふことが出來た。併しながら永平寺は古規復古事件の未だ落著せざるを理由として、祐天の晋山披露の上山を拒み、あくまでも古規の履行を主張したため、再び紛叫を來たし、大乘寺は終に助力を總持寺に乞ふとともに江戶に出でて之を寺社奉行及び關三刹に訴へ、永平寺と論爭すること前後三年に及んだが、寛政十二年十二月、幕命をもつてその規繩の變改の必要なきことが裁斷せられ、事件は大乘寺に有利に展開した。されど永平寺は猶も變改の初志を捨てず、この時新に起つた祐天の退住、愚禪の再住等を許諾せず、剩へ役僧聖順以下の謹愼をさへ命ぜんとしたので、大乘寺は一大動搖を來たし、愚禪はここに享和元年三月六日、悲壯にも後難を覺悟して再住入寺を斷行した。すると永平寺は、これこそ本寺を閑却し本末關係を絕たんとするものであると見なし、直ちに愚禪・祐天等を喚問した。然しながら兩師がその命に應じなかつたので、四月七日、再び結制の闕會を命じ、この年十月監院復庵は之を幕府に訴へ、公力を假つて愚禪等を招致せんとした。されど大乘寺もまた役僧祥雲(一閑院前住)を出府せしめ、事件の解決に當らしめたので、幸にも擴大を防止することを得、その間、關東三僧統の調停もあつて、翌二年五月十八日復庵は曩きの訴願を取りさげ、八月十六日愚禪を初め大乘寺近末の淨住寺太容、建聖寺瑞鱗等一行十八、永平寺に上山し、八月三十日道元禪師五百五十回大遠諱の忌日をトしてその眞前に懺悔和敬の意を表し、この事件は圓滿妥結をみたのである。

思ふに本事件は、玄透師が宗門における淸規の區區たるを慨嘆し、宗祖道元禪師の淸規に歸一せしめんとするの運動から發生したもので、大乘寺は實にその一大障害であつた。故にこれを匡正することが理想實現の第一歩であつたので、かくも執拗な折衝が續けられたのである。大體「椙樹林淸規」は白龍師の序にも述べてゐるやうに、必ずしも永平・瑩山の兩淸規を無視したわけではないが、然し當時流行の外規に據るところが相當に多く、玄透師からすれば、それは全く永平の古規を忘れたものと觀られたのである。この外規依存の風潮は當時一般の大勢であつて、天下の叢林滔滔として明《みん》・淸《しん》の禪風にかぶれ、宗門に淸規あることを知らざる情態であつた。玄透師は元來熱烈なる復古主義者であつて、道元禪師の眞風擧揚に一切を傾けた人であるから、この大勢を見て坐視するを得ず、敢然立つて永平の古規恢興に猛進したのである。さればこの事件をもつて大乘寺側は、動もすると永平寺は古規囘復の美名の下に瑩山淸規の廢絶を企圖したものであるといひ、また執拗なる永平寺對總持寺多年の確執を、この古規論爭に托し、總持寺への側面攻擊の手段として微力なる末寺大乘寺に肉薄したものであると觀察したであらうが、然し玄透師としては、毫もかかる野心を包懐しての擧措ではなく、あくまでも當時の弊風を釐正し、古規に還歸せしめんとする一片耿耿の念から出發してゐたのである。故にこれよりさき寛政八年四月には、京都に出でて「禪苑淸規」の版木を購ひ、これを永平寺藏板として上梓し、また享和三年八月には、更に「吉祥山永平寺小淸規」三卷を著して祖山淸規の正型を提示し、且つ同書の自序に「明興已降、禪風一變、軌式失レ古、乃於二我邦洞上禪林一、亦頗沿襲爲レ弊、背二馳於高祖(道元)大規一者不レ爲レ尠矣、豈可レ不レ痛哉、或謂明淸規典、雖三微行二于此一、率從二事華飾一、忘レ本揣レ末、益學益遠矣、此言豈爲レ誣耶」と記し、道元禪師の家風をして永く隕墜せざらんことを期したのである。朝廷におかせられては師のこの鴻業を嘉せられ、この年七月十三日、左のごとき綸旨と撫物とを下賜してその功勞を賞せられた。

永平寺開祖道元禪師者、創二修聖節看經之道場一、然今宏振禪師、循二守祖訓一、且欲レ使三末派遵二行此法一、其績遠達二天聽一、因預賜二御撫物一、彌宜レ奉レ祈地抽二丹衷一、寶祚延長天、自今齊準二古規一、永不二廢弛一者也

(享和三年)七月十三日　　權大納言(勸修寺)經逸

永平寺宏振禪師

以上によつて、「道元禪師淸規」が今日に流傳し、曹洞一宗の規範となつたのには、實に敍上

のごとき紛亂錯雜せる歴史と、それに對する洞上先賢の鏤骨的奮闘のあつたことを忘れてはならぬ。

追記

本書の校了に近づいた頃、面山瑞方師校訂の「吉祥山永平寺寮中清規」(寮中本)に古本との對校頭註のあることを知つたが、既に印刷期も切迫してゐたので、遺憾ながら之を省略した。今次再刷に當つて、この頭註の中の重なものを拔いて脚註に補ふとともに、更に本文の讀方についても二三の訂正を加へた。

尙、横濱市永久岳水師の藏書によれば、本書素本の刊行には、明和九年九月面山瑞方師が校正せられた「吉祥山永平寺寮中清規附龜鏡文參同契寶鏡三昧」(京都風月莊左衞門刊)に先立つて、既に「吉祥山永平寺衆寮箴規附龜鏡文參同契寶鏡三昧」(京都風月莊左衞門刊)なる古本の存することを知つた。何人の校勘なるや詳かならざるも、面山師の校正がこの舊刻を參看してをられることは疑ふの餘地がない。版式は美濃型であつて、面山師は之を更に袖珍本に仕立てられたものである。尙また永久師には、本書の註解書として左の二本を襲藏せられてゐる。何れも閲覽を許され、この譯註の大成に援助せられたことを謝するものである。(昭和十七年一月記)

新板頭書　永平衆寮清規　一冊　聚文堂刊　註者未詳
冠註永平元禪師清規　二冊　明治十五年撰 京都出雲寺刊　片岡賢三註

道元禪師行實

一 出家學道

道元禪師は今を去ること七百四十二年、土御門天皇の正治二年正月二日（皇紀一八六〇・大陽曆一月廿六日）京都に誕生せられた。生家は當時權門の棟梁として知られたる久我家であつて、父は內大臣の通親、母は松殿基房の女であつた。幼少より聰明であられたが、屢〻家庭的不幸に遭遇せられ、三歲（建仁二年）のときには父通親の頓死に遭ひ、また八歲（承元元年）の時には母を喪はれた。この重ね重ねの不幸によつて禪師の童心は痛く傷けられ、變遷常なき世のはかなさを感じられた。遂に十三歲の春（建曆二年）比叡山の麓に外舅なる良觀法印の庵室を訪ね、切に佛道修行への指示を乞はれた。良觀は近江園城寺系の碩學で密法修驗の達人であつた。禪師とはもともと俗系上の關係があつたので直ちに禪師の要請を容れ、比叡山横川般若谷の千光房に於て只管天台の教學を學ばしめることとした。一年の修行を經て十四歲（建保元年）の四月九日延曆寺第七十代の座主公圓に就て形の如き剃髮を受け、初めて出家としての格式を備へられた。

かくて愈〻學道に精進せられたが、朝に夕に修するところは、護摩祈禱の法役に給仕するのみにして聊も自己の心地開明に精勵することが出來なかつた。禪師はこの生命なき形式化した佛道修行に對して尠なからず不滿と疑問とを有してをられた。一體顯密二敎の敎へに從へば、我々は生れながらにして本來成佛のものであるといつてゐる。果して然りとすれば、佛陀を初め多くの祖師達は何故に長期の修行を積まれたのであらう。既に成佛が先天必然のものであるとすれば、敢て煩瑣なる作業に勞する必要はない。自然のままであれば、それでよいではないか。況んや如來の歡心を求むるが如き有所得的勤行に沒頭し、繁細なる儀軌の練習に心血を傾注するが如きは、却つて佛の敎へに叛くものではないかと。かうした大きな煩悶は禪師をして益々情熱的たらしめ、終にこの疑ひを解くべく全山の學匠達に問ひただされた。しかしながらその答ふるところは、多く敎理の概念的說明に終始してゐて、禪師の心地を開發せしむる何ものもなかつた。そこで一日山を下つて園城寺に行き、時の長吏公胤に謁して更にその要旨を尋ねられた。しかし公胤は問題の容易ならざるを察し、當時禪敎の宗匠として名高き京都建仁寺の榮西に參詢すべきを勸めた。京都はもとより近くであり、また禪師の出身地でもあるから、此時榮西を訪ふことは極めて容易なことであつた。がしかし俄に叡岳を去り公圓の下を退くことは自分の學問的立場を失ふことであり、また剃髮の師に對して禮を缺くことでもある。さうかといつて自分の疑問とするところは寸毫の遷延を許さず、あくまでもそれを解決しなければならぬ。禪師はこの岐路に立つて尠なからず煩悶を續けられたことと思ふ。然るに恰もこの年（建保元年）十二月十九日にいたつて公圓には突然天台座主職を辭めた。そこで禪師はこれを機會に山門を辭し一旦園城寺に入り、尋で建保二年の秋（十五歲）初めて建仁寺に榮西を訪ね、驀直に自己の疑ひを披瀝して佛道修行の根本原理に關する提撕を求められた。この時の榮西の答話は至極簡單であつたので、その要領をとらへることが出來なかつた。しかしながら禪師にとつては、このひと時の相見が終に禪の檢討に感奮興起せらるる大動機となつたので、この後は屢〻榮西の室を訪ねてその鉗鎚を受けられたことと思ふ。後年禪師によつて意味深く語られる榮西の言行を考ふるに、その感化の如何に深刻なりしかを想像することが出來る。ところが榮西にはその翌年（建保三年）七月五日にいたつて京都で入寂したので、禪師は建保五年八月廿五日更めて榮西の上足明全に參じ、再び禪の檢討に努力せらるることとなつた。明全の敎學やその宗風に關しては餘り詳かでないが、その人と爲りについては禪師が正法眼藏辨道話に「全公は祖師西和尙の上足として、ひとり無上の佛法を正傳せり、あへて餘輩のならふべきにあらず」と記してをられるので、見地の高い明眼の宗師であつたことが窺はれる。されど禪師はその提撕にも滿足を得られなかつたので、更に宋土に渡り知識を兩浙に訪ねて眞の禪法を學ばんとの志願を發された。

二　入宋求法

そこで明全に隨侍してから七年、卽ち貞應二年禪師二十四歲の春、愈〻入宋の壯圖につかれることとなつた。一行は師匠の明全と建仁寺の住侶たる廓然・亮照などで、都合四人であつた。二月二十二日に京都を發し、瀨戸內海を下つて三月下旬に博多に著かれたが、直ちに商船に便乘し四月初めに明州慶元府に船を寄せられた。この航は相當に困難であつたらしく、暴風の難はもとより禪師は痢病にさへ罹られ多大の艱難を嘗められた。直ちに上陸せらるべきであつたが、支那内外の情勢や、諸山の清規、僧衆の風儀などを視察する必要上から、約三箇月の間を同地沿岸の船中に過された。その間幾多の人々に會見せられたが、就中最も感銘を受けられたのは阿育王山の典座で、六十一歳になる老僧と文字・辨道に關する問答を交はされたことである。禪師の著典座敎訓には、その時の問答の要領と感激とを詳敍してをられるが、その相見が如何に重大な意義のあるかを知ることが出來る。

かくて七月になつていよいよ明州天童山景德寺に掛錫し、住持無際了派（臨濟宗楊岐派・拙菴德光の弟子）首座智明・都寺師廣等の下に薫陶を受けらるることとなつたが、夏安居の解かるる少し前に當り、慶元の船裏に於て相見した典座が再び禪師の寮を訪ね、近々その職を罷めて鄕に歸る旨を告げた。禪師は典座の法愛に感じ、再會を喜躍して前回與へられたる文字・辨道の公案に關し再度眞劒なる質問を試みられた。問答は、禪師が「如何なるかこれ文字」と問はれると、典座は「一二三四五」と答へ、また「如何なるかこれ辨道」といはれると、「徧界曾て藏さず」と答へた。極めて簡結であつたが、禪師はここにいたつて全く文字・辨道の深義に通達せられたのであつた。典座敎訓には、その時の法悦を「山僧聊か文字を知り辨道を了ずることは乃ち彼の典座の大恩なり」と銘記してをられる。卽ち禪師は從來文字は所謂月を示す指の如きものであつて、文字その者には何等の權威もなく、佛の精神はかかる文字言語の外に別立するものであると考へられてゐた。また辨道に關しても、我々の現實生活と隔絕した或特殊なる行持例へば先頃叡岳に於て修めたやうな煩瑣なる佛事實習を意味するもののやうに思惟せられてゐた。而してそれ等の考への半面には常に先に叡岳に於て起した本來成佛の思想に對する疑ひを有つてをられたのである。卽ち佛敎が一切のものの本來成佛を說く以上は、そこに特別なる實踐修道を必要とせないのであるのに、何故に我々の現在に於てはそれが肝要なのであらうか、學人の修行を强要する點からすれば、佛陀の道破せられた本來成佛の宣言には何等の信賴もなし得ないではないかと、禪師の佛敎敎學に對する煩悶は容易に解決し得なかつたのである。それが今この典座の懇切なる勘驗によつて初めて氷解せられたのであつた。

　思ふに禪師の舊來の所見は總てが二元的であつた。佛心と言敎・修行と證入、この二つは時處を異にして相對立するものであると考へられてゐた。乃ち本來成佛說の如き本覺思想の上からは、或は修行無用論が唱へられ、また佛陀が六年に亙つて示されたるが如き道行實修の始覺思想の上からは、或は修行必要論が考へられてゐたのである。然るに禪師は典座の敎導によつて初めてこの正反せる二つの思想を完全に止揚し、本體的理としての證も、認識的事としての修も、共にこれ修證一等・修證一如なる命題のもとに融合し盡されたのであつた。禪師はこれを或は「證上の修」といはれ、また「本證の全體」と名け、更にまた「直指の本證」と道破せられて「すでに修の證なれば證にきはなく、證の修なれば修にはじめなし」との斷案に到達せられた。從つて修證一等一如の世界は、これを認識的始覺の方面より見れば妙修の全體であり、又本體的本覺の意義より見れば本證の全體であつて、決して隔歷するものではない。禪師はこの修證論の立場に於て自己の宗教の綱格を組織して所謂「一法究盡」の宗旨を徹底せしめられた。即ち佛心と言教に就て、佛の精神は教に現はれ、教は更に文字に記されたものであるから、言語文字は實に佛心の顯現である、換言すれば言語文字の一法に即して佛心の全體を究盡することが出來る、從つてこの一如なる心と教とを分割して佛心は不立文字教外別傳であると說くは、旣に宗派的に固定化したる禪者のいふところであると看破せられた。また辨道修行に就ても、それが本來成佛の故に不必要なのではない、本來成佛と道取する力量あるが故に修行が現成するのである、この本來成佛の道取は、學人の單なる認識ではない、それは各自が人格的に體認せられたる智慧のひらめきである、從つて修行の要不要を論ずるものは、未だ何等の自覺(體認)にも達しないものであると領會せられた。思ふに禪師のこの大自覺は、實に名もなき典座の恩寵によつたのである。

かくして禪師には明全と共に禪堂裏に在て互に切蹉琢磨し、眞理の探究に奮闘せられたが、玆に一つの大きな問題が惹起した。それは天童山に於ては、禪師が外國僧にして而も新到であつたのでこれを僧衆の末席に列したことである。禪師はこの排座の不當を指摘し、僧衆は世齡を用ひず法臘によるべきものなることを主張し、是正を住持に向つて求められた。この事は、二十四歳の若き外國僧としては實に絕大な氣焰をあげられたものといはねばならぬ。

禪師の天童山安居はこの後一年有餘箇月に亙つて續けられてゐるが、翌嘉定十七年の冬(我が元仁元年)にいたつて諸山の知識を歷訪せんことを思ひたたれ、先づ杭州徑山に浙翁如琰(拙菴德光の弟子)に參じられた。而して是多を同山に過して翌寶慶元年(我が嘉祿元年)には溫州から台州へと錫を轉ぜられ、溫州にては雁蕩山に登られ、台州にては天台山萬年寺の元鼒・小翠巖の盤山思卓（大慧宗杲の孫）に參じて禪宗五家の門風とその室內所傳の法寶などを看見せられた。ここに於て禪師としては參見知識の行程もほぼ終了せられたので、いよいよ歸朝せんと思はれるうちに、先に行を共にせられた師匠の明全が天童山に於て病床に伏してをられることを聞かれたので、急ぎ笈を景德寺に廻らされその看護につとめられた。この時はもはや先の住持無際了派は示寂し、曹洞下の長翁如淨禪師（以下淨祖と略稱す）が天童山第三十代の住持として董住せられてゐた。禪師は面謁の當初から淨祖が眞實の正師たることを感知せられたので、そこで直ちに左の如き片束を認め、從來の參學過程と入宋の志願とを縷述して切にその慈誨を懇望せられた。

道元幼年發二菩提心一、在二本國一訪二道諸師一、聊識二因果之所由一、雖二然如レ是一、未レ明二佛法僧之實歸一、徒滯二名相之懷幖一、後入二千光禪師之室一、初聞二臨濟之宗風一、今、隨二全法師一而入二炎宋一、航海萬里、任二幻身於波濤一、遂達二大宋一、得レ投二和尚之法席一、蓋是宿福之慶幸也、和尚、大慈大悲、外國遠方之小人所レ願者、不レ拘二時候一、不レ具二威儀一、頻頻上二方丈一、欲レ拜二問愚懷一、無常迅速、生死事大、時不レ待レ人、去レ聖必悔、本師堂上大和尚大禪師、大慈大悲、哀愍聽二許道元問レ道問レ法、

伏冀慈照　　小子道元百拜叩頭上覆（寶慶寺本寶慶記）

傳說によると、この時淨祖には、その前夜洞山大師（支那曹洞宗の曩祖）を迎へる夢を見られたので、或は乍入の禪師が洞山の再來ではないかと思惟し、慈父の我子に對するが如き親しさをも

つて展待せられたといふことである。

禪師は入宋後三年にして初めて眞箇の宗匠に會はれたのであるから、この後に於ける修道には一層の熱烈さが加はり、宵には二更の三點まで、曉には四更の二點三點より起きて坐禪に精勵せられた。同參の衆僧の中には、疲勞のあまり坐睡する人々もあつて、屢〻淨祖の警策をうけたが、獨り禪師は一夜も懈怠なく打成一片に辨道精進せられた。されば淨祖もその願心に感激し「元子は外國人であるが實に器量人である」といつて稱讚し、その侍者となさんとさへせられた。かくてその努力は遂に酬いられ、この年（寶慶元年）五月一日早曉、淨祖の垂誡を聞いて豁然身心脫落の妙境を味得せられ、淨祖よりは佛祖の堂奧を聽許せらるることとなつた。後年禪師が辨道話の中に「予かさねて大宋國におもむき知識を兩浙にとぶらひ家風を五門にきく、つひに大白峰の淨禪師に參じて一生參學の大事ここにをはりぬ」と述べられた自信は、實にこの時に確立したのである。かくてこの年（寶慶元年）九月十八日にいたり、釋迦牟尼佛より五十代嫡々相傳の戒脈を淨祖より受け、玆に曹洞派の比丘たる資格を具備せられ、歸朝後に於ける曹洞一宗樹立の根基を築成せられ、また寶慶三年（我が安貞元年・二十八歲）の春には、大法嗣承の信表たる嗣書の傳受を得て淨祖の嫡子として宗旨宣揚の重大使命を荷擔せられたのであつた。

三 普勸坐禪

禪師の在宋は前後五箇年に亙つてゐるが、今や正法を體得し「入宋傳法沙門」の自信を深められたので、寶慶三年（我が嘉祿三年）いよいよ歸朝を發意せられ、この年八月終に肥後川尻の地に歸著せられた。それより引續き北上して太宰府に入られ、尋で九月には早や京都に著し、暫く建仁寺に錫を掛けらるることとなつた。この時、從來自己の體得した眞理の內容とその修行の方法とを、一卷の書札に纏めて發表せられたが、これが有名なる普勸坐禪儀である。本書は我國人によつて著されたる坐禪の書の嚆矢をなすもので、禪師の勝れたる見識はその全篇に溢れてゐる。宗門ではこれを立敎開宗の宣言であると見てゐるが、その所說の內容及び普勸の字義等からいへば確に開宗の意味を有するといはねばならぬ。先頃この文庫に於て校訂を試みた普勸坐禪儀は實にこの時のもので、その淨書本は現今福井縣永平寺に傳はつてゐる。禪師はその後五年を經て寬喜三年八月更に正法眼藏辨道話一卷を著され、自受用三昧の本義を明かにしてをられるが、これは普勸坐禪儀の中心思想を更に詳しく解說せられたものである。

思ふに禪師の歸朝は、從來の我國入宋僧とは大にその趣きを異にしてゐる。從來の人達は多く未傳の聖敎・佛像・道具等を齎らすことをもつてその使命としてゐたのであるが、禪師に於ては何ものも將來せらるることなく、所謂空手還鄕であつて、ただ「入宋傳法沙門」なる自信を深められたに過ぎない。嘉禎二年十月十五日山城興聖寺の開堂供養に際し、從來の參學過程と自己の信念とを披瀝して、

山僧歴㆓叢林㆒不㆑多、只是等閑見㆓天童先師㆒、當下認㆓得眼横鼻直㆒、不㆑被㆓人瞞㆒、便乃空手還㆑鄕、所以一毫無㆓佛法㆒。（永平廣錄第一）

と述べられてゐるが、一毫も佛法なしとの斷定は、實に日本佛敎開始以來の一大宣言といふべく、當時の文字法師が動もすると自己の佛法に誇り、或は宗論或は談義等に憂身をやつしてゐるのとは遙に天地の懸隔があるといはねばならぬ。普勸坐禪儀は實にこの一毫無佛法上の見地に立ち、眼横鼻直なる普遍の眞理を知らしめんが爲に著されたもので、巻初の「原夫、道本圓通、爭假㆓修證㆒、宗乘自在、何費㆓功夫㆒、況乎全體迥出㆓塵埃㆒、孰信㆓拂拭之手段㆒」との提言の如きは、正に一毫無佛法の道得とその思想內容を同じうするものといふべきである。

四　僧團結成

禪師の建仁寺に居られたのは僅に兩三年であつて、寛喜二年の頃（三十一歳）には山城深草の地に移られ、ここに安養院を構へて先づ僧團の結成に著手せられた。多くの歸依者がその周圍に集まつたことと思はれるが、就中著名なるは九條敎家と波多野義重とである。特に敎家は禪師と俗系上の關係があり、母方の叔父たる九條兼實の孫に當つてゐる、卽ち九條良經の子息である。嘉祿元年九月三日出家して慈觀といひ、別に弘誓院と號した。

さて禪師の僧團結成といへば先づ山城興聖寺と越前永平寺との二大刹をあげねばならぬが、前者は實にこの九條敎家等の淨施によるものであり、後者は波多野義重の寄進にかかるものである。抑も興聖寺は山城深草極樂寺の舊趾に建てられたもので、初めは觀音導利院と稱する佛殿一宇があつた。禪師がこの地に移られて四年目の天福元年春にここに移錫せられた。その時はまだ坐禪の道場がなかつたので、それから三年を經て嘉禎元年十二月にいたつてその勸進が始まり、約一箇年を費して嘉禎二年の秋に出來上つた。禪師はこの冬十月十五日正式に開堂の法會を擧げられ、寺名を興聖寶林寺と命じられた。この法會は通常祝國開堂式と名け我國に於けるこの種式典の嚆矢とされてゐる。ここに於て禪師は伽藍も完備し、僧團としての形態も整つたので、今度はこれに入らんとする者の儀式作法を規定せんとして嘉禎三年先づ出家授戒作法一卷を著され、而してまた僧團の內部を肅正する必要から典座敎訓一卷を作製された。併し乍ら無住が雜談集に「その時は坐禪めづらしきことにて信ある俗等拜し貴とかりけり」といつてゐるやうに、當時參禪の客は著しく增大し、寺門に出入する道俗も多くなつたので、遂に延應元年（曆仁二年）重ねて僧堂を增築し、四月廿五日にはその式文を製して堂內の規矩を嚴にせられた。かくの如くであるから禪師の說法示衆も爾後一段と精彩が加はり、この頃より寬元元年七月越前に下向せらるるまでの數年間に於て、正法眼藏を開演せられること實に四十有餘卷の多きにのぼつてゐる。

興聖寺僧團の充實とともに、禪師の德望は我國朝野の歸崇するところとなり、此頃遠く鎌倉の北條氏より行化の懇請をうけらるることとなつた。禪師はもとよりその道心を拒まれるわけではないが、併し「若し佛法に志あらば、山川江海を渡りても來て學すべし、その志なからん人に往き向ふて勸むるとも聞き入れんこと必定なり」（正法眼藏隨聞記第二）との見解よりして、堅くこれを一蹴せられた。ところが聲望がかく高まつて來ると、舊佛敎の本山格たる比叡山僧達は、益〻憎惡の念をいだき、つひに興聖寺に向つて各種の壓迫危害を加へんとした。しかし禪師の道德が餘りにも勝れてをられたのと、その生家が皇室と因緣淺からざる久我家であつたのとで、山僧の銳鋒は著しく緩和され、幸ひ禪師の身邊は平穩であつた。されど、禪師としては大體かかる喧噪の地に居ることを心よしとしてをられなかつたし、また深草入棲の當初より「弘通の心を放下せん激揚のときをまつゆゑに、しばらく雲遊萍寄してまさに先哲の風をきこえんとす（中略）貧道はいま雲遊萍寄をこととすればいづれの山川をかとぶらはん」（正法眼藏辨道話）との願望もあつたので、終に入山を決意し好適の地を物色せられた。幸にして北條方の武人で越前志比庄の地頭職を司つてゐた波多野氏が、豫てから禪師の德望に歸依してゐたので、この地を禪師に紹介したところ、禪師はその越前なる名稱が本師如淨の出身地たる支那越州と相似してゐるのに深き意義を認められ、終に自己終焉の地として、寬元元年七月（四十四歲）住みなれし深草の地を後にこの越前に入らるることとなつた。最初は一時吉田郡吉峰寺及び禪師峯等に寓居を定め、永平寺伽藍の建立に著手せられた。

永平寺は初名を大佛寺といひ、その山に傘に似た松があつたので、山號を傘松峰と稱したやうに傳へられてゐる。波多野義重は直ちに山開地曳の作業にとりかかり、翌寬元二年二月十九日法堂造營の工に著手し四月廿二日その上棟式をあげ、七月十八日開堂の法會を修行した。かくて十一月三日には更に僧堂の上棟式が行はれ、大佛寺の伽藍は漸次完成の域に向つた。そこで寬元四年六月十五日、初めの寺號大佛寺を改めて永平寺と名けられた。この永平寺なる名稱は、同寺第五代義雲が鑄造した嘉曆二年の梵鐘銘文に「夫れ永平は佛法東漸の曆號、扶桑創建の祖蹤、鷲嶽の一枝此に於て密密、少林の五葉今に至つて芬芬」とあるやうに、佛法の初めて支那に傳來した後漢の明帝永平十年の曆號をとつて名けられたもので、その理由とするところは、永平寺の建立を以て日本佛敎の創建なる旨を明かにせられたのである。卽ち日本佛敎の新興といふことに重點を置き、自己の正傳した佛法によつて時代の宗敎意識を新らしき方向に轉ぜしめんとしたのである。從つてそれは舊佛敎の改造でもなくまたその復古でもない。ただ禪師が自己の所信に從つてこれを擴充することが軈て日本佛敎の新興であると信じてをられたのである。されば寺名改正の時の上堂の語にも「天に道あり以て高淸に、地に道あり以て厚寧に、人に道あり以て安穩なり（中略）永平道あり大家證明す、天上天下當處永平」（永平廣錄第二）といはれてゐる。卽ち天上天下の當處が永平寺であり、盡天盡地が永平寺に究盡せられるといふのである。從つて永平寺は一伽藍としての永平寺ではなく、全法界に彌綸せる永平寺であつた。故に禪師に於ては、僧團結成としての永平寺の建立は、實に全日本佛敎の再建といふ理想の下に遂行せられたのである。

禪師の永平寺に居られたのは前後十箇年であつて、先の興聖寺在住とほぼ同數であつた。今この兩僧團經營の態度を比較するに、その間自ら特色があつて、前者の外觀的なるに對して後者は內實的であり、また前者の正面的なるに對して後者は側面的であつた。卽ち前者は自內證を率直に提示して外的歸依を求めたるに對し、後者は實踐修道に重點を置て僧伽の內的擴充に專念せられたのである。今これを禪師の著作の上から觀察するに、正法眼藏中辨道話を初め現成公案・禮拜得髓・嗣書・佛性・行佛威儀・行持・授記等の如き眼藏の骨目をなすものの多くが、先の興聖寺時代に大成されてゐることは、それが自內證布衍時代であつた證據であり、また面授・鉢盂・安居・示庫院文・洗面等の如き僧衆の威儀に關する實踐的法門が、多くこの永平寺時代に重說せられ、殊に一般の著書からいつて、對大己五夏闍梨法・辨道法・赴粥飯法・知事淸規・衆寮淸規の如き僧團の規矩に關するものがまたこの時代に出現してゐることを思ふとき、永平寺時代は確に僧伽の擴充に努力せられた時代であることが首肯される。その何れも我原始僧團構成の上に重要な位置を占むるものであるが、特に後者は、禪師が何等社會的干涉壓迫をうけらるることなく、自己の所信に向つて徹底邁進せられた點に特色がある。

五 鎌倉行化

禪師は興聖・永平の二大寺建立に全力を傾注せられ、その原始僧團結成の上に多彩なる活動を續けられたのであるが、尙禪師の一生に於て注目すべきは、先に興聖寺時代に於て一度斷られた鎌倉行化を承諾せられたことである。乃ち寶治元年八月三日永平寺を立ち翌二年三月十三日同寺に歸山せらるるまで約半箇年を鎌倉名越の白衣舍に過されてゐる。この間執權北條時賴のために佛祖正傳菩薩戒脈を授け、その他多くの道俗に對して法緣を結ばれた。その頃の禪師の述懷は永平廣錄第十に

半年喫レ飯白衣舍、老樹梅花霜雪中、驚蟄一雷轟二霹靂一、帝鄕春色桃花紅、

と見え、また同第三には

山僧昨年八月初三日、出レ山赴二相州鎌倉郡一、爲二檀那俗弟子一說法、今年今月昨日歸レ寺、今朝陞座、這一段事、或有レ人疑著、涉二幾許山川一、爲二俗弟子一說法、似三重レ俗輕二僧、又疑有下未二曾說一底法、未二曾聞一底法上乎、然而都無下未二曾說一底法、未二曾聞一底法上、只爲レ他說、修善者昇、造惡者墮、修因感果、抛レ塼引レ玉而已、（中略）山僧出去半年餘、猶若三孤輪處二太虛一、今日歸レ山雲喜氣、愛レ山之愛甚二於初一、

と記されてゐる。この最後の「歸レ山雲喜氣、愛レ山之愛甚二於初一」の一句は、禪師が如何に永平の山を愛し自己の僧團に親しさをもつてをられたかが窺はれる。先にも述べた如く、この鎌倉へは曾て招請を受けられたのであるが、その時は禪師の崇高なる見識に基いてこれを一蹴せられた。然し爾後再三の懇請があつたので、遂にやむことをえず行化を承諾せられたものと思ふ。從つて縱令その駐錫の時日は短かつたにしても、禪師にとつては餘り好ましき行化ではなかつたらしく、むしろ却つて永平寺の山谿風物に多くの愛著を寄せられてゐた。然らば斯くも好ましからざる地に何故に行化を敢へてせられたかといふに、これは私の推定であるが、永平寺の檀那波多野義重と鎌倉光明寺開山良忠上人との裏面運動があつたからではないかと考へる。波多野義重は前述の如く北條方の武人として常に京鎌の間を往來し、禪師の行化當時は、この地に在住したことが吾妻鏡に見えてゐる。又良忠上人は淨土宗の第三祖（二祖聖光上人の弟子）であつて、曾て禪師の深草に居られた頃、その爐鞴に投じ鉗鎚を受けられたことがある。爾後、仁治元年鎌倉に入り北條經時（時賴の兄）の歸依を受けて佐介谷に光明寺を開かれたのであるが、禪師の行化當時はま

だこの地に教筵を布かれてゐた。これ等の事情を綜合する時、禪師の行化は單に北條時賴のみの招請によつたものではなく、敍上の人々がその裏面に於て格別の周旋工作を試みた結果ではないかと思ふ。若しこの推測にして過ちなきとすれば、禪師の行化は恐らくその自發的意志に基かれたものでないことは明かである。從つてその在鎌は僅に半箇年に過ぎなかつたが、相當に倦怠を覺えられたことであらう。如上永平寺歸山の一句の如きは、實に禪師の眞情を吐露せられたものとして翫味すべきである。

六　入滅遺著

鎌倉行化後、禪師の晩年は健康殊にすぐれず、常に病床に臥して一進一退を繰返してをられた。孫弟子義介の纒めた「永平室中聞書」には、禪師自らその病狀の思はしからざることを物語つてをられるが、それから推察すると、周圍の弟子達を初め檀那の人々も相當に心を痛めてゐたらしい。京都六波羅の波多野氏からは、是非上洛して療養するやうにとの勸説が再三永平寺に向けられた。禪師はつひにその好意に動かされ、建長五年八月五日永平寺を孫弟子の義介に托し、直弟子懷弉をつれて京都に赴かれた。高辻西洞院にある俗弟子覺念の邸に落著かれたが旅中の疲勞が却つて病氣亢進の原因となり、療養の暇もなく是月廿八日、終に五十四歳を一期として入滅せられた。

思ふに禪師の病氣は、この京都への移錫がなかつたならば或は進行を喰ひ止められたかもしれぬ。偉大なる宗教家の生涯としては五十四年はまことに短い天壽といはねばならぬ。されば禪師の入滅は門弟達にとつて實に大きな打撃であつた。僧團の結成が出來たとはいふものの、當時興聖寺僧團は既に禪師の轄下からは離脱してゐたやうな形勢にあるし、また永平寺僧團に於てもその門下の間には多くの不安が潛在してゐたやうに見られるから、禪師の入滅は門下達にとつては、恰も海中の船筏を失つたも同然である。恐らく將來に對する確固たる見透しもつかず、ただ多くの哀愁の中に入滅直後の處理に當つたものと想像される。

併し乍ら禪師には多數の撰述が遺されてゐたので、幸に門弟達はこれを自らの燈明としまた指針として、或は各自の行爲の上に、或はまた僧團の規矩の上に具現しゆくことが出來た。現存する禪師の遺著を概括するに總じて一百廿有餘卷の多きに上つてゐる。五十四年の生涯は洵に短いものであるが、この遺著の數からいへば、敢へてその短きを歎ずるには及ばない。今その撰述を內容の上から分類すると、凡そ次の五つに分つことが出來る。乃ち第一は宗意に關するもの、第二は戒法に關するもの、第三は淸規に關するもの、第四は法語及びそれに準ずるもの、第五は和歌・題贊に類するものである。第一の宗意に關するものとは、禪師の宗旨を端的に說述せられたもので、普勸坐禪儀一卷・正法眼藏九十五卷・學道用心集一卷・永平廣錄十卷等、總じて百七卷がこれに入る。第二の戒法に關するものとは、禪師が如淨禪師から傳承せられた戒法の要諦や授戒の作法及びその系統等を記述せられたもので、佛祖正傳菩薩戒作法一卷・得度略作法一卷・敎授戒文一卷その他嗣書・戒脈等の如き室內に關する重寶がこれに收められる。次に第三の淸規に關するものとは、僧家の威儀と僧團の理想とを規定せられたもので、永平淸規二册を初め、佛前庫院等に關する制規一切を包含してゐる。次に第四の法語及びそれに準ずるものとは、禪師が隨時隨處に記述せられた日記及び門弟信徒に對して敎誡せられた敎訓説話等一切を含むものであつて、寶慶記一卷・正法眼藏隨聞記六卷・舍利相傳記一卷・普勸坐禪儀撰述由來書一卷・明全和尙戒牒奧書一卷、その他遺偈にいたる總じて十六部の文獻が之に收められる。次に第五の和歌・題贊とは、傘松道詠を初めこれに漏れたる詠歌、その他眞贊・自贊等の如き詩偈に類するもの一切がこの中に包括せられる。以上の五種類は何れも禪師の眞撰として扱ふべきものであるが、尙これ以外にもその著作として傳へらるるものが多數に現存してゐる。卽ち永平假名法語の如きは、古くからその著作と考へられ、數囘の上梓が行はれてゐるが、併し乍ら現今では眞僞未決の書として扱はれ、さして重視されてゐない。尙これに類するものは永平業識圖・梅花嗣書・法華假名鈔・五位鈔・正法眼藏陞座・伊呂波歌等約十二三種も數へられるが、何れも信を置くに足らない。されど最近書誌學的研究の勃興に伴つて禪師の著述に對するこの方面の吟味も漸く盛んとなり、この頃新に正法眼藏佛向上事・正法眼藏一百八法明門或は眞字の正法眼藏等二三の書が眞撰と認めらるることとなり、禪師の遺著はむしろ增加の傾向にあるといふことが出來る。

以上の如く禪師の撰述は多種多樣にわたつてゐるが、今の五種類のうち第一位に置かるべきものはなんといつても正法眼藏であつて、その內容といひ、また數量といひ、實に全著述中の最高峯に位するものである。されば古來學者の檢討絕えず、研究に或は註解に可なり多數の勞作が傳はつてゐる。

七 法嗣門流

禪師の僧團はそれが興聖・永平と變遷するに從つて內部的規矩は益〻整備し、門弟の數も日を追うて增加したが、しかしそれはどこまでも禪師の人格・宗敎を中心としての僧團であつて、禪師一個の偉大なる德力によつて統制されてゐた。謂はば禪師を本位としての大きな衆侶の集ひであつたと見ることが出來る。されば禪師なき後は僧團も稍凋落の傾向を辿り、法孫義介の代には、世に所謂永平寺三代相論なるものが發生し、永平寺僧團は分裂の危機に直面したことさへある。然し禪師の入滅直後に於ては、上足懷弉がその法燈の維持につとめ、辛じて僧團の平和と多數遺敎の結集書寫とが行はれた。

然らば禪師の僧團にはどれ位の人員が集つたかといふに、これには纒まつた記錄がないので明瞭にすることは出來ないが、諸種なる文獻を綜合して、大體四五十員の名を數へ上げることが出來る。ところでそれ等の人々の系統はといふに、當時日本達磨宗（臨濟宗揚岐派）から轉向して來た人や、また支那から渡來した人、或は他宗派の高僧その他一般在俗の人々などがある。今その中の僧侶だけを擧げると、懷弉・懷鑑・義介・義演・義尹・義準・義荐・義運・懷照・懷義尼・僧海・詮慧・顯慧・慧顗・慧運・慧達・行玄・巢雲・覺佛・佛僧・道荐・經豪・晉燈・玄明・圓智・法明・寂光・寂圓・實知・示眞・良忠・覺心・長西・了然尼・慧信尼等が數へられる。この中最も禪師の僧團に寄與し、その中樞的勢力として活躍したものは日本達摩宗の人々で、初めの懷弉から懷義尼までが、大體この系統に屬してゐる。さて日本達摩宗とはどんな宗旨かといへば、攝津三寶寺の大日能忍が主唱した禪の一派で、宋阿育王山拙菴德光の印狀送附を得て開宗したものである。能忍の弟子佛地覺晏の時、大和多武峰に門風を張り、榮西の禪宗と相竝んで一時社會の視聽を集めたものである。然るに多武峰は南都興福寺の僧徒に燒かれ達摩宗門下は遂に四散するのやむなきにいたつた。その結果覺晏の上足懷鑑は越前に下つて波著寺に住し、ここに達摩宗法幢の再建を企てた。然るに道元禪師が山城深草に正傳の佛法を擧揚せられるに及び、これらの門流は相繼いで禪師の門に歸入した。先づ初めに懷弉が入門し、それから稍後れて懷鑑及びその門人義介・義演・義尹・義準・義荐等が袂をつらねて爐韛に投じた。かくてこれ等の人々は禪師の會下に於て重要な位置を占めたのであるが、就中懷弉はその上足として、永平寺の第二代を董し、また義介は第三代を、義演は第四代を襲うてゐる。殊に禪師の北越下向や波多野義重の外護などが、總じて波著寺懷鑑の勸誘周旋によつてゐるのではなからうかといふ推定の可能などから綜合して、この日本達摩宗と禪師の僧團結制とは實に密接不可分の關係にあるといはねばならぬ。この意味に於て日本達摩宗の解體は曹洞宗發展の根基をなすものといふべく、宗門史上重大な意義が存してゐる。

禪師の門下は上揭の如く多數に存してゐるが、その中に於て獨り曹洞の法脈を嗣承したものは懷弉唯一人であることを思ふとき、禪師が如何に同師を重んじてをられたかが窺はれる。懷弉は禪師入滅の後、先に入門した義介・義演・義尹等にその法燈を傳授し、以て曹洞宗團擴充の基礎を確立してゐるが、同宗團は實にこの懷弉のかくれたる功勳によつて大成の一歩を進めたものといはねばならぬ。かくて義介はそれを加賀の地に弘通して大乘寺を興し、また義介の弟子瑩山禪師は更にそれを能登の地に弘めて永光・總持の兩寺を開き、而して先の義尹は更に遠く九州に傳播せしめて肥後に大慈寺を建てる等、敎線は次第に地方的となつて一大宗團を形成するにいたつた。されば禪師の僧團は實にこの日本達磨宗系の人々によつて護持せられ、而して最後にそれが宗派化されたといふも過言ではない。

道元禅師清規《どうげんぜんじしんぎ》

1941年11月29日　第1刷発行
2016年2月23日　第6刷発行

訳註者　大久保道舟《おおくぼどうしゆう》

発行者　岡本　厚

発行所　株式会社 岩波書店
〒101-8002 東京都千代田区一ツ橋2-5-5

案内 03-5210-4000　販売部 03-5210-4111
文庫編集部 03-5210-4051
http://www.iwanami.co.jp/

印刷 製本・法令印刷　カバー・精興社

ISBN4-00-333196-6　　Printed in Japan

読書子に寄す

――岩波文庫発刊に際して――

岩波茂雄

真理は万人によって求められることを自ら欲し、芸術は万人によって愛されることを自ら望む。かつては民を愚昧ならしめるために学芸が最も狭き堂宇に閉鎖されたことがあった。今や知識と美とを特権階級の独占より奪い返すことはつねに進取的なる民衆の切実なる要求である。岩波文庫はこの要求に応じそれに励まされて生まれた。それは生命ある不朽の書を少数者の書斎と研究室とより解放して街頭にくまなく立たしめ民衆に伍せしめるであろう。近時大量生産予約出版の流行を見る。その広告宣伝の狂態はしばらくおくも、後代にのこすと誇称する全集がその編集に万全の用意をなしたるか。千古の典籍の翻訳企図に敬虔の態度を欠かざりしか。さらに分売を許さず読者を繋縛して数十冊を強うるがごとき、はたしてその揚言する学芸解放のゆえんなりや。吾人は天下の名士の声に和してこれを推挙するに躊躇するものである。このときにあたって、岩波書店は自己の責務のいよいよ重大なるを思い、従来の方針の徹底を期するため、すでに十数年以前より志して来た計画を慎重審議この際断然実行することにした。吾人は範をかのレクラム文庫にとり、古今東西にわたって文芸・哲学・社会科学・自然科学等種類のいかんを問わず、いやしくも万人の必読すべき真に古典的価値ある書をきわめて簡易なる形式において逐次刊行し、あらゆる人間に須要なる生活向上の資料、生活批判の原理を提供せんと欲する。この文庫は予約出版の方法を排したるがゆえに、読者は自己の欲する時に自己の欲する書物を各個に自由に選択することができる。携帯に便にして価格の低きを最主とするがゆえに、外観を顧みざるも内容に至っては厳選最も力を尽くし、従来の岩波出版物の特色をますます発揮せしめようとする。この計画たるや世間の一時の投機的なるものと異なり、永遠の事業として吾人は微力を傾倒し、あらゆる犠牲を忍んで今後永久に継続発展せしめ、もって文庫の使命を遺憾なく果たさしめることを期する。芸術を愛し知識を求むる士の自ら進んでこの挙に参加し、希望と忠言とを寄せられることは吾人の熱望するところである。その性質上経済的には最も困難多きこの事業にあえて当たらんとする吾人の志を諒として、その達成のため世の読書子とのうるわしき共同を期待する。

昭和二年七月

《日本文学(古典)》〔黄〕

古事記	倉野憲司校注
日本書紀 全五冊	坂本太郎・家永三郎・井上光貞・大野晋 校注
万葉集 全五冊(既刊四冊)	佐竹昭広・山田英雄・工藤力男・大谷雅夫・山崎福之 校注
竹取物語	阪倉篤義校訂
伊勢物語	大津有一校注
玉造小町子壮衰書 —小野小町物語	杤尾武校注
古今和歌集	佐伯梅友校注
土左日記	紀貫之 鈴木知太郎校注
蜻蛉日記	今西祐一郎校注
源氏物語 全六冊	山岸徳平校注
紫式部日記	池田亀鑑・秋山虔校注
紫式部集 付大弐三位集・藤原惟規集	南波浩校注
枕草子	池田亀鑑校訂
和泉式部日記	清水文雄校注
更級日記	西下経一校注
今昔物語集 全四冊	池上洵一編

三条西家本 栄花物語 全三冊	三条西公正校訂
堤中納言物語	大槻修校注
新訂 梁塵秘抄	後白河院撰 佐佐木信綱校訂
西行全歌集	久保田淳・吉野朋美校注
撰集抄	西尾光一校注
建礼門院右京大夫集 付平家公達草紙	久松潜一・久保田淳校注
古語拾遺	斎部広成撰 西宮一民校注
王朝物語秀歌選 全二冊	樋口芳麻呂校注
落窪物語	藤井貞和校注
新訂 方丈記	市古貞次校注
新訂 新古今和歌集	佐佐木信綱校訂
金槐和歌集	斎藤茂吉校訂
問はず語り	後深草院二条 玉井幸助校訂
保元物語	岸谷誠一校訂
平治物語	岸谷誠一校訂
新訂 徒然草	西尾実・安良岡康作校注
平家物語 全四冊	梶原正昭・山下宏明校注

神皇正統記	北畠親房 岩佐正校注
宗長日記	島津忠夫校注
御伽草子 全二冊	市古貞次校注
わらんべ草	大蔵虎明 笹野堅校訂
太平記 全六冊(既刊二冊)	兵藤裕己校注
好色一代男	井原西鶴 横山重校訂
武道伝来記	井原西鶴 前田金五郎・横山重校注
芭蕉紀行文集 付嵯峨日記	中村俊定校注
芭蕉 おくのほそ道 付曾良旅日記・奥細道菅菰抄	萩原恭男校注
芭蕉俳句集	中村俊定校注
芭蕉七部集	中村俊定校注
芭蕉連句集	中村俊定・萩原恭男校注
芭蕉書簡集	萩原恭男校注
芭蕉俳文集 全二冊	堀切実編注
蕪村俳句集 付春風馬堤曲 他二篇	尾形仂校注
曾根崎心中・冥途の飛脚 他五篇	近松門左衛門 祐田善雄校注
女殺油地獄・出世景清	近松門左衛門 藤村作校訂

折たく柴の記　新井白石／松村明校注
東海道四谷怪談　鶴屋南北／河竹繁俊校訂
鶉衣　全二冊　横井也有／堀切実校注
近世畸人伝　伴蒿蹊／森銑三校註
紫文要領　本居宣長／子安宣邦校注
新訂 一茶俳句集　丸山一彦校注
一茶 七番日記　全二冊　丸山一彦校注
南総里見八犬伝　全十冊　曲亭馬琴／小池藤五郎校訂
増補 俳諧歳時記栞草　全二冊　曲亭馬琴編／藍亭青藍補／堀切実校注
近世物之本江戸作者部類　曲亭馬琴／徳田武校注
北越雪譜　鈴木牧之編撰／京山人百樹刪定／岡田武松校訂
東海道中膝栗毛　全二冊　十返舎一九／麻生磯次校注
頼山陽詩選　揖斐高訳注
こぶとり爺さん・かちかち山 ―日本の昔ばなしI　関敬吾編
わらべうた ―日本の伝承童謡　町田嘉章／浅野建二編
菅原伝授手習鑑　竹田出雲／守随憲治校訂
山家鳥虫歌 ―近世諸国民謡集　浅野建二校注

誹諧 武玉川　全四冊　山澤英雄校訂
俳家奇人談・続俳家奇人談　竹内玄玄一／雲英末雄校注
砂払 ―江戸小百科　全二冊　山中共古／中野三敏校訂
蕉門名家句選　全二冊　堀切実編注
耳嚢　全三冊　根岸鎮衛／長谷川強校注
色道諸分 難波鉦 ―遊女評判記　酉水庵無底居士／中野三敏校注
弁天小僧・鳩の平右衛門　黙阿弥／河竹繁俊校訂
近世風俗志（守貞謾稿）　全五冊　喜田川守貞／宇佐美英機校訂
橘曙覧全歌集　水島直文／橋本政宣編注
嬉遊笑覧　全五冊　喜多村筠庭／長谷川強・江本裕／渡辺守邦・岡雅彦／花田富二夫・石川了校訂
吉原徒然草　上野洋三校注
詩本草　柏木如亭／揖斐高校注
井月句集　復本一郎編
江戸端唄集　倉田喜弘編

《日本思想》〔青〕

風姿花伝（花伝書）　世阿弥／野上豊一郎／西尾実校訂
世阿弥 申楽談儀　表章校註

五輪書　宮本武蔵／渡辺一郎校注
広益国産考　大蔵永常／土屋喬雄校訂
葉隠　全三冊　山本常朝／和辻哲郎／古川哲史校訂
養生訓・和俗童子訓　貝原益軒／石川謙校訂
三浦梅園自然哲学論集　尾形純男／島田虔次編注訳
新訂 日暮硯　笠谷和比古校注
蘭学事始　杉田玄白／緒方富雄校註
講孟余話 旧名 講孟劄記　吉田松陰／広瀬豊校訂
吉田松陰書簡集　広瀬豊編
塵劫記　吉田光由／大矢真一校注
崋山・長英論集　佐藤昌介校注
兵法家伝書 付 新陰流兵法目録事　柳生宗矩／渡辺一郎校注
人国記・新人国記　浅野建二校注
海国兵談　林子平述／村岡典嗣校訂
上宮聖徳法王帝説　東野治之校注
柳子新論　山県大弐／川浦玄智訳註
世事見聞録　武陽隠士／本庄栄治郎校訂／奈良本辰也補訂

茶湯一会集・閑夜茶話	井伊直弼 / 戸田勝久校注
山上宗二記 付 茶話指月集	熊倉功夫校注
新訂 海舟座談	巌本善治編 / 勝部真長校注
西郷南洲遺訓 付 手抄言志録及遺文	山田済斎編
文明論之概略	福沢諭吉 / 松沢弘陽校注
新訂 福翁自伝	富田正文校訂
学問のすゝめ	福沢諭吉
福沢諭吉教育論集	山住正己編
新島襄の手紙	同志社編
新島襄 教育宗教論集	同志社編
新島襄自伝 —手記・紀行文・日記	同志社編
近時政論考	陸羯南
日本の下層社会	横山源之助
内地雑居後之日本 他一篇	横山源之助
中江兆民 三酔人経綸問答	桑原武夫 / 島田虔次訳・校注
中江兆民評論集	松永昌三編
新訂 蹇蹇録 —日清戦争外交秘録	陸奥宗光 / 中塚明校注

茶の本	岡倉覚三 / 村岡博訳
日本の目覚め	岡倉覚三 / 村岡博訳
武士道	新渡戸稲造 / 矢内原忠雄訳
新渡戸稲造論集	鈴木範久編
余は如何にして基督信徒となりし乎	内村鑑三 / 鈴木俊郎訳
代表的日本人	内村鑑三 / 鈴木範久訳
後世への最大遺物・デンマルク国の話	内村鑑三
宗教座談	内村鑑三
ヨブ記講演	内村鑑三
徳川家康 全二冊	山路愛山
豊臣秀吉 全二冊	山路愛山
三十三年の夢	宮崎滔天 / 島田虔次・近藤秀樹校注
善の研究	西田幾多郎
思索と体験	西田幾多郎
西田幾多郎歌集	上田薫編
帝国主義	幸徳秋水 / 山泉進校注
清沢満之集	安冨信哉編 / 山本伸裕校注

日本の労働運動	片山潜
明六雑誌 全三冊	山室信一・中野目徹校注
貧乏物語	河上肇 / 大内兵衛解題
河上肇 自叙伝 全五冊	杉原四郎・一海知義編
河上肇評論集	杉原四郎編
史記を語る	宮崎市定
女工哀史	細井和喜蔵
谷中村滅亡史	荒畑寒村
遠野物語・山の人生	柳田国男
木綿以前の事	柳田国男
海上の道	柳田国男
蝸牛考	柳田国男
野草雑記・野鳥雑記	柳田国男
孤猿随筆	柳田国男
十二支考 全二冊	南方熊楠
文学に現はれたる我が国民思想の研究 全八冊	津田左右吉
津田左右吉歴史論集	今井修編

特命全権大使 米欧回覧実記 全五冊　久米邦武編　田中彰校注
日本イデオロギー論　戸坂潤
古寺巡礼　和辻哲郎
風土 —人間学的考察　和辻哲郎
孔子　和辻哲郎
イタリア古寺巡礼　和辻哲郎
日本精神史研究　和辻哲郎
倫理学 全四冊　和辻哲郎
人間の学としての倫理学　和辻哲郎
日本倫理思想史 全四冊　和辻哲郎
時と永遠 他八篇　波多野精一
宗教哲学序論・宗教哲学　波多野精一
「いき」の構造 他二篇　九鬼周造
偶然性の問題　九鬼周造
法窓夜話 全二冊　穂積陳重
田沼時代　辻善之助
パスカルにおける人間の研究　三木清

漱石詩注　吉川幸次郎
黒船前後・志士と経済 他十六篇　服部之総
新版 きけわだつみのこえ —日本戦没学生の手記　日本戦没学生記念会編
新版 第二集 きけわだつみのこえ —日本戦没学生の手記　日本戦没学生記念会編
君たちはどう生きるか　吉野源三郎
地震・憲兵・火事・巡査　山崎今朝弥　森長英三郎編
懐旧九十年　石黒忠悳
武家の女性　山川菊栄
わが住む村　山川菊栄
山川菊栄評論集　鈴木裕子編
覚書 幕末の水戸藩　山川菊栄
おんな二代の記　山川菊栄
忘れられた日本人　宮本常一
家郷の訓　宮本常一
華国風味　青木正児
酒の肴・抱樽酒話　青木正児
新編 歴史と人物　三浦周行　林屋辰三郎　朝尾直弘編

歌集 形相　南原繁
国家と宗教 —ヨーロッパ精神史の研究　南原繁
石橋湛山評論集　松尾尊兊編
湛山回想　石橋湛山
民藝四十年　柳宗悦
手仕事の日本　柳宗悦
工藝文化　柳宗悦
南無阿弥陀仏 付 心偈　柳宗悦
柳宗悦 民藝紀行　水尾比呂志編
柳宗悦 茶道論集　熊倉功夫編
柳宗悦随筆集　水尾比呂志編
雨夜譚 —渋沢栄一自伝　長幸男校注
日本の民家　今和次郎
長谷川如是閑評論集　飯田泰三　山領健二編
倫敦《ロンドン》！ 倫敦《ロンドン》？　長谷川如是閑
ふたすじ道・馬 他三篇　長谷川如是閑
原爆の子 —広島の少年少女のうったえ 全二冊　長田新編

清沢洌評論集　山本義彦編
『青鞜』女性解放論集　堀場清子編
古典学入門　池田亀鑑
イスラーム文化 ―その根柢にあるもの　井筒俊彦
意識と本質 ―精神的東洋を索めて　井筒俊彦
フランス・ルネサンスの人々　渡辺一夫
渡辺一夫評論選 狂気について 他二十二篇　大江健三郎・清水徹編
被差別部落一千年史　高橋貞樹・沖浦和光校注
英国の文学　吉田健一
英国の近代文学　吉田健一
訳詩集 葡萄酒の色　吉田健一訳
岡正雄論文集 異人その他 他十二篇　大林太良編
山びこ学校　無着成恭編
新編 綴方教室　豊田正子・山住正己編
古琉球　伊波普猷・外間守善校訂
福沢諭吉の哲学 他六篇　丸山眞男・松沢弘陽編
政治の世界 他十篇　丸山眞男・松本礼二編注

超国家主義の論理と心理 他八篇　丸山眞男・古矢旬編
朝鮮民芸論集　浅川巧・高崎宗司編
田中正造文集 全二冊　由井正臣・小松裕編
新日本史 全二冊　竹越与三郎・西田毅校注
国語学原論 全二冊　時枝誠記
国語学原論 続篇　時枝誠記
定本 育児の百科 全三冊　松田道雄
ある老学徒の手記　鳥居龍蔵
大西祝選集 全三冊　小坂国継編
哲学の三つの伝統 他十二篇　野田又夫

《東洋思想》〔青〕

- 易経 全二冊 — 高田真治・後藤基巳訳
- 論語 — 金谷治訳注
- 孟子 全二冊 — 小林勝人訳注
- 老子 — 蜂屋邦夫訳注
- 荘子 全四冊 — 金谷治訳注
- 新訂 孫子 — 金谷治訳注
- 荀子 全二冊 — 金谷治訳注
- 韓非子 全四冊 — 金谷治訳注
- 孝経・曾子 — 武内義雄・坂本良太郎訳註
- 伝習録 — 山田準・鈴木直治訳註
- 史記列伝 全五冊 — 司馬遷／小川環樹・今鷹真・福島吉彦訳
- 春秋左氏伝 全三冊 — 小倉芳彦訳
- 陶庵夢憶 — 張岱／松枝茂夫訳
- 千字文 — 小川環樹・木田章義注解
- 大学・中庸 — 金谷治訳注
- 孫文革命文集 — 深町英夫編訳
- 実践論・矛盾論 — 毛沢東／松村一人・竹内実訳
- 文芸講話 — 毛沢東／竹内好訳
- ガンディー 獄中からの手紙 — 森本達雄訳
- 真の独立への道（ヒンド・スワラージ） — M.K.ガーンディー／田中敏雄訳
- カウテイリヤ 実利論 —古代インドの帝王学 全二冊 — 上村勝彦訳
- ウパデーシャ・サーハスリー —真実の自己の探求 — シャンカラ／前田専学訳
- インド思想史 — J.ゴンダ／鎧淳訳

《仏教》〔青〕

- ブッダのことば —スッタニパータ — 中村元訳
- ブッダの真理のことば 感興のことば — 中村元訳
- 般若心経・金剛般若経 — 中村元・紀野一義訳註
- 法華経 全三冊 — 坂本幸男・岩本裕訳注
- 浄土三部経 全二冊 — 中村元・早島鏡正・紀野一義訳註
- 仏説四十二章経・仏遺教経 — 得能文訳註
- 大乗起信論 — 宇井伯寿・高崎直道訳注
- 臨済録 — 入矢義高訳注
- 碧巌録 全三冊 — 入矢義高・溝口雄三・末木文美士・伊藤文生訳注
- 無門関 — 西村恵信訳注
- 聖徳太子御製 勝鬘経義疏 — 花山信勝校訳
- 往生要集 全二冊 — 源信／石田瑞麿訳注
- 教行信証 — 親鸞／金子大栄校訂
- 歎異抄 — 金子大栄校注
- 正法眼蔵 全四冊 — 道元／水野弥穂子校注
- 正法眼蔵随聞記 — 懐奘編／和辻哲郎校訂
- 夢窓国師 夢中問答 — 佐藤泰舜校訂
- 一遍聖絵 — 聖戒編／大橋俊雄校注
- 日本的霊性 — 鈴木大拙／篠田英雄校訂
- 新編 東洋的な見方 — 鈴木大拙／上田閑照編
- 仏教 全二冊 — ベック／渡辺照宏・渡辺重朗訳
- ブッダ最後の旅 —大パリニッバーナ経 — 中村元訳
- 仏弟子の告白 —テーラガーター — 中村元訳
- 尼僧の告白 —テーリーガーター — 中村元訳
- ブッダ神々との対話 —サンユッタ・ニカーヤI — 中村元訳
- ブッダ悪魔との対話 —サンユッタ・ニカーヤII — 中村元訳

三論玄義　嘉祥大師撰　金倉円照訳註

選択本願念仏集　法然　大橋俊雄校注

法然上人絵伝　全二冊　大橋俊雄校注

禅林句集　足立大進編

高僧伝　全四冊　慧皎　吉川忠夫　船山徹訳

《歴史・地理》〔青〕

新訂 魏志倭人伝・後漢書倭伝・宋書倭国伝・隋書倭国伝 ―中国正史日本伝1　石原道博編訳
新訂 旧唐書倭国日本伝・宋史日本伝・元史日本伝 ―中国正史日本伝2　石原道博編訳
ヘロドトス 歴史 全三冊　松平千秋訳
ガリア戦記　カエサル　近山金次訳
タキトゥス ゲルマーニア　泉井久之助訳註
ギボン自叙伝 ―わが生涯と著作との思い出　村上至孝訳
元朝秘史 全二冊　小澤重男訳
歴史とは何ぞや　ベルンハイム　坂口昂・小野鉄二訳
ルネサンスと宗教改革　トレルチ　内田芳明訳
古代への情熱 ―シュリーマン自伝　シュリーマン　村田数之亮訳
アーネスト・サトウ 一外交官の見た明治維新 全二冊　坂田精一訳
インディアスの破壊についての簡潔な報告　ラス・カサス　染田秀藤訳
ラス・カサス インディアス史 全七冊　長南実訳　石原保徳編
コロンブス 全航海の報告　林屋永吉訳
偉大なる道 ―朱徳の生涯とその時代 全二冊　アグネス・スメドレー　阿部知二訳
魔女 全二冊　ミシュレ　篠田浩一郎訳

中世的世界の形成　石母田正
クリオの顔 ―歴史随想集　E・H・ノーマン　大窪愿二編訳
旧事諮問録 ―江戸幕府役人の証言 全二冊　旧事諮問会編　進士慶幹校注
ローマ皇帝伝 全二冊　スエトニウス　国原吉之助訳
回想の明治維新 ―一ロシア人革命家の手記　メーチニコフ　渡辺雅司訳
紫禁城の黄昏　R・F・ジョンストン　入江曜子・春名徹訳
北槎聞略 ―大黒屋光太夫ロシア漂流記　桂川甫周　亀井高孝校訂
ヨーロッパ文化と日本文化　ルイス・フロイス　岡田章雄訳注
オデュッセウスの世界　M・I・フィンリー　下田立行訳
東京に暮す ―一九二八～一九三六　キャサリン・サンソム　大久保美春訳
幕末維新懐古談　高村光雲
増補 幕末百話　篠田鉱造
明治百話 全二冊　篠田鉱造
徳川時代の宗教　R・N・ベラー　池田昭訳
ガレー船徒刑囚の回想　ジャン・マルテーユ　木崎喜代治訳
西洋事物起原 全四冊　ヨハン・ベックマン　特許庁内技術史研究会訳
ツアンポー峡谷の謎　F・キングドン-ウォード　金子民雄訳

歴史序説 全四冊　イブン＝ハルドゥーン　森本公誠訳
アレクサンドロス大王東征記 付 インド誌 全二冊　アッリアノス　大牟田章訳
クック 太平洋探検 全六冊　増田義郎訳
ダンピア 最新世界周航記 全二冊　平野敬一訳
高麗史日本伝 ―朝鮮正史日本伝2 全二冊　武田幸男編訳
シエサ・デ・レオン インカ帝国地誌　増田義郎訳
インカ皇統記 全四冊　インカ・ガルシラーソ・デ・ラ・ベーガ　牛島信明訳
ローマ建国史 全三冊　リーウィウス　鈴木一州訳
フランス・プロテスタントの反乱 ―カミザール戦争の記録　カヴァリエ　二宮フサ訳
ニコライの日記 ―ロシア人宣教師が生きた明治日本 全三冊　中村健之介編訳
パリ・コミューン 全二冊　H・ルフェーヴル　河野健二・柴田朝子・西川長夫訳
徳川制度 全三冊(既刊二冊)　加藤貴校注